Modo de empleo

La segunda parte de este libro fue editada por separado como *El tesoro de la sombra*. Agotada esa edición me di cuenta que había publicado un libro en cierta manera incompleto. No fue eso lo que me hizo pensar así, sino un bonsái que me regalaron. De vez en cuando tenía que cortarle ciertos brotes para que no creciera y guardara su forma enana. Lo vi tan lleno de energía que decidí liberarlo: lo dejé expandirse.

Fue un estallido de ramas y hojas, estirándose con avidez hacia la luz, hasta acariciar el techo de mi salón.

Verlo así tan frondoso me llena de alegría porque sospecho el éxtasis con el que, aparentemente en desorden, ocupa el espacio.

Esta experiencia me hizo ver en forma muy diferente algunas avenidas de París, bordeadas de grandes árboles con sus ramas y hojas cortadas geométricamente, casi como cubos. Los jardineros que los podan tienen una mente matemática, producto de una cultura que eleva la razón al poder absoluto. Me parece infinitamente más hermoso un árbol que, sin ninguna prohibición, crece como debe crecer, en forma orgánica, natural, exhibiendo un caos donde cada hoja tiene un sitio adecuado para recibir al sol.

Estos pensamientos me hicieron recordar un capricho infantil que mi madre tuvo la sabiduría de aceptar: le pedí que me sirviera la comida no en un plato sino en una bandeja, donde todo estuviera al mismo tiempo ante mi vista: cereales, carne, verduras, frutas, pasteles, etcétera.

Gocé comiendo no en un orden lógico, primero lo salado y

luego lo dulce, sino mezclando todos los sabores. Podía saltar de masticar un trozo de pescado, a saborear una tajada de dulce de membrillo, para luego sorber unos tallarines. Fue una fiesta.

Asimismo me di cuenta de que las tradiciones culturales habían podado mi imaginación literaria. Cada libro que llegaba a mis manos tenía una unidad de estilo, una gama bien delimitada de temas y, por qué no decirlo, una nacionalidad precisa, con todos los espejismos religiosos y políticos que ella inocula. Vi «podados» tanto mis libros como los de otros, literatura bonsái.

Decidí liberar mi imaginación, sacarme la camisa de fuerza de un estilo único, dejarla vagar hacia todas las direcciones, saltar del minicuento al cuento largo, de la ciencia ficción al koan zen, del terror al humor, de lo grotesco a lo poético, de lo metafísico a la confesión autobiográfica, todo en aparente desorden, como mi bonsái liberado, como mi tutti fruti infantil.

Así nació este libro. Si toda la cultura, la historia, nuestra vida cotidiana está basada en cuentos, aquí ofrezco la nube de mi imaginación deshaciéndose en una lluvia de historias, que pueden tener o no tener relación entre ellas. Es un material para que cada lector, de acuerdo a como su mente ha sido podada, elija los cuentos que le hablan y realice su personal antología.

Eternidad

Queriendo no evaporarse, una gota de agua se lanzó al océano. Queriendo por fin evaporarse, el océano se encerró en cada una de sus gotas.

Ilusión, 1

Un pedazo de vidrio en la basura, porque reflejó un rayo de sol, creyó ser el sol.

Caballero solitario

Durante años se creyó solo, para al fin darse cuenta de que por huir tan rápido nadie lo había alcanzado.

Enjambre

Con heroico entusiasmo se lanzó a correr por el camino dejando profundas huellas. Al cabo de un tiempo se dio cuenta de que había olvidado la meta. Decidió detenerse y mirar hacia atrás. Sus huellas, enjambre ávido, saltaron sobre él y lo devoraron.

Felicidad

Dentro de su cuerpo inmóvil, el esqueleto se puso a danzar.

Psicoanálisis

El enfermo, para demostrarle al psicoanalista que es incapaz de curarlo, quiere hacerle una pregunta que no le pueda responder. Como no se atreve a lanzar tal desafío, su manera de hacerlo es plantearse a sí mismo, con angustia, esa pregunta. En verdad la pregunta no es importante. Lo importante es hacer fracasar al padre.

Fin del mundo

Cuando lograron derribar las puertas del infinito, los sepultó un diluvio de ángeles petrificados.

Sueño

Un grupo de ciegos, lanzando insultos, se golpean con sus bastones. Uno de ellos me quiere atacar. Le digo: «No es necesario que se pelee conmigo. Yo no soy ciego».

Castigo

A cambio de la pobreza, le vendió su alma a un ángel. Fue condenado a la felicidad eterna.

Vida debajo

El hombre tímido decidió vivir bajo un elefante. Entre las cuatro poderosas patas, protegido por el cuerpo gris, se encaminaba a su trabajo. El paquidermo, dominado por la voluntad humana, obedecía como un automóvil. Las cosas transcurrían como de costumbre, en la oficina, en el hogar, en los paseos por el parque. Claro está que nadie osaba acercarse a nuestro hombre. Desviaban su mirada y se hacían los desentendidos. Comenzó a sentirse solo. Sufrió intensamente hasta que encontró a una mujer tímida y solitaria que marchaba bajo una jirafa. Como los dos animales eran incompatibles, comenzaron a vivir juntos bajo una nube a la que durante largos años impidieron disolverse en lluvia.

Ciudadano

Cuando salió de la ciudad de los rascacielos para atravesar el valle desierto, el azul y las nubes le cayeron encima. Se sintió tortuga. Avanzó a cuatro patas llevando el cielo como caparazón. La ciudad de los rascacielos, por falta de firmamento, se fue hundiendo en la tierra.

Padre fiel

El príncipe abandonó el reino pensando que el rey no lo amaba. Galopó sombrío hasta los confines de la tierra, creyendo con dolor que su padre no notaría su ausencia. Si hubiera girado la cabeza, se habría dado cuenta de que el rey lo seguía a una corta distancia, no osando perturbar su carrera.

Discípulos

Toda su vida intentó conocer. Nunca conoció nada. Los que asistieron a su entierro lloraron lamentando haber perdido al único sabio.

Idolatría

A la salida del concierto, las admiradoras del ídolo le arrancaron a pedazos su sombra. El cantor perdió peso. Un fuerte viento se lo llevó.

Delirio

Bañado por la luz del alba, un dragón herido exhala su último suspiro, con la convicción profunda de ser el primer y único amante del sol.

Mutación

Cada uno de mis pasos crea abismos donde se gestan luciérnagas. El amor, después de cambiar en miel la médula de mis huesos, convertido en sangre celeste, inunda la tierra, trepa por los troncos de los árboles y surge en esplendentes gritos florales, flores que se hacen frutos y frutos que devienen pájaros. A través de ellos invado el cielo y más allá de él, hacia los cuatro pliegues del cosmos, viaje abisal que se disuelve en la cegadora luz de la muerte. Limpio de todo límite, sin identificación, sin espectador ni imagen de espejo, convertido en una mano luminosa, abro la tumba de la resurrección.

Intratiempo

Por la escalera del tiempo bajé ciento veinte años. Ahí estaba yo, sentado en un banco de la plaza pública, con un paquete de migas en las manos para pájaros imaginarios, triste de tener como horizonte unos cerros estériles, pueblo a caballo sobre el desierto, sal y rocas, casas descascaradas, nada en la nada, niño solo. Me senté a su lado. «Soy lo que serás. Te enseñaré lo que he aprendido durante mi larga vida». Así fue como crecí acompañado por mi fantasma venido del futuro.

Enfermo grave

—Maestro, tengo una gran enfermedad: me duele cualquier sitio del cuerpo que toco con mi dedo índice.

—Tienes una pequeña enfermedad: lo que te duele es tu dedo índice.

Burro romántico

Porque se enamoró de una perra, un burro quiso aprender a ladrar. Contrató a un perro para que le enseñara. Este hizo lo que pudo pero no logró cambiarle los rebuznos. Solucionó el problema presentándole a una hermosa burra.

Hormiga cobarde

Una hormiguita sale a buscar alimento junto con su mamá. Marchan por un desierto. A un kilómetro de distancia, la pequeña ve un árbol. Dice, angustiada: «¡Está muy lejos, nunca podré llegar! ¡Moriré de hambre!». La madre le responde: «Piensas mal, no desees llegar al árbol, comienza simplemente por caminar, no te propongas llegar, proponte solo avanzar, así llegarás a donde quieras».

Chiste profundo

Un loco está comiendo un plátano sin quitarle la cáscara. Alguien le dice: «¿Por qué lo come sin pelarlo?». El loco le responde: «¡Porque ya sé lo que hay adentro!».

Golpe secreto

Un joven le dice a un profesor de box: «Maestro, enséñeme a pelear». Él le responde: «Para combatir bien hay cuatro golpes esenciales; uno, dos, tres y cuatro»... El discípulo trabaja con ardor hasta que aprende a la perfección esos cuatro golpes. Lleno de vanidad le dice al maestro: «Ya domino los cuatro golpes y soy más joven que usted. Lo desafío. Le voy a ganar». «Acepto», le responde el viejo. Comienza la pelea. El joven lanza el puñetazo uno, luego el dos, luego el tres y luego el cuatro. El maestro, con increíble rapidez le lanza un golpe desconocido. «¡Cinco!». El alumno cae al suelo. Se queja: «Usted me dijo que los golpes principales eran cuatro. El quinto no me lo enseñó. ¿Por qué?». Le responde: «Te enseñé los cuatro golpes que podía enseñarte, el quinto solo lo puedes aprender por ti mismo».

Enseñanza

—Maestro, he vivido robando. No merezco ser su alumno.
—Si en un cáliz de oro anida un buitre, no por eso el cáliz echa plumas. Cesa de despreciarte. Libérate del buitre.

Ego sagrado

El gran gurú exigía que sus discípulos portaran alrededor del cuello una cadena de donde colgaba un medallón con su fotografía. Cuando murió, de los medallones comenzó a emanar un olor pestilente.

Tinieblas

—Maestro, usted que es ciego, no necesita ver el camino. ¿Por qué anda en la noche con una lámpara encendida?

—Yo sé caminar en la oscuridad, tú no. Llevo una lámpara para que me veas y así pueda guiarte.

Pregunta

—Maestro, me gustaría tanto cantar, pero no sé nada de música. ¿Qué puedo hacer?

—¡Los pájaros no saben nada de música pero cantan muy bien!

Confusión

Le ofrecieron una copa de vino. La copa tenía el mismo color que el vino. Atacó a mordiscos la copa, queriendo devorarla.

Dios

—Maestro, ¿por qué cree que existe Dios?
—Porque lo necesito. Si existe la sed, existe el agua.

Ilusión, 2

—Maestro, mi cuerpo nunca se pudrirá.
—¡Cuidado! En cada una de tus palabras anidan gusanos.

Curiosidad

—Maestro, ¿qué debo hacer para llegar a ser lo que soy?
—Sé un vaso que recoge la última ola de cada océano. Alza

en las manos el diamante lúcido que se hace puerto de las naves perdidas. Camina con los pies en el cielo para impedir que el universo se derrumbe. Comprende que cada piedra es un poeta que canta en silencio.

Rocío

—Maestro, soy un océano de conocimientos ocultos en una gota de rocío.

—Vanidoso, eres una gota de rocío atrapada en un océano de conocimientos.

Sufrimiento inútil

—Maestro: debo irme de esta ciudad. Sufro porque ya nunca más iré a visitar el lugar donde está enterrado mi padre.

—Tu padre se ha integrado a la tierra. Anida en cualquier camino donde se apoyen tus plantas. Irse de la ciudad no es alejarse de él, es ir a encontrarlo.

Parecer no es ser

—Maestro, este sitio no vale nada, es un desierto.

—¡No, está sembrado!

Dar

—Maestro, ¿solo podemos dar lo que llevamos dentro?

—Nadie puede dar solo lo que lleva dentro. El pedido del otro lo insemina. El don se crea entre dos.

Dañar

—Maestro, esa persona me quiere dañar. ¡Qué susto!

—No temas a los que te quieren dañar, sino a los que pueden dañarte.

Rezar

—Maestro, si usted y yo rezamos con igual fervor, ¿por qué usted siempre está contento y yo no?

—Es que tú siempre rezas para pedir algo, en cambio yo solo lo hago para agradecer lo que me han dado.

Ser

—Maestro, ¿hay algo que podamos aprender de las rosas?

—Indiferentes al derrumbe, las rosas exhalan su perfume.

Valorar

—Maestro, ¿cuándo podré ser maestro?

—Cuando aprendas a reconocer los valores del otro.

Ir

—Maestro, tengo miedo de no poder llegar.

—No te preocupes de «llegar», sino de «avanzar». Ir avanzando es estar llegando.

Engañarse

—Maestro, ¿por qué a pesar de que doy, nadie parece agradecerlo?

—Porque obligas a recibir para tener la sensación de que das.

Objetivar

—Maestro, analizo su hábito: cada prenda tiene un significado simbólico. ¿Qué dice su cinturón?

—Dice que los pantalones no se me caerán.

Cacarear

—Maestro, ¿por qué no dejo de pensar?

—No piensas: los pensamientos te piensan.

Acción común

—¡Maestro, cada vez que trato de meditar, imagino que un diablo me molesta!

—Pon también ese diablo a meditar.

Interferencias

—Maestro, ¿cuál es el sonido de una mente vacía?

—El sonido de tu voz que no cesa de preguntar.

Unidad

—Maestro, ¿por qué las montañas tienen rocas?

—Las montañas no tienen rocas. Las rocas son también la montaña.

Consejo

—Maestro, si me condenan a la horca, ¿qué debo hacer?
—Pide que te regalen un par de botas de plomo.

Enseñar

—¿Qué me puede enseñar, maestro?
—Solo te puedo enseñar a aprender de ti mismo.

Meditar

—Maestro, ¿para qué sirve meditar?
—Para darte cuenta de que eres lo que crees no ser, y no eres lo que crees ser.

Compensar

—Maestro, me deprime pensar que Dios da nueces a quien no tiene dientes.
—Alégrate pensando que Dios da barbas a quien no tiene quijada.

Vía sin huellas

—Maestro, ¿qué quedará de mí después de que yo muera? Quisiera dejar una huella.
—El pájaro acuático no deja huella, pero jamás pierde su camino.

Abanicar

—Maestro, ¿por qué emplea usted un abanico? ¡El aire está
en todas partes!

—¡Tú solo sabes que el aire está en todas partes, pero no sabes
que sin acción no se puede engendrar al viento!

Neti neti

—Maestro, cada vez que le pregunto algo importante, usted
sin contestarme se abanica. ¿Qué es ese silencio?

—Este silencio no es el pasado, este silencio no es el presente,
este silencio no es el futuro.

Semejanza

—Maestro, trato de parecerme a usted, hacer lo que usted
hace, no logro iluminarme.

—Para escalarla hay muchos caminos, pero la cima es solo
una. Desde ahí nosotros dos vemos la misma luna.

Nada

—Maestro, ¿qué obtuvieron los antiguos sabios al llegar al
nivel más alto?

—Compáralos a ladrones penetrando en una casa vacía.

Igualarse

—¡Maestro, usted es superior a mí, nunca lo alcanzaré!

—Si les rasuras los pelos, una piel tigre no es diferente de una
piel de perro.

Calmarse

—¡Maestro, con desesperación busco y busco sin lograr iluminarme!

—Cuando el viento no sopla, el árbol no se agita.

Ideal

—¡Maestro, me detesto: nunca llegaré a ser un Buda!

—Cuando no tienes lo mucho que quieres, ama lo poco que tienes.

Esencia

—Maestro, todo lo bueno que aprendo aquí, cuando vaya a la ciudad lo perderé.

—Un verdadero pimiento, a mil metros bajo el agua, sigue siendo picante.

El talento

—Maestro, mi hijo me trajo las notas del colegio: una alta calificación en dibujo y una pésima calificación en matemáticas. ¡Lo pondré de inmediato a tomar clases con un profesor de matemáticas!

—Necio, ponlo de inmediato a tomar clases con un profesor de dibujo.

Revelación

—¿Maestro, dónde está Dios?

—¡Si no está aquí, no está en ninguna parte!

Límites mentales

—Maestro, ¿yo, aquí, ahora?
—Yo y todos. Aquí y en todas partes. Ahora, antes y después.

Zen

—Maestro, ¿quién es usted?
—¿Quién hace la pregunta?

Fe

—Maestro, no creo en Dios.
—¡Qué importa, Dios cree en ti!

Anticiparse

—¿Maestro, qué debo hacer para que usted me perdone mis pecados?
—Peca primero.

Finalidad

—¡Maestro, estoy desesperado, no tengo una finalidad en la vida!
—¡Qué importa que no tengas finalidad si la vida no tiene fin!

Entrega

Rompió todas las amarras para poder, por fin, amarrarse bien a las cosas.

Anuncio

Tuerto del ojo derecho busca tuerta del ojo izquierdo para compartir un par de anteojos.

Ilusión, 3

Una semilla inexistente, desde su centro vacío, hecha raíces en el futuro.

Vanidad

Construyó un templo con puertas abiertas en un país donde no habitaba nadie.

Héroe

Destruyó a cuchillazos al juez implacable que le infectaba el alma.

Fracaso

Como el pantano se negó a podrir, nunca nació la flor sublime.

Problema necesario

Un perro, sintiéndose devorado por las pulgas, se revolcó en el barro. Cuando murieron todas, el perro se esfumó.

Desdoblamiento

Era tan tímido que caminaba detrás de su propia espalda.

Santo

—Maestro, usted que ayuda a todos, ¿por qué tiene el cuerpo lleno de cicatrices?
—Porque los que sufren, muerden.

Ambición

Cuando renunció a cazarla, el ave se le posó en la mano.

Arqueólogo, 1

El silencio en la lengua de la momia le cayó en la frente como una joya, con el peso feroz de lo impensable.

Muerte merecida

Un vegetariano fanático fue devorado por una planta carnívora.

Definiciones

No sé quién soy, pero sé cómo me siento. No sé lo que valgo, pero sé no compararme. No sé dónde estoy, pero sé que estoy en mí. No sé adónde voy, pero sé con quién voy. No sé curar enfermedades, pero sé evitarlas. No sé lo que es el mundo, pero sé que es mío. No sé cómo vencer, pero sé cómo escapar. No sé lo que hago, pero sé que lo que hago me hace. No puedo evitar los golpes, pero puedo resistirlos. No puedo negar la violencia, pero puedo negar la crueldad. No puedo cambiar a los otros, pero puedo cambiarme a mí mismo. No sé lo que es el amor, pero sé que estoy feliz de tu existencia.

La respuesta

Los maestros le dijeron que si encontraba la pregunta esencial, Dios le daría la respuesta que otorga una comprensión absoluta. Durante años que le parecieron interminables, ensayó preguntas pero Dios nunca le respondió. Ya anciano, cuando le llegó el momento de morir, en plena agonía, encontró la pregunta esencial: «¿Cuál es la finalidad de mi vida?». Y Dios por fin le contestó: «¡La finalidad de tu vida es morir escuchando mi voz!».

El collar del tigre

Un joven llega ante un maestro. Este lo mira con ojos tan intensos como los de una fiera. El santón es enorme y tiene tal energía que el discípulo tiembla. «¿Qué haces aquí?». «¡Busco la luz!». «¡Estás en medio del río y te quejas de que tienes sed!». «¡No entiendo, maestro!». «¡Si resuelves esta adivinanza podrás comprender: En un bosque hay un tigre terrible que tiene un collar. ¿Quién se lo puede quitar?». El estudiante responde: «¡Un hombre más fuerte que él!». El maestro le da un bastonazo en la cabeza. «¡Perezoso! ¡Vete y no vuelvas hasta que estés seguro de la respuesta!». El joven, conteniendo la sangre que corre desde su cuero cabelludo, se interna en un bosque, a meditar. Después de muchos días vislumbra una respuesta. Corre hacia el maestro: «¡Le puede quitar el collar quien lo puso!». Le responden: «¡Intelectual asqueroso!». Y le dan otro palo en la cabeza. Llorando de impotencia, el discípulo vuelve a sus parajes solitarios. Odia al maestro. Sin embargo regresa a verlo: «¡Es el tigre quien se puede quitar el collar porque él mismo se lo puso!». «¡Imbécil romántico!». ¡Zas! ¡Palo! Ensangrentado, el joven se refugia en una caverna. Grita a las sombras: «¡Yo soy el tigre, él es mi animalidad! ¡Un día me apareció un collar en el cuello para revelar mi esclavitud! ¡Tengo que convertirme en un humano para quitarme yo mismo esta ignominia de ser aún una bestia!». Sale. Ve un perro campeón seguido por otros más débiles. Deprimido, se siente perro débil y sigue con dolorosa admiración al jefe de la jauría. Encuentran a una joven perra que por primera vez ha sido madre. El campeón intenta devorar a los cachorros. La perrita, convertida en energúmeno, le salta al cuello, aferrándose a la yugular y de ahí no se desprende hasta que el gran can cae muerto. El joven, en un destello, ve por fin la respuesta. Dando un grito de alegría, corre hacia el maestro. Se quita el cinturón. Lo ata alrededor del cuello del feroz santón y lo jala hasta sacarlo de su sitio. Allí se sienta él. El maestro ríe a carcajadas, lo abraza y le dice: «¡Ya eres tu propio amo; has triunfado! ¡Se ha encendido una luz!».

Capricho infantil

El hijo más pequeño, entre las herramientas de trabajo de su padre, encontró un cuchillo y, sin darse cuenta del peligro que eso entrañaba, se puso a jugar con él. Su inocencia no le permitía comprender el uso del arma. Para él era solamente un trozo de metal que emitía resplandores fantásticos. Por milagro lo tomó por el mango y no por la hoja. Cuando su padre lo vio, aterrado trató de quitárselo. Pero el niño cerró sus puños en torno del asa y comenzó a llorar. De nada valieron advertencias, promesas, amenazas de castigo o mimos. El muchachito no estaba dispuesto a entregar su tesoro. Arrebatárselo por la fuerza era peligroso: un movimiento brusco podía cercenarle un dedo. Cuando su abuelo vio esto, cortó un pedazo de madera del largo del cuchillo, le amarró unas cuantas cintas de colores, un par de cascabeles y, agitando y haciendo sonar el juguete, se lo ofreció a su nieto al mismo tiempo que, suavemente, trataba de recuperar el arma. El niño, con alegría renovada, abrió sus dedos, soltó el filoso cuchillo y asió el trozo de madera para seguir jugando.

Campeón

Un emperador quiere conocer al hombre más potente de su país. Convoca a los campeones. Llegan gigantes que pueden levantar una carreta con sus bueyes, desgajar árboles, reventar sacos rellenos de piedras de un solo golpe. Llega el campeón de campeones, vencedor de todos. El emperador lo interroga: «Si estos colosos, más débiles que tú, han hecho tales demostraciones, ¿qué puedes hacer más difícil?». El forzudo responde: «¡Puedo alzar una mariposa por las alas... sin dañarla!».

Retrato del gallo

Un emperador amaba la pintura. Un día se le antojó tener en la sala del trono un retrato de un gallo de combate. Pidió que le enviaran al mejor pintor. Llegó ante él un maestro de maestros. «¿Cuánto demorarás en traerme el cuadro?». «¡Majestad, si usted desea el mejor retrato de tan noble animal, es necesario que me otorgue seis meses!». El emperador accedió y el pintor se encerró en su taller. Apenas cumplido el plazo, el soberano reclamó la obra. El maestro anunció que aún no la había terminado y solicitó otros seis meses. El gobernante, después de un acceso de cólera, accedió al pedido. Esperó obsesionado las veinticuatro semanas y él mismo, con un impresionante séquito, llegó al taller. El artista se excusó y pidió tres meses más. El mandatario, al verse sin su gallo, enrojeció de furia: «¡Sea, pero si para ese entonces no has terminado, haré que te corten la cabeza!». Pasados los noventa días, el regente, seguido por sus verdugos, corrió hacia la casa del pintor. Este los hizo pasar al taller, en donde solo había una gran tela en blanco. «¿Cómo —vociferó el emperador—, aún no has hecho nada? ¡Ordenaré que te corten la cabeza!». El pintor, sin hablar, tomó pinceles y colores, los mezcló rápidamente y con velocidad vertiginosa pintó el gallo más hermoso que se hubiera visto en el Imperio. La belleza del ave era tan intensa que el emperador, arrobado, cayó de rodillas ante la obra maestra. Cuando se repuso de la emoción, volvió a encolerizarse:

«¡Reconozco que eres el mejor, sin embargo haré que te degüellen! ¿Por qué me has hecho esperar tanto tiempo si podías haber cumplido mi encargo en unos minutos? ¡Te has burlado de mí!». El maestro invitó al mandatario a visitar su casa. ¡Había miles y miles de dibujos de gallos, estudios anatómicos, aves disecadas, huesos del animal guerrero, innumerables intentos de cuadros, apuntes, libros sobre su crianza y corrales llenos de gallos vivos!

La ladrona

«Trabajo la tierra desde que sale el sol hasta que se pone. Los bueyes que arrastran el arado llevan la misma vida que yo padezco. Nos desgastamos mucho, comemos poco, hacemos fructificar una tierra que no es nuestra. Apenas tengo un momento libre, lo empleo en extender redes, y así de vez en cuando puedo gozar del sabor de una perdiz. Ayer tuve la sorpresa de ver un águila prisionera en mi trampa. ¡Qué dignidad de mirada: ahí estaba, decidida a no rogar, esperando la muerte, inmutable! Sentí tal respeto por su belleza que fui incapaz de enjaularla. ¡La dejé libre! Subió como una flecha hacia el centro del cielo y desapareció entre las nubes. ¡Confieso que le tuve envidia! Hoy, como de costumbre, me senté a masticar un pedazo de pan duro a la sombra de un viejo muro. Vi un punto negro en el cielo que se acercaba a mí con velocidad sospechosa. ¡Era el águila! Antes de que pudiera levantarme, extendió sus garras. "¡Pájaro maldito, ingrato, has venido a sacarme los ojos!". Se me echó encima. Cubrí mi rostro con los brazos. El animal, graznando terroríficamente, se apoderó del pañuelo que llevaba atado a la frente y huyó a ras de tierra, levantando con su aleteo potente nubes de polvo. Furioso por este robo, lo perseguí agitando mi cayado. Pronto el pájaro vil y cobarde soltó el pañuelo. Mientras lo volvía a amarrar en mi cabeza no cesé de insultar: "¡Sinvergüenza, traidor, hipócrita, ni eres noble ni valiente! ¡Atacas a quien te concedió la libertad!". Un ruido atronador vino a sacarme de mi cólera. Fui envuelto en una gran polvareda. ¡El muro en cuya sombra yo reposaba se había derrumbado! ¡Si el águila no me saca de ahí, habría muerto aplastado! ¡Claro, el ave no hablaba mi idioma y yo era incapaz de entender el suyo! Me mordí la lengua, rojo de vergüenza. Me estaba ayudando, y yo, por ignorancia, había maldecido a mi benefactor».

Normal locura

Un hombre sabio, versado en Astrología, vio el futuro y descubrió, azorado, que un grupo de enfermos mentales iba a apoderarse de la Televisión, para programar emisiones y comerciales tan abyectos que atacarían el espíritu de los espectadores, contagiándoles la locura. Comenzó a llamar a sus amistades para prevenirlas: «¡Si no quieren atrapar graves deformaciones mentales, dejen de ver la televisión!». ¡Nadie le creyó! ¡No pudieron privarse de encender las peligrosas máquinas! El sabio salió a la calle intentando convencer a los ciudadanos: recibió burlas, insultos y empujones. Trató de escribir denuncias en los periódicos: intereses creados impidieron la aparición de sus advertencias. Internet, en forma solapada, hipócrita, borró sus mensajes. Cansado, se encerró en su casa y esperó el fatídico día. Efectivamente, un grupo de locos, disfrazados de eficientes ejecutivos, apoyados por comerciantes rufianes, se apoderaron de los canales para programar espectáculos de tan mal gusto e imbecilidad, cuajados de malignos comerciales explotando los complejos de la gente, que toda la población cayó en estado de locura. A la bella realidad le sustituyó una mercantilista, llena de egoísmo, competencias, violencia, fealdad. Cuando el sabio salió de su casa, encontró la enfermedad general. Las personas, con la mirada extraviada, muertas del alma, se peleaban por consumir alimentos nocivos y comprar cosas inútiles, guiadas por una moral de pacotilla. El sabio trató de hablar con ellos, razonar. ¡Lo trataron de loco y comenzaron a agredirlo! ¡Fue excomulgado so pretexto de que padecía una enfermedad contagiosa! Muerto de hambre, porque no le vendían comida, desesperado, encendió su televisor. ¡Al cabo de unas horas de ver sandeces, ya estaba loco! Acomplejado, amargado, violento, salió a la calle. ¡Todos lo felicitaron por su mejoría, aplaudieron su cordura y lo aceptaron en el rebaño de voraces consumidores!

La puta y el santo

En una región a la que difícilmente se podía llegar, por lo abrupto del paisaje, un monje alcanzó la iluminación. La fama de su perfección se extendió por todo el país y multitud de alumnos llegaron a ponerse bajo su aura. El santo, inmóvil, mudo, insomne, meditaba incesantemente. Su cena era magra y su pureza inmensa. Sin que él se diera cuenta, un visitante hizo su retrato y, de regreso a la ciudad, comenzó a medrar vendiendo la efigie. Quiso el destino que una mujer pública, al ver ese rostro embebido de misterio, se enamorara perdidamente del santo. Vendió lo que tenía, abandonó a sus clientes y partió hacia el remoto paraje. Después de incontables privaciones, con las ropas carcomidas por lluvias y tormentas de polvo, pero embellecida por la pasión, llegó ante el monje para caer de rodillas. Él, impertérrito, siguió meditando. Ella lo observó largamente: de ese hombre emanaba algo indecible, magnético, tan atractivo que sus ovarios se dilataron en incontenible deseo. Su naturaleza animal surgió como un torrente y, a pesar del frío invernal, despojándose de los harapos que la cubrían, desnuda, le ofreció su cuerpo esplendoroso. Los novatos, ante la carne tersa, incitante, sensual, al no poder contener los frenéticos latidos de sus corazones, se cubrieron los ojos, exclamando: «¡Sacrilegio! ¡Impudicia! ¡Muerte a la cortesana!». Sin embargo el santo, con un ademán, los detuvo, miró abiertamente a la mujer, sonrió y le propuso: «Ven conmigo a pasear». La hembra sintió la voz masculina como una caricia en sus entrañas y, delirante de ansias, accedió. Los novatos, con el ceño fruncido, dudando de su maestro, los vieron alejarse tomados de la mano. Al llegar junto a un lago, rodeado por una pradera suave, la mujer hizo ademán de tenderse. El santo la alzó en brazos y la arrojó en las gélidas aguas. Cuando la rescató, la mujer, azul de frío, había perdido sus ímpetus amorosos. Cuenta la leyenda que fue una monja ejemplar que sirvió a su maestro con una sublime devoción.

Máquina incomprensible

Un rey despertó angustiado: había tenido una pesadilla. Se soñó de siete años, perdido en un jardín donde encontró una máquina pequeña que no supo hacer funcionar. Bruscamente tuvo catorce años: el jardín era un parque y la máquina semejaba una casa. Trató de manejar sus múltiples palancas, pero no pudo. ¡Ya tenía cuarenta años y vagaba por una selva tenebrosa! La máquina era más grande que su palacio, con tantos botones, manivelas y engranajes que le era imposible comprenderla. ¡Se vio sentado en la cima de un monte, convertido en anciano! En el valle brillaba la máquina, extensa como una ciudad. Decidió introducirse en ella. Viajó por kilómetros de tubos, moviendo barras y mandos sin lograr respuesta. ¡Se vio agonizando junto a ruedas más altas que montañas! «¿Para qué servirá esta máquina?». Al terminar su pregunta, estuvo otra vez en el pequeño jardín, al lado del primer y simple mecanismo. «¡Ya sé para qué sirve: basta mover su única palanca (bajó esa varilla) para que surja el estilete (un cuchillo fino emergió del vientre metálico) que debe atravesarme el corazón!». Con frialdad cirujana la hoja hurgó en su pecho hasta quitarle la vida... El rey despertó gritando. Cuando pudo calmar la estampida de latidos, dijo: «¡Así es la vida: una máquina incomprensible que tiene por finalidad asesinarnos! ¡No vale la pena! ¡Esta es la verdad: se nace, se sufre, se muere!». Ofreció una fortuna a quien le rebatiera. Algunos arguyeron que también se gozaba. Contestó: «La alegría es sufrimiento porque la muerte la pulveriza: en el mismo momento del placer, se tiene melancolía por su cese ineludible». Amargado, se encerró en el palacio durante años. Un día vio por su balcón a un monje que meditaba plácidamente. Llegó hasta él y lo sacudió: «¡Si dices algo más cierto que "Se nace, se sufre, se muere", te doy mi reino!». Sonriendo, el monje le respondió: «¡No se nace, no se muere!». El rey comprendió. Se hizo discípulo del santo y abandonó el trono.

El caso de los niños deshidratados

Nunca me senté frente a mi máquina de escribir con tanta desesperación: sé que este artículo será leído con escepticismo. Y sin embargo todos los datos que doy son verídicos, publicados en periódicos de México, Sudamérica y Europa. Quiero que lo que voy a escribir sea un grito de alerta: ¡Si usted, lector, tiene conexiones con el Gobierno o el Ejército, por favor trate de abrir una investigación!

Todo comenzó con un juego sencillo: recortar diariamente de los periódicos noticias curiosas (ejemplo: «Con una serpiente golpeaba a los asustados peatones», «Furioso combate de 40 cigüeñas y 30 águilas», «Un motociclista chocó con un cisne y murió», etcétera). De pronto, encuentro en *Excélsior* el siguiente encabezado: «Cien niños muertos por un mal desconocido». «Río de Janeiro. 10 de marzo de 1962. (A. P.): Cien niños fallecieron a causa de una enfermedad desconocida, dice hoy *O Globo*. El médico que los atendió declaró que todos los niños estaban deshidratados»... Leyendo ese mismo día *El Universal*, encontré lo siguiente: «Cien niños muertos en Tampico». «Una epidemia ha causado la muerte de cien niños. Se cree que es gastroenteritis. Sin embargo, se supone también que fue a causa del calor porque todos estaban deshidratados. Un portavoz del Gobierno informó que la epidemia fue dominada después de declararse el estado de emergencia»... Decidí recortar noticias referentes a la deshidratación de niños. Le escribí a Adelaida Peters, poetisa brasileña, relatándole mis investigaciones y rogándole leer los periódicos del 10 de marzo en adelante para enviarme las noticias que encontrara sobre la deshidratación de niños. Los recortes que recibí me condujeron a un estado de delirio: Después de los cien niños muertos en Río de Janeiro, cayeron 5 en San Pablo, 10 en Santos, 20 en Curitiba, 40 en Concepción, 80 en Villarrica y ¡100 en Asunción del Paraguay el 20 de marzo!

Lo extraordinario del caso era que había una correspondencia de muertes por deshidratación en cuanto al número —siempre en grupos iguales de 5, 10, 20, 40, 80 y 100—, en cuanto al cambio de ciudades y en cuanto al desplazamiento de la enfermedad, desde el océano hacia el centro del Continente. «Esto no puede ser casualidad», me dije. Y más alerta que nunca continué leyendo los periódicos. ¡Principió la pesadilla!

Al cabo de cinco días de calma, tanto en Sudamérica como en México, comenzaron nuevamente los casos de muerte por deshidratación. Lo expongo paralelamente: 5 niños en San Miguel y Gobe; 10 en La Unión y Corumba; 20 en Reyes y Cuiaba; 40 en Pinos y Mato Grosso; 80 en Salinas y Purus y ¡100 niños deshidratados en Ranchito (San Luis de Potosí) y en Río Tapajoz (Brasil), el 15 de abril!

La relación numérica era de tal exacta matematicidad que decidí no ocuparme de otra cosa que de este fenómeno. Escribí a mis amigos en Francia, relatándoles el caso y pidiéndoles recortes de diarios. Seguí en comunicación con Adelaida. El fenómeno continuó extendiéndose. Llegaron las noticias de Europa; concordaban con las mías: Una epidemia de deshidratación con el exacto número de muertes, comenzado el 10 de marzo, asolaba a Europa desde Wroclaw, pasando por Praga para llegar a Linz, cambiar de dirección (como la epidemia mexicana cambió de dirección en Querétaro y la sudamericana en Asunción) para dirigirse a Estrasburgo, pasando por Baviera.

Mis amigos y yo seguimos el fenómeno durante tres meses. El ciclo se repitió tres veces más. En México, de Ranchito a Torreón a Elota. Interrupción. Enseguida de Jilotán a Sanganguey a Ranchito nuevamente, a Villagrán a Rubio... En Sudamérica pasó por los siguientes centros de cien muertes con las consabidas ciudades intermedias: de Tapajoz a Esquibo a Bogotá. Interrupción. Y más tarde de Arequipa a Río Jurúa a Tapajoz nuevamente, a Teresina a la Isla Marajo... Y en Europa de Nancy a París a Lyon. Interrupción. Y luego de Verona a Berna a Nancy nuevamente, de Hannover a Ámsterdam.

Viendo la repetición sistemática de una ciudad en cada uno de los tres casos (Ranchito, Tapajoz y Nancy), tomé un lápiz y tracé una línea de ciudad a ciudad para darme cuenta de que las muertes por deshidratación dibujaban en cada continente una antigua cruz esvástica.

Esto me pareció tan irreal, tan descabellado, tan demente que volví a revisar mi archivo. Verifiqué las fechas; di por azar con mi sección: «Accidentes aéreos inexplicables y aviones desaparecidos».

El 10 de marzo estalló en el golfo de México un DC-7 B con 42 personas a bordo. Todas perecieron... El 20 de marzo en Irlanda estalló un Superconstelación, en el aire, de la compañía holandesa KLM con 99 personas... El 15 de abril en Bogotá, un avión de un motor estalló en el aire, etcétera. Cada vez que en una ciudad morían cien niños por deshidratación, al día siguiente estallaba un avión en pleno vuelo. ¡La coincidencia era demasiado grande para ser casualidad!

Volví a escribir a mis amigos rogándoles que revisaran los diarios para ver si encontraban algo que les hubiera pasado inadvertido. Recibí dos noticias extraordinarias. De Francia: «Lyon. Extraña muerte de un niño. Al regresar de un cine, los aterrados padres se encontraron con que su bebé de ocho meses había muerto de un mal desconocido. Los médicos diagnosticaron deshidratación. Al mover el lecho del niño encontraron una masa de un metro cúbico de materia desconocida, transparente, flexible, pero tan dura como el acero. Nadie ha podido explicar su origen. Se cree que es gas solidificado que escapó de una cañería. Al transportar la masa para investigar su composición en el Instituto de Química, los camioneros la perdieron en el camino. Nadie ha vuelto a encontrarla. Se cree que se disolvió»... (Yo me pregunté: «¿Cómo es posible que alguien pueda perder en una calle de Lyon, recorrida por cientos de automóviles cada hora, un metro cúbico de materia tan dura como el acero?»).

La segunda noticia: «Brasil. Cuiaba. Tragedia en un hospital de niños. Una enfermera que llevaba, durante la noche, en una bandeja de plata unos medicamentos a la sección infantil, asistió a una enorme explosión que hizo derrumbarse hacia la calle todo un muro. Se encontró una gran cantidad de niños semivivos y otros muertos. Los que aún respiraban tenían algunos miembros secos; ya sea los brazos o las piernas. Los muertos tenían la cabeza deshidratada. Se cree que fue una explosión de un producto químico olvidado que estalló por un chispazo accidental. Se encontraron restos de materia transparente y sólida como el acero. Cuando se quiso analizarla había desaparecido. Se deduce que se volatilizó»... (Artículo enigmático que concordaba con el de Francia en cuanto a la inexplicable desaparición de esa rara materia y también por su presencia en casos de deshidratación infantil. No acepté la absurda explicación de «gas solidificado» o «explosión de materias químicas», porque en el primer caso el bebé no murió de intoxicación por gas, y en el segundo caso los niños no presentaban quemaduras).

Tenía una serie de datos, pero me faltaba un hilo que uniera todo ese material. Lo obtuve por fin en la revista ¡Siempre!, número 467, junio 6, página 15. Hay allí un artículo de Luis Gutiérrez y González que se llama «La cosa en el cielo». Dice así: «Entre los aviadores comerciales circula la versión espeluznante de una sustancia desconocida que flota en el espacio, transparente como el agua pero sólida como el acero, que actúa como imán en la proximidad de los aviones». En ocasión de los desastres aéreos, la prensa en sus informaciones intuye, también, la sospecha que uno a otro se confían los pilotos: «Algo extraño interrumpió el vuelo de la nave que dos minutos antes había reportado un tránsito normal»... «Coinciden los peritos en declarar que el avión se desintegró en el aire, triturado acaso por una tormenta eléctrica o un disturbio atmosférico, todavía no esclarecido»... «Una fuerza irresistible destrozó el avión, que cuando cayó a tierra ya estaba hecho pedazos»... «Muy difícil —los cerebros modernos, de tanto serlo, solamente aceptan lo que se puede ver y tocar— es aceptar la cinematográfica hipótesis de que, suelta en la atmósfera y más pesada que el aire, flota una cosa sobre la que no actúa la fuerza de gravedad».

Bastó este artículo para darme cuenta de que había descubierto un monstruo magnético que se alimentaba con agua de niños. La concordancia de la materia encontrada en Europa y Sudamérica con la descripción de los pilotos era inobjetable. La lenta marcha de una ciudad a otra, absorbiendo agua humana y el estallido de aviones cuando la maligna nube estaba llena y podía, por lo tanto, elevarse venciendo la gravedad, era también inobjetable. Si bajo una cuna apareció un metro cúbico de monstruo, era evidente que la nube se componía de partículas capaces de trabajar por separado. Estas partículas, luego de actuar independientemente, se unían en el aire: eso explicaba la desaparición en Lyon. La materia no cayó ni se perdió sino que escapó volando. En el hospital no hubo explosión, sino que parte de la nube-vampiro huyó por una razón que revelaré más adelante, derribando un muro (por eso cayó hacia la calle, empujando de dentro hacia fuera) dejando su alimento a medio consumir.

Después de tan aterradoras conclusiones me quedaba aún investigar por qué se producía este fenómeno en tres partes del globo al mismo tiempo y por qué dibujaba una esvástica. Recordé haber leído algo acerca de ese símbolo en la historia de la civilización africana de Leo Frobenius. En un capítulo referente al símbolo del León, estudia Frobenius cómo ese animal es una representación solar que se forma en esvástica. Y el León-esvástica es ¡el símbolo de la Gorgona! Dice: «Se puede constatar que en Asia Occidental, el León y el Águila, animales investidos de la misma significación simbólica, se han amalgamado. El motivo serpiente-pájaro participa también de esta fusión, así como un motivo solar específico: la esvástica». (Una nube compuesta de muchas vértebras de un metro cúbico puede unirse en hilera adoptando la forma de una serpiente, lo que daría origen al mito de la serpiente-pájaro).

Entonces, la esvástica era la Gorgona. Investigué en la *Mitología griega* de Charles Kérenyi.

La Gorgona se componía de tres diosas aladas. (Nubes). Se la comparaba a máscaras parecidas a las que se «suspendían» en honor de Hécate. (Concordancia con las masas suspendidas en el cielo). Hesíodo cuenta que las Gorgonas vivían en la dirección de la noche, más allá del océano, cerca de la Luna. Los discípulos de Orfeo decían que su nombre significaba «parte», así como su número correspondía a las «tres partes de la Luna» o fases. (Estas tres nubes-vampiros son una sola que se divide al llegar a la Tierra. Puede venir desde la Luna. G. Gurdjieff dijo a Ouspensky que la Luna se alimentaba de seres humanos). La Gorgona cambia en piedra al hombre que la mira. (Las nubes deshidratan. Un niño deshidratado se asemeja a la piedra). Este ser triple fue muerto en la Antigüedad por Perseo ayudándose con un escudo de plata y mirando allí el reflejo del monstruo para cortarle la cabeza con una espada de acero. (Esto explicaría la huida de la nube-vampiro del hospital brasileño. La enfermera llevaba una bandeja de plata. Quizá de allí venga el Mito de los vampiros que se exterminan con balas de plata. ¿Será necesario fabricar un avión de plata para despejar el cielo terrestre de estos monstruos?). La Gorgona venía del mar. (La esvástica de las nubes-vampiros comienza en los tres casos en el mar para internarse en el continente). Así como la Gorgona atrajo el acero de la espada de Perseo, así las nubes-vampiros atraen el acero de los aviones...

Estas tres nubes han existido sobre la Tierra desde tiempos inmemorables. Han dado origen al mito solar de la esvástica, de los vampiros, de la serpiente emplumada, de las Moiras, Erinias, Arpías, etcétera. Han vivido alimentándose de agua humana. ¡Es necesario eliminarlas! He dado el grito de alarma. Los datos son suficientes como para que mis lectores organicen un comité y pidan a los mandatarios y al ejército de todos los países la exterminación radical de estas tres nubes-vampiros. Hasta que no tengamos la certeza absoluta de su desaparición no podremos viajar o procrear tranquilos.

La promesa

Un matrimonio que vivía en una apartada región, a pesar de veinte años de vida en común, no había tenido hijos. Sintiendo que la vejez estaba cerca, sin que él lo supiera, ella invocó a Visnú ofreciéndole su vida a cambio de un vástago. Quedó encinta y dio a luz un varón. Apenas tuvo unos segundos para besarlo, luego murió. El marido se hizo cargo del bebé, lo alimentó con leche de cabra, lo cuidó y llegó a amarlo con veneración. Cuando el niño cumplió siete años enfermó gravemente. Al verlo agonizar, el padre, desesperado, invocó a Visnú: «¡Oh, Dios todopoderoso, si lo salvas te prometo hacerlo monje y convertirme en peregrino hasta llegar a las sagradas aguas del Ganges y bañarme en ellas! ¡Si no cumplo mi promesa, precipítame en el infierno!». Su hijo sanó. El hombre lo entregó a un monasterio y partió en busca del río bendito. Caminó durante meses. Al fin divisó un río. Cuando salió de las aguas, feliz de haber cumplido su manda, unos campesinos que lo habían visto estallaron en carcajadas: «¡Iluso, este no es el Ganges! ¡Camina mil leguas hacia el norte y lo encontrarás!». Así lo hizo. Llegó a otro río, que también resultó no ser el Ganges. Ahí le dijeron que lo que buscaba era un lago. Encontró el lago: no era el Ganges. Le indicaron una laguna. Tampoco fue lo que buscaba. Se sumergió, siguiendo las erróneas indicaciones, en pozas, caudales, cataratas, mares, charcas. Nunca dio con el agua sagrada. Envejeció, pero fiel a su promesa, angustiado con el infierno, siguió buscando, hasta que un ataque fulminante acabó con su vida. ¡Para su gran sorpresa despertó en el paraíso! Ante él estaba Visnú, sonriente. Preguntó: «¿Cómo estoy aquí si no cumplí mi promesa?». Le contestó su dios: «La has cumplido. Todas las aguas en que te bañaste eran el Ganges».

La llave

—Maestro, ¿dibujan a san Pedro con tantas llaves porque el paraíso tiene muchas puertas?

—No. El paraíso tiene una sola puerta, y muy estrecha. Todas esas llaves sirven para la misma puerta y no son de san Pedro sino de los que ya entraron. Cada uno de nosotros recibe una llave, solo con ella podemos abrir la puerta del paraíso. ¡No puedes entrar pidiendo llaves prestadas!

—¿Y dónde tengo mi llave, maestro?

—No te lo puedo decir. Tienes toda tu vida para encontrarla dentro de ti mismo.

El arte de escalar montañas

—Maestro, esta montaña es muy alta, nunca podré treparla.

—La montaña entera está en una sola de sus rocas. Si dominas esa roca puedes escalar la montaña, por alta que sea. Si eres capaz de llegar a la perfección en los detalles, realizarás la gran obra. Acaricia la piedra como si fuera humana, siéntela, toma en cuenta cada milímetro, dale tu completa atención. ¡Ahí donde crees que no hay amor, pon amor y obtendrás amor!

—Maestro, no logro hundir un clavo en esta roca tan dura, ¿qué puedo hacer?

—La roca es tu espejo: así como la trates, ella te tratará a ti. En su dureza busca su blandura. Deja que la piedra se abra al clavo como una flor al rocío.

—Maestro, trepo muy lento.

—Cada escalón que talles, te dará derecho a obtener otro. Si lo cavas mal, te deslizarás. Olvida la cima y perfecciona ese peldaño. En un paso te juegas el triunfo.

—¡Maestro, trabajé mal, he resbalado, cuelgo de una cuerda!

—¡No busques apoyo solo en las rocas! ¡Pon un pie en mi cara! ¡No me respetes: úsame! ¡Mi cabeza es un punto de apoyo, no te quedes pegado a mí, sigue hacia la cima!

—¡Maestro, por este camino más fácil logré avanzar!

—¡Ese camino es más fácil, pero no lleva a la cumbre!

Ícaro

Cuentan que Ícaro, prisionero en un laberinto, con plumas y cera se fabricó dos alas y escapó volando. Subió tan alto que el sol fundió sus alas. Después de una caída vertiginosa se estrelló contra el suelo... En realidad Ícaro quería llegar hasta el sol. Ayudado por sus alas subió y subió hasta que penetró en el astro rey. Entonces se hizo sol e iluminó la noche de los hombres dormidos.

Prometeo

Cuentan que Prometeo, por robar el fuego a los dioses y darlo a la humanidad, fue castigado. Lo ataron a una roca para que un águila, en medio de atroces sufrimientos, le devorara eternamente el hígado... En realidad Prometeo no sufrió. Ese castigo le enseñó a amar. Cada mañana, con éxtasis, le ofrendaba al ave rapaz su víscera y mientras más daba, más obtenía.

Quien da, crece y multiplica. Quien guarda, disminuye y se aniquila.

Narciso

Cuentan que Narciso era tan bello que la primera vez que vio su reflejo en un lago se enamoró de él y, queriendo abrazarlo, cayó al agua y se ahogó... En realidad Narciso era solo un reflejo prisionero en la superficie líquida. Un día se hizo consciente de este espejismo. Con enormes esfuerzos, creó en la orilla seca un cuerpo sólido. Salió entonces del agua y se unió al nuevo hombre. Y es así como Narciso murió para el lago (Ilusión) y nació sobre la tierra (Realidad).

Moisés

Cuentan que Moisés condujo al pueblo elegido a través del desierto durante muchos años, hasta que encontró la Tierra Prometida. Todos penetraron en el maravilloso país, excepto él, que solo pudo verlo de lejos antes de morir... En realidad, eran los peregrinos quienes formaban con sus cuerpos ese hombre colectivo al que llamaban Moisés. La Tierra Prometida era el sueño común de sus almas. Cuando dejaron de soñar y comprendieron que eran ellos mismos el fin y los medios, Moisés desapareció. Entonces cada uno encontró el país maravilloso (la Verdad) en su propio corazón.

La triste historia de Belovar y Bielina

El águila de tres cabezas de la bandera azul del Señorón de Mandakovitch había ondeado en el castillo durante innumerables generaciones. Sus antepasados, procedentes del mar Adriático, penetraron en Serbia y construyeron en la cumbre de la Montaña del Nogal, cerca de Prokouplie, una fortaleza inexpugnable. La melena roja del Señorón competía con las crines de un caballo; medía tres metros y era tan fornido que varios hombres juntos no podían levantar su espada. Necesitaba un mínimo de cinco kilos de carne, un canasto de panes y diez litros de vino por día, cantidades que aumentaban cuando estaba de humor depresivo. El derecho de pernada lo ejerció implacablemente, pero era tal el volumen de su sexo que todas las mujeres, temiendo ser destrozadas, huían hacia señores menos robustos. Durante años, el Señorón tuvo que conformarse con yeguas de pelaje rosado. Guerrero feroz, de un sablazo abatía un roble; invadió las posesiones vecinas, adquiriendo tal poder que la corte de Belgrado, para anexarlo, decidió concederle la mano de una princesa.

Su fiel escudero Drago, que desde niño le había enseñado el manejo de las ballestas, hachas, lanzas, mazas, puñales y espadas, partió hacia la capital en busca de la novia llevando suntuosos regalos. El Señorón, desenraizando árboles con sus brazos, construyó un lecho de troncos que pudiera soportar las efusiones, pensando, acostumbrado a las yeguas, que le iba a tocar una esposa gigante.

Quiso el destino que en esos días estallara una tormenta y que, huyendo de la nevasca, un carromato de gitanos pidiera albergue en la fortaleza, en espera de un tiempo menos adverso. Entre esa gente morena sobresalía una muchacha rubia, Sofía, de catorce años, que a pesar de vestir andrajos mostraba en cada gesto su origen noble. Después de torturar a los bohemios hasta que confesaron haberla raptado en Rumanía, Mandakovitch les arrancó los corazones y los hígados para devorarlos, asados, en compañía de sus guerreros. La niña, ante justicia tan atroz, perdió el habla para siempre. Temblando a cada ruido, se escondía en los rincones de la fortaleza.

Una mañana los muros se engalanaron de banderolas. Cuando llegó la princesa Gradichka de Banjalouka, el Señorón, saltando desde una almena, cayó ante la comitiva y alzó el velo que cubría a su futura mujer: una adolescente pálida, menuda, de piel transparente, que trataba de sonreír, aterrada. El Señorón la podía alzar del suelo con un solo dedo. ¿Cómo consumar la noche de bodas sin partirla en dos? Mandakovitch deseaba un heredero. Para eludir el rechazo de la noble señorita, después de estrangular a sus sirvientas, la amordazó y la ató al lecho nupcial, abierta de piernas. La muda Sofía tuvo que entibiar manteca de jabalí y, con el pecho sacudido por una respiración convulsiva, verterla entre las piernas de sus amos. Ayudado por el lubricante, al cabo de grandes esfuerzos, el Señorón logró abrirse paso y depositar su semilla, pero en el momento del goce no se pudo controlar y el último empujón desmayó a la princesa. Pidió a Sofía un lino para secarse el aceite y, al ver esos ojos esmeralda, captó la excitación enloquecida de la muchacha. Junto al cuerpo exangüe de Gradichka penetró en aquella copa estrecha ofrendada con ansias. Al desatar por segunda vez su fuente seminal, dio tal embestida que también la muda se desvaneció. Las dos mujeres despertaron bañadas en sangre y embarazadas.

La princesa de Banjalouka exigió el descuartizamiento inmediato de su rival. El Señorón ordenó la ejecución al fiel Drago, mas este, compadecido, hizo trizas una ternera, mostró los pedazos a su amo y dio dinero a una pareja de cabreros para que cuidaran a la condenada.

Pasaron los meses. Oculta en las montañas, la muchacha dio a luz a un niño, mientras que la princesa, en su gran dormitorio, entre banquetes y danzas, paría una mujer. Mandakovitch, decepcionado, regresó a sus amores con las equinas. La princesa se suicidó, arrojándose desde la torre más alta. Puesto que nadie sabía cómo educar a una niña, Drago fue designado protector y maestro de armas de la infanta... Pasaron los años. El bastardo, Belovar, creció imitando los gestos frágiles, sensibles, de su madre. Era tan bello como Bielina, su media hermana. Ambos heredaron el pelo rojo y la robustez de su padre. Si alguien los hubiera visto juntos, habría pensado que eran gemelos.

Después de un invierno particularmente gélido, una primavera violenta entibió las vertientes, hizo estallar flores y llamó a Bielina con tal urgencia que la joven galopó en su caballo por los intrincados senderos de la montaña... Con el pecho oprimido por los nuevos aromas, Belovar vigilaba sus cabras no sabiendo si reír o llorar. El aire fragante lo ponía nostálgico. Coronó su larga cabellera con margaritas y cantó un poema en honor a su difunta madre. Como su camisa le llegaba hasta las rodillas, parecía una muchacha... Encantada por aquella voz, Bielina avanzó, arriesgando caer en oscuros precipicios, hasta que encontró al delicado cabrero. ¡El muchacho era la mujer de sus sueños! Y cuando Belovar vio a esa giganta diestra apretando el vientre del bruto con sus espesas botas guerreras tal un centauro, encontró al hombre de su vida...

Cayeron el uno en los brazos de la otra. Se amaron con la misma intensidad con que habían besado los espejos. Al atardecer, como no querían cesar de verse, elaboraron un plan.

Eran tan parecidos, que si Belovar vestía un traje de Bielina podría atravesar tranquilamente el patio del castillo sin que nadie notara la diferencia. ¡Así lo hicieron! Ella se escondía y el muchacho, disfrazado de mujer, atravesaba los corredores rumbo al dormitorio.

Pasó el tiempo. El temperamento viril de Bielina y la única forma en que permitía ser poseída le impidió quedar en-lima. La felicidad duró hasta que el Señorón de Mandakovitch consideró que debía casar a su hija con un guerrero que engendrara un nieto capaz de continuar la tradición.

Por más que la joven imploró para que su padre retardara el proyecto, no pudo convencerlo.

Incapaces de soportar la separación, los amantes decidieron morir. ¡Pero querían estar juntos en la tumba! Para lograr esa unión póstuma, elaboraron un plan del que Drago se hizo cómplice, por una parte porque adoraba a Bielina, y por otra porque, lleno de achaques, estaba cansado de la vida... Belovar, maquillado y peinado como su hermana, esperó al anciano escudero en una gruta que nadie conocía.

Drago, de un tajo limpio, le cortó la testa y se la llevó, envuelta en una piel de oveja, al castillo. Allí degolló a Bielina y junto a su cuello sangrante colocó la cabeza de su amado.

Volvió a la caverna y enterró los restos de Belovar coronados por la cabeza de Bielina. Después, otra vez en el castillo, arrodillado ante el cadáver de su protegida, se hundió una daga en el corazón.

El Señorón dedujo que su hija, para no casarse, había obligado al fiel Drago a que le quitara la vida. No fue capaz de darse cuenta de que la cabeza pertenecía a otra persona.

Honraron la memoria del escudero y lo enterraron, replegado como un perro, a los pies de Bielina.

Memorias de un cabalista devorado por los osos

Mis ancestros llegaron al Cáucaso en busca de sus raíces. El Arca santa, según el Génesis, al terminar el diluvio, navegó al garete ciento cincuenta días, y cuando por fin el Innombrable (bendito sea) se acordó de Noé e hizo soplar un viento sobre la superficie de las aguas, fue a varar en la cumbre del Ararat. Pasada la cólera divina, el Patriarca, su familia y sus animales bajaron por las abruptas faldas para poblar la tierra bajo la luz de una nueva alianza. El Cáucaso, donde se yergue esta altísima montaña, se convirtió en la cuna de la humanidad regenerada.

El hacha siempre vuelve al bosque de donde salió el mango: mis abuelos, que habían sido expulsados de España, amontonados en guetos en Italia, raptados por los piratas moros en el Mediterráneo, esclavizados en Turquía y asesinados en Irán..., subsistiendo gracias a la venta de tapices, tabaco y sal, recorrieron Armenia, Georgia, Chechenia, Daguestán, escalando uno tras otros los montes, para desenterrar en sus cumbres algunos esqueletos de perro, pero no el Arca santa.

Habiendo perdido la esperanza de encontrar su origen —la posesión del suelo les estaba para siempre negada—, pacíficos como eran, lectores infalibles de la Torá y del Talmud, cargando en sus viejas yeguas más peso de libros que de alfombras, vagaron de valle en valle aceptando ser muchas veces agredidos en esos pueblos hoscos, separados de los otros por barreras de montañas. A pesar de que los caucasianos les respetaban a sus mujeres (no por principios morales, sino porque ellas se mostraban cubiertas de mantones, con los dientes teñidos color tierra, los cabellos rapados y la piel untada con una pasta de queso rancio), las repetidas invasiones de los mongoles, que no tenían un olfato delicado, hicieron que, de violación en violación, los atributos orientales les entraran en la carne. Al cabo de algunas generaciones, Anan, mi padre, nació con los ojos rasgados y yo, Todros, con una piel que daba reflejos amarillos. Creo que por esta vergonzosa herencia ambos tuvimos ese carácter rebelde que obligó a la comunidad religiosa a prohibirnos asistir a sus ceremonias.

Apenas cumplí siete años, edad en la que, según Anan, mi cerebro era ya capaz de comprenderlo todo, él me llevó a las salinas. Allí, en el silencio cómplice de la extensión blanca, me hizo beber un trago de miel de acacia y comenzó a iniciarme.

—Óyeme bien, Todros: el Innombrable (bendito sea) es infinitamente justo y solo actúa con bondad. Todo el daño viene del hombre que, convirtiendo el placer en vicio, hace mal uso de su libre albedrío. El ascetismo es el único medio que tenemos de conservarnos puros. Tú y yo, hijo mío, renunciaremos al placer.

Y desde entonces comenzamos a usar vestiduras negras, a comer solo dos panes de cebada por día, uno en la mañana, el otro al atardecer; a rechazar la sal y el azúcar; a dormir en los suelos más duros. Sin comprender nuestra locura, Ava, mi madre, me decía: «¡Estás en los huesos! ¡Recuerda: amor y buena comida para triunfar en la vida!», y lloraba rogando que comiera sus suculentos postres y guisos. Yo la miraba con los ojos llenos de desprecio por estar sumergida en esas necesidades animales.

¿Cómo un pedazo de carne o un trozo de pastel hubieran podido alimentarme más que ese dios impensable que llenaba mi pecho, mi vientre, mi cabeza, mi ser entero? Todo estaba ocupado por Él (bendito sea). Lo único personal que me quedaba era la piel, tan estirada y seca que, si la golpeaban, sonaba como tambor. Desesperada, Ava se lanzó sobre Anan, que ya había perdido sus dientes, y lo corrió del hogar azotándolo con un pollo desplumado. ¡Nos fuimos juntos!

Comenzamos a vivir en una gruta, al pie de las montañas del Gran Cáucaso, junto al río Terek. La colectividad no tardó en olvidarnos, decretando que mi madre, una mujer aún atractiva, podía contraer nuevas nupcias, orden que ella acató gustosa, uniéndose, como muchas otras paisanas —más vale un buen pariente que un mal vecino—, con un primo cercano.

Nosotros, mientras tanto, para comer, nos hicimos mendigos. Bajábamos al pueblo a mendigar cantando, una hora por día, lo que nos bastaba para obtener cuatro panes, un par de zanahorias y abundantes burlas. El resto del tiempo lo ocupábamos en leer la Torá, reservando tres escasas horas para dormir. Mi padre estaba seguro de que una frase de los Números encerraba el secreto de la vida eterna: «Y el ángel del Señor pasó más allá, y se puso en una angostura donde no había camino para apartarse ni a derecha ni a izquierda». Después de repetir la frase incontables veces, me miraba para decirme con sus ojos plenos de fiebre:

—El ángel está delante de nosotros y espera que nos acerquemos. No necesita perseguirnos; el camino estrecho conduce a él, a su espada vengadora. Vengadora en el sentido de que elimina lo superfluo. ¡Hijo mío, tenemos que decir a las necesidades del alma y del cuerpo: esto no soy yo! ¡No soy el que piensa, ni el que siente, ni el que desea! ¡Pero tampoco soy lo pensado, ni lo sentido, ni lo deseado! Voy por el camino estrecho de la negación, no puedo ir ni a derecha ni a izquierda, no puedo ser ni puedo no ser; sin embargo, en el fondo de aquello hay algo más que debo sacrificar, entregar a la espada del ángel, algo que me tiene encadenado a la vida y a la muerte. Pero ¿qué es? ¿Qué es lo que el ángel no quiere dejar pasar? ¡Vamos avanzando a ciegas! ¿Qué hay más allá de la inteligencia pura? ¡Quizá nada! ¡Puede que ese mismo ángel sea nuestra meta! ¿Cómo saberlo? ¡Ah, Todros, meditemos aun durante el sueño!

En el calor agobiante del verano, en el frío despiadado del invierno, con la piel tan pegada a los huesos que parecíamos momias, continuamos meditando. De pronto me di cuenta de que estaba más alto que mi padre y que ya iba a cumplir veinticuatro años... Anan pareció regresar de un país lejano, sacudió su cabeza cubierta de largas greñas sucias y mostró las encías desdentadas en una mueca que era el resto penoso de su antigua sonrisa.

—¡Alegría, alegría, Todros! ¡Vamos a celebrar tu aniversario comiendo un postre: moras!

—¡Padre, estamos en pleno invierno! ¡Las zarzas duermen bajo un manto de nieve!

—¡El Innombrable (bendito sea) las despertará! Hemos pasado años adorándolo, bien puede hoy darnos ese mínimo placer. Para algo ha coronado las cumbres con generosas matas.

—Cuidado, padre, en algunos lugares la nieve se ha transformado en hielo. ¡Las laderas están muy resbalosas!

—¡El Innombrable (bendito sea) me protegerá! Pero como no soy cabra ni perro salvaje, voy a demorar un buen rato en trepar y bajar. Tú no pierdas tiempo: la puerta del cielo se puede abrir y cerrar en un solo segundo. ¡Atención, atención, atención! ¡Medita sin cesar!

Seguí con la mirada la ascensión de Anan hasta que se lo tragó la niebla y luego, inmovilizando mi cuerpo esquelético, ignorando el frío, concentré mi espíritu en el camino estrecho. No podía ir ni a derecha ni a izquierda ni retroceder. Yo era el que pensaba, pero ¿quién me pensaba? Yo era la conciencia, luego la conciencia de la conciencia, luego la conciencia de la conciencia de la conciencia... Fui tan lejos, me sumergí tan profundo en el abismo sin fondo, tensé tanto mi cuerpo para impedirle distraerme con algún movimiento, absorbí y quemé de tal manera su energía, tratando de atravesar la raíz del pensamiento, que el pobre no pudo resistir más y comenzó a sangrar por la nariz.

Concentrado como estaba, al comienzo no me di cuenta, pero un calor húmedo comenzó a invadirme el pecho para llegar hasta mi sexo. ¡Abrí los ojos, vi la mancha roja, sentí un estallido luminoso en el centro de mi cerebro y comprendí! ¡Había por fin encontrado la puerta! En el Génesis, 2, 7, estaba claramente escrito: «Entonces Dios formó el hombre del polvo de la tierra y sopló en su nariz aliento de vida y fue el hombre un ser viviente». ¡Eso era! El cuerpo ataba mi conciencia a su forma rígida, pero la sangre informe me estaba mostrando el camino. ¡Si la vida, la verdadera vida, la espiritual, puro aliento divino, conciencia fundadora, entraba por la nariz, era por la nariz por donde podía salir!

Abandoné primero las sensaciones que me ataban a los pies; enseguida abandoné las piernas, el tronco, los brazos, el cráneo; me concentré en la nariz, abrí su memoria genética, llegué hasta Adán y sentí su éxtasis cuando el Innombrable (bendito sea) posó en sus fosas nasales los labios que se había creado para esa única ocasión y eyectó el soplo increíble que penetró cada molécula del cuerpo de arcilla, otorgándole el goce infinito de la existencia. ¡Ahora yo, aliento divino, rechazando la petrificación de la carne y navegando contra la corriente, volvería a mi origen!

Con la fuerza de un toro de lidia surgí por las dos ventanillas nasales y me encontré, como una amiba transparente, flotando fuera del cuerpo, unido a él solo por un filamento luminoso. Por primera vez descubrí la dulzura de ser yo mismo, sin estar deformado por el dolor o el miedo. Era delicioso no depender de los otros, no tener peso, no estar amenazado por el hambre, las enfermedades, la vejez, la muerte, existir sin dueño, sin forma, sin secreciones, sin excremento... Comencé a atravesar las diez dimensiones maravillosas, queriendo llegar al pensamiento primero, que es el comienzo y el fin de todo... Visité inmensas espirales de pura luz, gigantescas serpientes de fuego frío enrolladas en anillos concéntricos, ríos de amor, esplendores sublimes surgiendo de un pozo oculto por infinitos velos... Era tal el bienestar que sentía que decidí hundirme en esos limbos tanto como mi cordón de plata se estirara. Confiaba en Anan. Él protegería mi cuerpo inanimado, esperándome con paciencia, aunque tardara años en regresar. ¡Grave error!

Mi padre, después de llegar a la cumbre y desenterrar de la nieve unos puñados de moras, resbaló y cayó en un barranco. Allí tuvo que esperar cinco días, subsistiendo gracias a los congelados frutos, hasta que una lluvia disolvió el hielo y pudo trepar. Cuando llegó a nuestra gruta, encontró unos pocos huesos mordisqueados y un trozo sanguinolento de cuero cabelludo: los restos de mi cuerpo. Por las huellas se dio cuenta de que eran dos osos los que me habían devorado.

De pronto vi esfumarse el filamento plateado que surgía de mi ombligo. Me sentí tan vulnerable como una tortuga despojada de su caparazón. El éxtasis se convirtió en angustia. Atravesé apresurado los diez planos del limbo y salí del luminoso Entremundo para sumergirme en la densidad oscura... Allí estaba mi padre, llorando desconsolado junto a mis despojos.

Hubiera querido acariciarlo para calmar su corazón, pero ya no tenía manos. Tampoco voz para decirle que estaba ahí, más cerca que nunca, porque la barrera de la carne no se interponía entre mi espíritu y el suyo. Mas él, únicamente con su intelecto, podía comprender mi trágico deceso.

«Todros, solo somos mascaras del Innombrable (bendito sea), infinito océano de eterno goce. Mi hijo, un sueño, una ilusión, una chispa divina, ha regresado a la dimensión sin tiempo y sin espacio, para disolverse en el Origen, felicidad pura, orgasmo incesante».

También comprendía mi padre que un muerto —¡él me imaginaba muerto, es decir convertido en nada!— no sufre.

«Todros ya no es individuo, no siente ni se siente. El desaparecido no es más que una parte del que sufre. El vivo no sufre por el muerto, sufre por sí mismo. Cree que ha perdido, cuando en realidad no se pierde porque nunca se tiene. Cree que las cosas no fueron como debían haber sido; en realidad si fueron así es porque debían ser así. El individuo es mortal, el Innombrable (bendito sea) es imperecedero. La muerte es una ilusión individual».

Pero las ideas, por acertadas que fueran, no podían calmar su dolor. Se sentía como un espejo al que de un solo golpe, un golpe impensable, injusto, irremediable, hubieran quebrado en mil pedazos. Le dolía el cuerpo. En su propia carne padecía las dentelladas de los osos. A él, que no había sido capaz de salirse de la materia, mi desaparición le revelaba su inaceptable condena mortal. ¿Cómo sacarlo de su absurda pena? ¡Cómo mostrarle que yo estaba allí, presto a entrar en su organismo para darle mi energía vital, aquella que a causa de la destrucción de mi cuerpo no había consumido! Pero Anan insistía en creer que era imposible el consuelo. Su alma, convertida en fortaleza, no dejaba el menor resquicio por donde se pudiera entrar.

«Hijo mío: yo tenía planes para ti, me veía, a través de tu existencia, viajar hacia el futuro; eras mi inmortalidad... Muere el abuelo, muere el padre, muere el hijo, muere el nieto, esa es la felicidad, porque las muertes se suceden tal como desde la creación fueron ordenadas.

»Pero tú, Todros, desapareciste antes que yo. Ahora miro al sol como un águila sin alas... ¡Si el padre come espinas, al hijo le sangran las encías! ¡Fui yo el que te dejó meditando en la caverna; yo el que se tentó con comer moras; yo el que te enloqueció prometiéndote la inmortalidad; yo el que, por alabar la vida eterna, te hice perder la vida efímera, corta pero preciosa porque es la única que se nos concede! ¡Sin embargo, fueron los osos los que nos separaron, los que impidieron que la Gran Obra fuera realizada! ¡Fieras malditas, en alguna guarida deben invernar digiriendo tu cuerpo sagrado! ¡No puedo aceptar que el vientre de esas bestias sea tu tumba!».

Anan lanzó un grito que pareció interminable, reunió sus fuerzas, se concentró en las encías y con la voluntad fanática de una madre pujando por parir un crío atascado hizo surgir dos nuevas hileras de dientes, blancos, puntiagudos, enormes. Descendió a la aldea, entró en la taberna, eyectando por los ojos tal odio que nadie se atrevió, como era la costumbre, a escupirle el rostro. Tomó un cuchillo de la cocina y descolgó un arco y un carcaj lleno de flechas que adornaban el comedor. Lo dejaron hacer a su antojo. Para los caucasianos, los orates eran divinos porque participaban de la santa locura de Cristo. «¡Al loco y al aire, darles calle!».

Semidesnudo, cubierto por una manta convertida en harapos, se internó entre los árboles que cubrían las laderas del gigantesco Elbruz. Nadie le había enseñado a cazar osos, pero el odio es el mejor de los maestros. Sin preocuparse del frío o de la niebla, avanzó observando los diferentes excrementos; blandos e informes, humanos; color ladrillo, duros, perros salvajes; bolas pequeñas y negras, cabras... y por fin unos amasijos azul oscuro que, al escarbarlos, resultaron ser ciruelas mal digeridas: ¡osos! ¡Ah, esos malditos comían sin cesar porque, por tener el intestino corto, eran incapaces de digerir gran parte de lo que tragaban! Aquel era el sendero nutricio de un plantígrado. Lo probaban esos árboles descortezados en donde negreaban las huellas de unas largas garras.

Avanzó, con el corazón dando latidos que parecían partirle el pecho. Yo quise decirle: «¡Basta, Anan, asesinando animales te condenas! ¡También me condenas a mí, obligándome a seguirte por este mundo denso! ¡Déjame ir, por favor! ¡Perdona a los osos y perdónate a ti mismo como yo te perdono!», pero mi padre no podía oírme. Se hizo un corte en la palma de una de sus manos para frotarse el cuerpo impregnándolo con su sangre. Sabía que un oso puede detectar el olor de una carroña a quince kilómetros de distancia. Los georgianos tenían un proverbio: «Brinca un pez en el río: el águila lo ve, el ciervo lo oye, el oso lo huele y Dios lo ama». Continuó ascendiendo la montaña y mascullando, con el resuello entrecortado: «Dios (maldito sea) no ama al pez ni al águila ni al ciervo ni al oso ni a nadie. Sin necesidad, sin hambre, indiferente, nos crea y nos devora. ¡Esta corta vida que nos da para vencer su aburrimiento es un abuso de poder!».

Como lo esperaba, al final del sendero divisó, junto a una roca, a un oso que husmeaba hacia él entrecerrando sus ojillos. Su talla era inmensa, su forma voluminosa y pesada, sus uñas largas como navajas... Colocó lentamente una flecha en el arco y, paso a paso, centímetro por centímetro, avanzó hacia la bestia. El animal aplastó sus orejas contra el cuello gruñendo iracundo, golpeó el tronco de un árbol produciendo un ruido atronador, abrió sus mandíbulas para mostrar cuatro puñales de marfil y, chorreando baba, se lanzó hacia mi padre. Este, sin soltar el arco, agitó los brazos lanzando alaridos. El oso frenó, cayó al suelo, rodó unos metros y escapó corriendo, pegado a la inmensa roca. Mi padre lo siguió, lo más rápido que pudo, pero la fiera lo superó en velocidad y desapareció en una curva. Enrojecido por el odio, Anan continuó su persecución alrededor de la roca, con el arco tenso, preparado para disparar. Yo me desesperé. Comprendí la treta del animal: ¡estaba girando alrededor del peñasco para atacar a Anan por la espalda! Volé hacia mi padre y le hice señales para que mirara hacia atrás. Pero él, incapaz de captar mi presencia, siguió corriendo en pos de la que creía era su cobarde presa. ¡Qué angustia, yo no quería que le pasara lo peor! Los osos devoraron mi cuerpo cuando yo estaba fuera de él, convertido en espíritu puro. Anan, por el contrario, se había sumergido en la carne, emporcando su mente con odio, sufrimiento, bajos instintos. Ya era casi un animal. Destruyéndole el cuerpo, al mismo tiempo le destruirían el alma. Pasaría, sin estaciones intermedias, de la conciencia a la nada absoluta: moriría. Solo los espíritus que han descubierto la puerta y penetran descarnados en el Entremundo pueden no morir y conocer las maravillas del luminoso cuerpo de Aquello (bendito sea).

Sin esperar nada, convertido en un haz enceguecedor, movido solo por la desesperación, me lancé hacia el oso. ¡Oh, milagro, el animal sí podía verme! Se alzó sobre sus patas posteriores, lanzó un rugido metálico y se protegió los ojos con los cojinetes de sus plantas, dejando el pecho descubierto. Mi padre dio media vuelta y, sin perder un segundo, lanzó una flecha que fue a clavarse en el corazón del gigante. Cayó fulminado entre las zarzas.

Sin preocuparse por que las zarzas laceraran su piel, Anan, blandiendo el cuchillo de cocina, corrió hacia su víctima y le abrió en canal desde la garganta hasta el vientre. Hundió sus manos febriles en el tajo humeante, escarbó entre las vísceras y no encontró ninguno de mis huesos. Desesperado, extrajo el corazón para destrozarlo a mordiscos. ¿Qué quedaba de mi padre? ¿Adónde había ido a parar su sabiduría? Ese sufrimiento que lo sumergía en la locura, ¿era amor? ¿No es el amor el que permite atravesar las fronteras y establecer un puente entre esta vida y el reino de los ausentes? Yo estaba ahí, junto a él, a través de él, en él... pero Anan, mutilando su fe, se había convertido en una isla a la deriva en la nada.

Marchando obsesionado en busca del segundo oso, mi padre, a comienzos del verano, se encontró una mañana en los bosques de pinos que perfuman los pies del monte Kazbek.

Después de enterrar el arco, las flechas, sus sandalias agujereadas y la manta, lavó en un arroyuelo el cuchillo y su cuerpo, se secó al sol, frotó su piel con agujas de pino y untó con arcilla su larga cabellera, barbas y pelos de las axilas y el pubis. Luego, caminando sobre la punta de los pies, comenzó a rastrear su presa.

No sintió pasar el tiempo. Al atardecer, las sombras de los árboles se alargaron hasta reptar, como serpientes negras, sobre las rocas hirvientes. De allí surgía un respirar ronco, acompañado por chillidos de hembra en celo. Quemándose las plantas de los pies y las palmas de las manos, Anan escaló un peñón y vio en una meseta, a la sombra, justo bajo él, a un enorme oso, azul marino, inclinado sobre una osa tan pequeña que solo emergía de ella, entre las gruesas patas anteriores, su fino hocico. La bestia oscura se afanaba, yendo y viniendo, con una extraña delicadeza. No eran golpes los que daba sino caricias. Con esos labios despegados de las encías, estirados como trompa, besaba la cabeza de su casi invisible compañera.

Mi padre esperó el momento preciso y, cuando el animal rugió enceguecido por el orgasmo, dio un salto simiesco y cayó montado sobre él, para hundirle el cuchillo hasta el mango en la peluda nuca. La mole cayó de costado arrastrando a Anan, quien se dio un espaldarazo cruel contra las rocas. Antes de que pudiera levantarse, cayó sobre él, arañando y mordiendo, una mujer desnuda que llevaba una cabeza de osa.

Ese cuerpo sucio, musculoso, de grandes senos en punta, esa furia animal, aquella mancha púbica chorreando esperma de oso, otorgaron a mi padre el vértigo del deseo. Convirtiendo los dolores de su alma en hambruna sexual, con fuerza demente agarró por el cuello a la salvaje, la arrodilló junto a la sangre que caía a borbotones de la nuca abierta, le inclinó la cabeza hasta hacerle hundir la frente en el magma rojo y, de un empujón que casi le parte el pubis, le llegó al fondo para, entre goce y asco, perforarle las entrañas con el escupitajo que dada vida a un pobre niño a quien llamarían Todros, en un vano intento por recuperarme, olvidando que el Innombrable (bendito sea) nunca se repite y que, para siempre, cada efímero ser queda inscrito en la memoria universal como un acontecimiento sagrado por lo único... ¡Una caída, una crecida! Lo compadecí, pero en cierta manera me alegré. Anan al fin había encontrado el camino, aunque bestial, que lo liberaba del sufrimiento. En esa vagina degradada se había extinguido el duelo. Y por aquello, libre, yo podía regresar al Entremundo.

Los Grugenstein

Me llamo Rubí Grugenstein. Soy la única heredera de una de las fortunas más grandes del planeta. Estoy en Chile, desierto de Atacama, mina de cobre de Chuquicamata, esperando que el primer rayo solar anuncie un nuevo día, para arrojarme en las fauces de un molino triturador. Quien quiera comprender este desesperado acto debe conocer la historia de mi familia.

Nadie sabe de qué país fueron expulsados Eleazar Mendelsohn el Sabio y Rebeca, su esposa. El hecho es que se enraizaron en Alemania. Allí, en el gueto de Dessau, nació Moisés, mi célebre tatarabuelo.

Para el pueblo alemán que, desde los tiempos de las invasiones bárbaras, se otorgaba la hegemonía de la sangre pura, un judío debía ser tosco, moreno y feo. Por desgracia, Moisés era rubio, pálido, delgado, de gestos elegantes y rostro angélico. Desde pequeño, Eleazar el Sabio le enseñó a curvar la espalda, alzar un hombro y marchar con las rodillas abiertas para hacerlo pasar por jorobado. Los gentiles, al despreciar aquel cuerpo deforme, admitirían sin celos la belleza de su alma. No le enseñaron el alemán, únicamente el hebreo. Pero Moisés, en la penumbra de su cuarto estrecho, aprendió, sin más profesor que unos libros, a hablar alemán, latín, griego, francés, italiano, inglés, y también agregó a este vasto conocimiento la filosofía y las matemáticas. Dejando atrás los sucios muros de su territorio natal, consiguió un trabajo de preceptor en una familia noble que, gracias a esa joroba tan poco romántica, le entregó la educación de sus hijas. Allí se esmeró en demostrar que un judío podía ser un hombre limpio, tierno y amistoso. Esa espalda horrible, castigo deplorable por el deicidio cometido por sus antepasados, unida a la delicadeza de su rostro, de sus manos, de su voz y de sus ideas, cautivó a los alemanes. Consiguió, en reconocimiento de sus sabios consejos, ser aceptado como socio en una empresa importadora de seda y, sin dejar de vender aquellas telas suaves, comenzó a publicar escritos filosóficos que le valieron en 1763 obtener el gran premio de la Academia Real de las Ciencias de Prusia.

La tienda se llenó de clientes que, con el pretexto de comprar algunos metros de seda, bebían la sabiduría de los labios del que consideraban un judío ejemplar. Moisés Mendelsohn, deseando ser amado solo por su espíritu, había aprendido desde niño a despreciar el cuerpo. Sin abandonar su falso aspecto, buscó una mujer que quisiera casarse con él, así, torcido. Una casamentera le propuso a Ruth Grugenstein, hija y nieta de banqueros, condenada a quedar soltera por ser sordomuda y carecer de redondeces.

Moisés, buscando en el matrimonio solo la respetabilidad que otorga una familia, aceptó satisfecho esta alianza, no tanto por la importante dote sino también porque la mujer, sin fijarse en su joroba, le obsequió una intensa mirada en que se mezclaban la admiración, el agradecimiento y una entrega perruna.

Después de la boda, temblando de amor, Ruth se mostró desnuda ante su marido, con ansias inmensas de recibirlo en su magra carne y quedar encinta esa misma noche. Moisés, poco a poco, estiró su columna vertebral. La mujer abrió con intensidad los ojos y lanzó un gargarismo que sonó a degüello. Ella había aceptado compartir la existencia con un baldado, lo que le permitía no sentirse culpable por su sordomudez, pero encontrarse formando pareja con un ángel de belleza sublime la convirtió, por comparación, en algo de menos valor que una carroña. Refugiándose en su silencio, abrió las piernas como si fueran los postigos de la ventana de una casa vacía.

El bueno de Moisés, ocupado en escribir su *Philosophische Gespräche*, en donde concedía autonomía al juicio estético, liberándolo del yugo de la finalidad ética, solo se dio cuenta de que tenía un problema hogareño cuando, de manera incontrolable, la sordomuda se puso a engordar. Al principio creyó que ella estaba encinta, pero al descubrir que la despensa se vaciaba con rapidez vertiginosa y que la mujer aumentaba de volumen de un día al otro comenzó a preocuparse. Consultar médicos le resultaba vergonzoso. ¿Cómo él, un pensador que declaraba que la razón era el único camino del saber, podría revelar que su esposa estaba pasando de los doscientos cincuenta kilos a los trescientos? A sueldo triple, para hacerles guardar el secreto, llamó a dos carpinteros de una ciudad vecina que construyeron en el salón, único espacio conveniente, un enorme lecho sostenido por veinte patas capaces de soportar el peso de tanta carne.

Ruth yacía todo el día de espaldas, resoplando y tragando, casi sin masticar, verduras, embutidos, cereales, pasteles. Al llegar a los cuatrocientos kilos comenzó a retorcerse y lanzar sollozos que sonaban como viento azotando las paredes de una caverna...

Moisés se la devolvió al banquero y solicitó la discreta anulación del matrimonio, cosa que le fue concedida a cambio de casarse con Fromet, la hermana menor de Ruth, quien le daría cinco hijos que más tarde se convertirían al cristianismo.

Los Grugenstein, en una noche oscura y sin encender luces, cargaron a la mole en un carromato y la llevaron al campo. Allí parió a Sansón Grugenstein, niño de veinte kilos, circuncidado por su abuelo con unas tijeras para cortar uñas, nunca reconocido por su padre... Ruth vivió seis años más criando al infante, que bebía leche de sus inmensos pechos cuatro veces al día en mamadas de dos horas, y luego murió de una crisis cardiaca. Para enterrarla tuvieron que cortar su cuerpo en ocho trozos. En el cementerio, dando alaridos, Sansón corría desesperado de un ataúd al otro, sin saber a cuál de los ocho abrazarse.

Rápidamente el niño convirtió su grasa infantil en músculos de hombre y alcanzó una estatura superior a los dos metros, desarrollando una fuerza de coloso. Sin ninguna facilidad para el estudio, nunca aprendió a leer; comenzó a trabajar de portero en el hotel Berliner Palace. Orgulloso, enfundado en su largo gabán con relucientes hombreras, era capaz de descargar de los carruajes baúles de más de cien kilos. Su saludo militar, seco y tenso, impresionaba a los clientes que, quizá por miedo (había desmayado a un caballo encabritado de un puñetazo en la testa), le daban suculentas propinas. El ingenuo hércules, dentro de tan humilde actividad, se comportaba como si de él dependiese el orden de todo el hotel.

En el lujoso tercer piso, con suelos cubiertos de mármol gris y brillantes columnas plateadas, una mujer excepcional arrendaba un apartamento de quinientos metros cuadrados.

Rahel Levin, hija única, heredera afortunada de un vendedor de diamantes, fea y sin gracia, salvada por cinco centímetros de ser enana pero dotada de un encanto extraño y de una inteligencia genial, recibía en su salón literario a príncipes, poetas y extranjeros célebres. Habiéndose liberado de la tradición judía, flotando como una medusa en el mar cultural, exenta de costumbres y prejuicios, la palabra de Rahel, al surgir de una fuente pura, fuera de toda convención, independiente, paradójica, le daba el atractivo de la absoluta novedad. Todos los intelectuales que visitaban Berlín acudían a sus reuniones. Sin embargo, pese a este triunfo, Rahel Levin padecía un incesante tormento: «Mis pensamientos alcanzan dimensiones infinitas pero, por el hecho de ser judía, mi existencia es un dolor mortal. Ni un solo segundo olvido esta infamia, la bebo en el agua, en el vino, la respiro en el aire. Lo siento como una puñalada en cada partícula de mi carne. ¡Exterminar al judío en nosotros, aun al precio de nuestra vida, esa es la única solución!».

Aquella noche estalló una intensa tempestad. En medio de rayos que llenaban de raíces enceguecedoras el cielo, azotada por una lluvia furiosa que partía los adoquines convirtiendo la calle en barrizal, la carroza dorada de la Levin, conducida por dos cocheros fulminados, se detuvo frente al Berliner Palace. Viendo que la pasajera, por la fuerza del viento, no podía abrir la portezuela, Sansón, hundiéndose en el barro hasta las rodillas, corrió hacia el carro, arrancó de un tirón la hoja rebelde, abrió su enorme abrigo, alzó a la menuda escritora, la anidó en su pecho, la cubrió con el uniforme y volvió para buscar refugio en el hotel. Avanzó con la calma de una barca navegando en un lago milenario, porque al mantener a esa mujer junto a su corazón sintió lo que nunca antes había sentido. La carne suave embebida en espíritu despedía un aroma que excitaba su cerebro torpe dándole ansias de vuelo. Deseó tenerla ahí, incrustada para siempre, como el fenómeno que había visto en una feria: un hombre que exhibía, pegado a su pecho por el cuello, el cuerpo de su hermano.

Ella tuvo también su remezón: acostumbrada como estaba a la fineza de los artistas románticos y a su deseo de hacer transparente la carne, caminando siempre sobre la punta de los pies presta a despegar del suelo, como si tuviera huesos de pájaro, el contacto con la potente estructura de Sansón, sus latidos atronadores, la embriagante animalidad de aquel sudor y, sobre todo, esa ausencia de inteligencia, suplantada por una inocencia conmovedora, la desarmaron. En ese pecho encontró protección, descanso y momentáneo olvido del agresivo refinamiento de su mundo. Se entregó a los enormes y velludos brazos sin la menor protesta.

El gigante, cual un gato llevando en sus fauces a un pájaro divino, atravesó el lujoso vestíbulo y comenzó a subir las escaleras. Dando zancadas trepó nueve pisos, llegó hasta su buhardilla y depositó a la escritora en una cama fabricada con los restos del lecho de su madre. Sin decir una palabra se entregaron a un acto sexual que duró tres días. No comieron, no durmieron, no cesaron de acariciarse entre gruñidos y gritos de éxtasis. Después de la tercera noche, la tormenta amainó y pronto el cuarto fue inundado por un diáfano amanecer. Sansón, agotado, se puso a roncar. Rahel tuvo vergüenza de ese hombre enorme y simple. Le puso un anillo de diamantes en la palma de una mano y después de ordenar sus cabellos, dividiéndolos en el centro con una raya perfecta, bajó al salón en donde la esperaban inquietos, entre otros, los hermanos Humboldt, el diplomático Gentz y el príncipe Luis Fernando de Prusia.

El cerebro estrecho del portero le hizo creer que había sido un sueño. Supuso que la joya era el regalo de un ratón mágico. Volvió a su trabajo, con los labios arqueados en una alegre medialuna pero saludando seco y tenso, como de costumbre, antes de bajar los pesados baúles. Pasaron dos meses. En una noche de luna llena, Rahel surgió del coche y se arrojó a los brazos de Sansón. Este volvió a caer en trance, a anidarla en su pecho, a llevarla incrustada bajo el gabán mientras subía los nueve pisos, a depositarla en la gran cama, a poseerla tres días seguidos sin decir una palabra, para despertarse una mañana, solitario, con un valioso anillo en la palma de una mano.

Que ese voluminoso sexo mal circuncidado penetrara en su intimidad le pareció a Rahel el abominable sacrificio que su fino intelecto debía conceder para acallar los deseos de la yegua judía: así llamaba al cuerpo en el que por desgracia moraba. Decidió entregarse a él una vez por mes. Sansón consideró este regalo como un milagro. Humilde, durante veintisiete días veía pasar a su diosa, indiferente, sin saludarlo, sin darle una mirada ni una sonrisa, como si su enorme cuerpo y su rutilante gabán fueran invisibles; pero la noche del 28, cuando la pequeña genio llegaba temblando bajo su ropa de seda y se le incrustaba en el pecho para dejarse llevar por las escaleras como si fuera un feto, cuando sin pudor abría los muslos y mostraba esa puerta viva de la cual manaba un bálsamo que inundaba las sábanas, cuando dejaba que su fuerza bruta entrara en ella, poseyendo no solo su carne sino también aquella prodigiosa inteligencia que se abría como una madrépora para envolverlo en pétalos inmateriales transformando la caverna oscura de su cerebro en un palacio fosforescente, los orgullosos orgasmos de Sansón se hacían tan abundantes que podían llenar un tazón. Mientras esa jalea cálida se derramaba en su interior, ella lanzaba palabras atroces solo por el placer de ensuciar el idioma.

Al cabo de un año y medio la escritora supo que lo impensable acontecía: siempre había creído que la inteligencia en una mujer se nutría de la energía de sus ovarios, volviéndolos estériles. ¡Pero no, estaba encinta, encinta como cualquier despreciable hembra!

En una carroza negra, con diez baúles llenos de enseres, fumando un grueso cigarro, la Levin se detuvo ante el Berliner Palace; con un gesto imperativo llamó a Sansón, con otro de igual intensidad le ordenó entrar en el carromato y con un sonoro ¡ea! hizo que el cochero emprendiera viaje a Suiza. Sansón no dijo ni preguntó nada; aceptó su destino con la misma calma con que aceptaba sus límites mentales.

Se instalaron junto al Rin, en la cabaña donde los Levin solían pasar sus veranos. Rahel, sumergida en la obra de su nuevo ídolo, Johann Gottlieb Fichte, idealista absoluto, trataba de no mirarse en el espejo porque su panza hinchada le daba asco. Por más que cabalgó en su caballo alazán horas y horas, no logró abortar. A mediados del otoño, con la ventana de su dormitorio abierta de par en par, en medio de un enjambre de hojas secas que revoloteaban alrededor de la cama, de tres pujidos rabiosos lanzó a su hijo hacia las manos de Sansón, decidida a no tocarlo jamás. Semejante a una estatua de hielo, cortó con sus diente el cordón umbilical, arrojó la placenta al corral de los puercos, durmió una hora, se bañó, enfundó su cuerpo enflaquecido en un traje de terciopelo azul celeste, dejó una orden bancaria con una modesta mesada, subió en su carroza negra y, dando otro ¡ea!, desapareció de la vida de Sansón y del pequeño judío que chillaba implorando leche.

El gigante sustituyó los senos maternales por las ubres de una cabra; se dedicó al niño las veinticuatro horas del día, lo vio crecer, ir a la escuela y convertirse en un muchacho estudioso, de labios finos, larga nariz caída y un aire de payaso triste. Al mismo tiempo que Fritz (así lo había bautizado ese padre carente de imaginación) estudiaba el alemán y el inglés, fue obligado por Sansón a hacerse ayudante de un sastre: «Aunque solo quieras ser un gran profesor, de algo te servirá un oficio manual. Tanto como el pan, todo ser humano necesita ropa. Un sastre siempre tiene trabajo».

Mientras su hijo estaba en la escuela o en la sastrería, Sansón se dedicó a criar águilas. Las domesticó dándoles las vísceras que recogía del tarro de basuras de una carnicería. En invierno, amontonando peñascos, les ofreció una guarida contra las inclemencias del tiempo. Las rapaces se multiplicaron hasta alcanzar el centenar.

Al cumplir veinte años, Fritz leyó en un periódico que Rahel Levin se había convertido al cristianismo para contraer matrimonio con el diplomático y literato August Varnhagen von Ense, treinta años menor. Al calcular que su padrastro tenía la misma edad que él, Fritz se estremeció lanzando chillidos iracundos: «¡Ninguna madre tiene derecho a abandonar así a su hijo! ¡No soy un perro!». Sin dejar una palabra escrita, no por ingratitud sino porque su padre era analfabeto, se precipitó hacia Berlín. Sansón lo esperó seis días, sentado, mirando desde la ventana hacia el camino, hasta que vio en un rincón el periódico convertido en bola. Lo desplegó, observó atentamente el grabado que representaba a Rahel junto a su marido y, después de un doloroso esfuerzo, comprendió. Su hijo no volvería jamás... Mató al rebaño de cabras, las descueró, las partió en trozos, amarró estos a su cuerpo desnudo hasta quedar cubierto de carne sangrante y llamó a sus águilas. Las rapaces, graznando con avidez, enterraron sus garras en las lonjas rojas y se elevaron llevándose al gigante. Su cadáver nunca fue encontrado.

Fritz llegó a las afueras de Berlín, en donde, en medio de un bosque, se elevaba la señorial mansión de August Varnhagen von Ense. Era un palacio adornado con dragones y lanzas. A las cinco de la madrugada, aprovechando que los porteros y los criados dormían, el muchacho escaló las altas rejas y se puso a gritar, con una certeza que le daba el instinto, frente al balcón del dormitorio de su madre: «¡Rahel Levin, aquí está tu hijo, aquel que hace veinte años abandonaste en manos de un cretino! ¡Tu marido no es tu hijo, ese amor que le das me pertenece!».

Un hombre joven, vestido con una bata de seda y un gorro de dormir, se asomó un momento, luego volteó la cabeza y dijo con somnolencia: «Querida, ahí abajo hay un fulano gritando que eres su madre. ¿Qué quieres que yo haga?». Rahel, cubierta por una bata idéntica a la de su marido, salió al balcón. Fritz, viendo por primera vez a su madre, abrió los brazos y con los ojos llenos de lágrimas esperó un gesto de reconocimiento. Rahel solo dijo con desprecio: «¡Es un loco!». Fritz, mientras su esperanza se partía en mil pedazos, recitó entre sollozos de odio, con voz de profeta: «¡Algún día serás humillada y tu habla susurrará desde el polvo como la de un fantasma!». Rahel se cubrió las narices: «¡Además es judío!».

August, antes de encerrarse en el dormitorio con su esposa, lanzó un silbido. En pocos segundos invadió el jardín una jauría de dogos blancos, silenciosos, enseñando los colmillos. Fritz, inmóvil, rodeado por esas fantasmales bestias, miró con dolor hacia las ventanas cerradas. De pronto el más grande, sin emitir un ladrido ni un gruñido, mordió su pantalón. Enseguida los otros hundieron también los dientes en su traje. Esos animales, mejor alimentados que los criados, para no manchar con sangre sus pálidos hocicos tiraron las telas con obstinada fuerza, hasta desgarrarlas y dejarlo desnudo. Acudió una docena de servidores armados de palos. Al grito de «¡Judío asqueroso!» comenzaron a molerle los huesos. Una voz suave pero autoritaria los detuvo: «¡Alto! ¡Este muchacho no es israelita!».

Una mujer joven, de larga cabellera rubia, tan blanca como los dogos, envuelta en un manto de tul, se acercó a Fritz y con sus manos de alabastro le tomó el pene: «Miren este bello objeto, limpio, casto, con su prepucio entero». Se arrodilló y olió el miembro. «Mmm, fragante como una flor silvestre. Nada en este joven despide el foetor judaicus. ¡Déjenmelo!». Sin discutir, los criados se llevaron los perros; la damisela, tomando por la mano al aterrado y deprimido Fritz, lo condujo a sus aposentos.

Cuando Inga, la esposa del barón Wolfang Varnhagen von Ense, en lugar del esperado heredero parió mellizas, la primera viva y la segunda muerta, su marido se fue a cazar jabalíes durante tres meses. Luego, de regreso, cubierto de sangre y barro, mientras la madre amamantaba a la niña sobreviviente, la poseyó con ira haciendo que sus senos henchidos salpicaran de blanco las paredes. No bautizó a su hija hasta que Inge parió a August, el sucesor que necesitaba.

Puesto que fue engendrada junto a una hermana muerta, tendría un doble nombre, Oolla-Ooliba, y dos personalidades: una dulce, obediente, ingenua, Oolla; la otra amarga, indisciplinada, inteligente, Ooliba. La melliza tuvo dos cunas, una de madera, la otra de metal; dos cuartos, uno con muñecas y el otro con armas; dos estilos de trajes, ligeros, brillantes y amplios o pesados, opacos y estrechos; dos ayas, una gorda cruel y una flaca simpática. Cada cuatro horas la cambiaban de nombre, de pieza, de preceptores, de tratos, de vestidos. Al cabo de algunos años, Inge y Wolfang terminaron por creer que vivían con dos hijas. Cuando murieron sus padres, August, heredero principal, se casó con Rahel y relegó a su hermana doble en los dormitorios del ala izquierda.

Fritz vivió con Oolla-Ooliba seis meses, obligado a permanecer desnudo y a satisfacer cada noche, de las ocho a las doce, a una personalidad, y de las doce a las cuatro a la otra. El resto del tiempo debía compartirlo con los perros. Estos, por verlo comer de rodillas junto a ellos, hundiendo su boca en el puré de legumbres y carne picada de la gran bandeja de plata en la que escarbaban con su nariz chata, terminaron por considerarlo un congénere. Ni su madre ni el joven esposo de esta se dignaron venir a verlo. Los criados lo trataron con el mismo odioso respeto con que trataban a los canes. Una noche Oolla le mostró, levantando una baldosa de la chimenea, el lugar en donde Ooliba escondía sus joyas. Y esta le mostró, cuatro horas más tarde, el dragón de yeso en donde Oolla escondía sus monedas de oro. Fritz esperó que despuntara el alba. Mientras todos dormían, robó un traje de criado y escapó con los tesoros.

En el puerto de Hamburgo consiguió que unos marineros lo ocultaran en la bodega del primer barco que zarpaba. Se encontró en altamar rumbo a Estados Unidos. Dos meses más tarde desembarcó en Nueva York. Empleó algunos diamantes para sobornar a los agentes de inmigración. Otros los vendió a un prestamista de Brooklyn y con el dinero obtenido ingresó en una clínica para hacerse circuncidar. Apenas cicatrizó, a pesar del verano infernal, vestido de traje, abrigo y sombrero negros, tomó un tren para Detroit y allí solicitó una entrevista con Kaufmann Kohler, rabino de la sinagoga Beth-El, que defendía de manera rigurosa una concepción tradicional del judaísmo en contra del gran número de reformistas que deseaban americanizarse, olvidar el hebreo, celebrar los oficios en inglés, descansar el domingo, cesar de comer kosher y abandonar el ideal del retorno a Sión... Fritz expresó con tal sincera devoción su deseo de sumergirse en el misticismo ortodoxo que el viejo rabino, sin ocultar sus lágrimas, lo estrechó entre sus brazos. Fritz le pidió que le presentara a una mujer de la congregación, pobre pero decente, que necesitara un marido trabajador.

Kaufmann Kohler lo casó con Susana Eisendrath, de treinta y cinco años, madre de cuatro hijos, Ben, Sam, Will y Joe, de once, doce, trece y catorce años, viuda de Isaac Kasulin, policía asesinado por delincuentes negros que lo ahogaron hundiéndole la cabeza en el ano de su caballo.

Susana no era atractiva pero tampoco fea. Triste, discreta, ordenada, con las manos y los pies siempre húmedos, aceptó como marido a Fritz sin poner otra condición que la de conservar colgado en una pared del dormitorio el uniforme de su difunto marido. Después de la noche de bodas, donde en la cama matrimonial se celebró una penetración decente con goce exiguo, mientras desayunaban alrededor de una deteriorada mesa Fritz mostró a Ben, Sam, Will y Joe cinco varillas de madera: «Nosotros, los hombres de esta familia, somos como estas cinco varillas: por separado pueden ser quebradas pero unidas son invencibles. Mi deseo y decisión es que cesen de perder el tiempo yendo a la escuela, para que comencemos a trabajar juntos hasta el fin de nuestros días».

Con lo que le quedaba del robo, abrió una sastrería en la que enseñó su oficio a los muchachos. Al comienzo tuvieron pocos clientes, pero Fritz, siempre con una sonrisa triste en los labios, continuó exigiendo a sus hijastros, que lo obedecían a regañadientes, una absoluta perfección en cortar, entallar, ajustar, solapar, entretelar, rematar, etcétera. Un año más tarde disolvió seis píldoras en la leche tibia que antes de acostarse bebía su esposa, esperó a que roncara y, después de apoderarse del uniforme de su difunto, se fue a la sastrería, lo descosió pieza por pieza, sacándole molde a cada una, lo volvió a coser, regresó al dormitorio y otra vez lo colgó en su sitio. A la mañana siguiente, a pesar de haber trabajado hasta altas horas de la noche, se levantó temprano como de costumbre, no despertó a sus cuatro ayudantes y, de regreso al negocio, colocó un letrero: «Cerrado por balance».

Así, tranquilo, concentrado, hizo algunas modificaciones en los moldes, con tiza los copió en una tela azul de gran resistencia y cortó un uniforme de policía que cosió con hilo fuerte. Obtuvo un traje mucho mejor confeccionado que el modelo. Gracias a la influencia de Kaufmann Kohler fue recibido por el jefe de la policía. Regresó de la entrevista con un encargo de veinte uniformes. Luego fueron cincuenta, después quinientos. En menos de dos años, la sastrería, transformada en una imponente fábrica, vestía a todos los policías del país.

Convertido en un adinerado industrial, Fritz inscribió a sus hijastros en una costosa escuela. Al cabo de tres años, los muchachos seguían leyendo con dificultad, tenían un cero en matemáticas e ignoraban las reglas gramaticales. En cambio habían aprendido a fumar, a beber cerveza, a jugar al póquer y a frecuentar prostitutas. A esto se agregó que Susana Eisendrath cortó en tiras el uniforme de su querido difunto para fabricar una soga, amarrar un extremo de ella en el balcón, el otro en su cuello y saltar hacia la calle. Como vivían en un sexto piso, el tirón fue tan intenso que el dogal le cortó la cabeza. El cuerpo perforó el techo de un autobús repleto de novias que iban a un matrimonio colectivo y cayó dentro, regando con los chorros rojos que le salían del cuello los trajes blancos de las enloquecidas pasajeras. La cabeza rodó calle abajo hasta detenerse frente a la puerta de la comisaría.

Fritz se sintió traicionado, sin raíces, maldito y errante. A cada paso que daba, el suelo, con asco, lo rechazaba. Solo le quedaba como compañía el dinero. Se encerró en su nuevo y sobrio apartamento, se bebió una botella de vodka y observó durante horas un dólar de metal. ¡De pronto se lo tragó! Sintió que en el interior de su vientre la moneda se hinchaba hasta reventar. Una energía cruel y vengativa inundó su cuerpo, le salió por los poros, lo convirtió en una fuente inagotable derramando ira hasta inundar el mundo. ¡Sí, odiaba al planeta entero, a esa Tierra que se negaba a ser su madre! «¡Ramera indigna, tu corazón es de metal, con seis puntas, semejante a la infame estrella que me pegan en la frente, oro, plata, plomo, cobre, hierro, estaño! ¡Serás mía aunque tus millones de hijos preferidos, tus goyim, no lo quieran! ¡Me apoderaré de ese corazón, lo juro!».

Vendió su fábrica y se paseó como un enajenado por la Bolsa de Valores. Entre un coro de risas burlonas disimuladas con hipócritas carraspeos, compró las acciones de una mina de plomo perdida en el oeste. Dejó a sus hijastros una renta mínima y partió a inspeccionar su propiedad. Descubrió que estaba inundada por el río Arkansas, lo que anulaba su productividad. Durante muchos meses, invirtiendo el dinero que le quedaba, después endeudándose, trató de drenar el socavón. El día en que se dejó caer de bruces en el barro, lanzando gritos desesperados para después volver al hotel cubierto por una costra hedionda y encerrarse en el cuarto decidido a volarse la tapa de los sesos, recibió la visita de un capataz anunciándole excitado que acababan de encontrar un enorme filón de plata.

Al mismo tiempo, la mina se puso a producir un cobre de excelente calidad. Fritz llamó a sus hijastros para que, revólver en mano, se ocuparan de la contabilidad y distribuyeran la paga de los mineros. Él, mientras tanto, comenzó a estudiar la metalurgia. Se dio cuenta de que el cobre no dejaba grandes ganancias porque su refinado era demasiado costoso. Investigó sin cesar hasta que encontró un procedimiento eficaz y barato inventado por un ingeniero químico. Compró de inmediato la patente. Esa pequeña inversión le otorgó la fortuna... Rodeó la mina de altas barreras con guardianes armados hasta los dientes, mantuvo el secreto del refinado y creó una sociedad de exploración minera con la intención de absorber todas las minas del planeta. Compró las de estaño en Bolivia; las de cobre y plata en Nevada, Utah, México; las de oro en Alaska; las de hierro en Perú, expandiendo sin cesar su imperio por África, Oriente y el resto de América del Sur, hasta llegar a Chile y adquirir, invirtiendo muy poco, los inmensos yacimientos de Chuquicamata, cobre que los chilenos, por natural dejadez, explotaban con medios primitivos.

Mientras Fritz, encerrado en sí mismo, roído por su odio, acumulaba cientos de millones de dólares, sus hijastros pagaban cara la entrada en sociedad, ofreciendo suntuosos regalos, dilapidando dinero en los casinos e invirtiendo en empresas que les aportaban notoriedad pública pero ganancias nulas. Poco les duró la fiesta. Ben, en un motel sórdido, amaneció muerto por sobredosis de narcóticos, abrazado al cadáver de un efebo. Sam huyó del país después de contagiar a su esposa y sus mucamas con la sífilis. Will fue internado en un manicomio cuando, ebrio delirante, corrió desnudo hacia la calle clamando que la almohada había querido destrozarle la nuca a dentelladas. A Joe, por negarse a pagar una deuda de juego, le abrieron el cráneo, vaciaron su cerebro y defecaron en el hueco.

Fritz, sin familia ni amigos, más solo que nunca, se encerró en un palacio con muy pocos muebles pero plagado de grandes trozos de mineral bruto extraído de sus minas. ¡Ya era dueño del corazón de la Tierra, sí, pero convertido en cuentas bancarias, títulos de propiedad, acciones, bonos, papeles, números, símbolos intangibles que lo privaban, como siempre, de las caricias del amor! Se había apoderado de los metales, pero ellos solo le concedían poder. Ahora necesitaba algo más íntimo, como la belleza.

Llamó a sus agentes y en menos de una semana tuvo en su vasta residencia una impresionante colección de piedras preciosas, diamantes, topacios, rubíes, ópalos, zafiros, esmeraldas, amatistas, turquesas, inmensos bloques de cristal de roca. No logró sentirse dueño de ellas. Rojas, verdes, azules, amarillas, brillaban con el color de la descomposición de la carne humana; en lugar de revelarle la luz, le mostraban la putrefacción. ¡Era un rey Midas al revés: todo lo que tocaba se convertía en carroña! Sin patria, ni familia, ni amor, ni fe, ¿qué lo ataba a la vida? ¿El pasado? Fritz descubrió, con angustia, que lo único que aún conservaba del pasado era su robo. Inmediatamente colocó en un cofre las monedas de oro equivalentes a aquellas que le sustrajera a Oolla y un paquete de piedras preciosas del mismo valor que las de Ooliba. Agregó los cuantiosos intereses que hubieran correspondido a un préstamo, una tarjeta con su nombre y unas palabras de excusa. Contrató a un detective privado y lo envió con el cofre a Berlín.

La familia Varnhagen von Ense ya no poseía su palacio. August había muerto en un duelo. Oolla-Ooliba estaba internada en una casa de orates. Rahel Levin, con el rostro cubierto por una red de arrugas, vegetaba en una pensión de barrio pobre, acompañada por una hermosa muchacha, Jade-Luna. Cuando el detective les entregó el cofre, la anciana, con frases entrecortadas por los sollozos, contó su desgracia:

—Para mí, ser judía fue una enfermedad. Como muchos de mis congéneres, queriendo liberar mi carne del yugo racial, cambié de religión, traté de ser lo que no era. Pero un día vi a mis vecinos cordiales de la víspera, hacha en mano, demoler las sinagogas, saquear las tiendas israelitas, apalear a hombres, mujeres y niños convirtiéndolos en chivos expiatorios del malestar económico del país. Embargada por una profunda tristeza escribí artículos llamando a la cordura al que consideraba mi pueblo alemán. En la calle, un lector me escupió en el rostro. Mi marido lo retó a duelo y una mañana soleada, que para mí será siempre brumosa, cayó con la frente agujereada por un tiro. Oolla y Ooliba se volvieron locas. Las interné y me hice cargo de mi nieta que tiene dos nombres porque ambas mellizas se declararon su única madre y quisieron bautizarla. Oolla la llamó Jade y Ooliba la llamó Luna. Cuando a los nueve años tuvo su primera menstruación, le conté la verdad: no era hija de un conde alemán muerto en una cacería de jabalíes. Su padre, un judío, para vergüenza eterna mi propio hijo, se había escapado con el tesoro de la familia.

Jade-Luna, también llorando, murmuraba:

—¡Cuánto padecí creyendo que mi padre era un ladrón! ¡Ahora por fin tengo la prueba de su honradez: lo que tú llamaste robo, fue para él un préstamo! ¡Abuela: gran parte de este dinero te pertenece, podrás vivir tranquila el resto de tus días! ¡Yo, con lo que me corresponde, iré a visitar al hombre que me dio la oportunidad de nacer!

Para que Fritz no se enterara de su existencia, compró el silencio del detective. No sabía lo que iba a sentir en presencia de su padre, un fantasma tan odiado y al mismo tiempo tan venerado. Quizá al verlo en carne y hueso experimentaría una insoportable repugnancia; quizá era real la leyenda de que los judíos, deicidas, siendo una infección del mundo, eyectaban por sus poros olores fétidos; quizá iba a encontrarse delante de un animal sin alma, interesado solo en el dinero... Mejor acercarse poco a poco, con prudencia y disimulo.

Por un milagroso azar, Jade-Luna, apenas llegó a Baltimore, vio en el periódico un anuncio de Fritz Grugenstein solicitando una secretaria personal, políglota, con altos conocimientos de matemáticas. ¡Justo lo que ella había estudiado!

Rahel, para convertirla en una intelectual, la educó con saña gastando lo que le quedaba de su fortuna en siete maestras que le enseñaron otras tantas lenguas, más tres profesores que la guiaron por los laberintos de la filosofía y las matemáticas... Envió una solicitud de empleo redactada en siete idiomas y muy pronto llegó a su hotel un telegramaen que le planteaba un complejo problema matemático. Lo resolvió sin dificultad. Un segundo telegrama propuso que se presentara a las seis de la mañana en la torre en donde vivía aislado el magnate.

Olisqueada por una jauría de perros feroces y custodiada por musculosos guardianes, atravesó un jardín donde las rocas eran más importantes que las plantas. Un ayuda de cámara, viejo, longilíneo y seco, abrió el portón blindado y le indicó la escalera de acero, murmurando con sus labios delgados frases en las que cada palabra surgía como una cuchillada: «El ascensor es de exclusivo uso del señor. El señor la espera en el séptimo piso. Suba por la escalera sobre la punta de los pies, el señor no tolera el ruido de los pasos». Un ama de llaves, también vieja, longilínea y seca, se apoderó de su abrigo y, después de palparla entera, la roció con un desinfectante. Solo entonces pudo comenzar a subir los fríos escalones. En cada piso se acumulaban grandes piedras, cada vez de diferente color; en el primero eran rojas, anaranjadas en el segundo, en el tercero amarillas, luego verdes, azules... Jade-Luna tuvo la sensación de ir subiendo por un arcoíris sólido. En el séptimo piso, entre enormes trozos de cristal violeta, la esperaba una puerta niquelada que se abrió con regularidad automática.

Un soplo frío le azotó el rostro. El aire acondicionado convertía ese salón en heladera. Sentado frente a su escritorio, también niquelado, en mangas de camisa, observando con una lupa una gran perla negra, la esperaba Fritz.

—Entre, señorita. Cúbrase con esa capa de lana que pende junto a la puerta. Yo solo puedo trabajar en una atmósfera fría, el calor me embota el cerebro.

Jade-Luna se detuvo en medio de la amplia pieza. En lugar de cubrirse, se quitó la chaqueta de terciopelo que cubría su generoso busto y la dejó caer. El ruido de la tela golpeando el piso de mármol hizo que Fritz alzara la cabeza. ¡Soltó la lupa y la perla, salió de detrás de su escritorio y avanzó como un sonámbulo hasta detenerse frente a la muchacha!

Sus miradas se cruzaron, se entretejieron, se amalgamaron, se convirtieron en un puente que ofreció un camino sin obstáculos para que se precipitaran el uno hacia el otro. El odio de Jade-Luna y la indiferencia de Fritz desaparecieron en un instante. Para él, esa mujer era la concreción carnal de su destino; para ella, ese hombre era el espíritu potente que llenaba el vacío de sus anhelos. La muchacha se fue quitando la camisa, el corpiño, la falda, las bragas, los zapatos, las medias, abrió los brazos en cruz y empezó a girar como un planeta ofreciendo su corteza a la caricia de los rayos del sol. Con los ojos llenos de un ansia vital, maravillado, sediento, Fritz la observó, sacudido por temblores de felicidad. Ella hizo un gesto hacia el pantalón y él inmediatamente comprendió que deseaba ver su miembro. Sin vergüenza, con goce profundo, se desnudó. Jade-Luna admiró el falo que le había dado la vida, se dejó caer sobre el mármol y abrió las piernas. Fritz se arrodilló entre ellas y con devoción fanática la penetró lentamente. Cuando los dos pubis se pegaron con deseos de soldarse, él le vertió en la oreja un murmullo cálido:

—Te he esperado durante miles de años. ¿De dónde vienes? ¿Quién eres?

Y ella le respondió con un susurro ardiente:

—¡Vengo de ti, soy tu hija!

Fritz sintió que un puño gigante lo hundía en el abismo. Ensordeció, sacudió la cabeza, disipó la bruma que le nublaba la vista, miró la cara de la muchacha y, como si fuera un espejo, se vio reflejado. ¡Estaba poseyendo a su propia hija! Trató de retirarse pero no pudo. ¡Demasiado tarde! Nadie podría deshacer el lazo de amor eterno que los unía, ningún tabú podría frenar ese ancestral deseo. Su miembro llenaba la vagina virgen y el placer, como la explosión de una galaxia, invadía todas sus células. ¡Pegaron las bocas y unieron sus gemidos en un momento sin fin! Sabían que los ovarios beberían con avidez el semen, sabían que el placer del amor era creador de vida. Ese goce feraz les demolió el mundo, los convirtió en parias, los enclaustró en el secreto. Se sintieron héroes, vieron a la humanidad como una marabunta vulgar, no temieron al castigo y un profundo orgullo los hizo amalgamarse más aún. ¡Aceptarían el fruto, bendito para ellos y maldito para la sociedad!

—Nadie sabe que eres mi hija, te apellidas Varnhagen von Ense. Legalmente podremos casarnos. ¿Me aceptas como esposo?

—¡Te acepto como esposo, como padre, como amigo, como hermano, como maestro! ¡Antes yo era dos: Jade y Luna; ahora soy una: Jana de Grugenstein!

Se casaron ese mismo día. A los nueve meses nací yo, con la cabeza cubierta de cabellos rojos. Fui Rubí, su piedra preciosa.

Comenzamos a vivir en la costa de Nueva Jersey, en una alegre mansión estilo italiano, con pisos de teca, jardines, grutas, cabezas de bronce escupiendo agua perfumada, hamacas, innumerables piezas y un inmenso salón en donde cien águilas disecadas colgaban del techo. En las noches, los gritos de mi madre y los profundos gemidos de mi padre despertaban a los canarios de la veranda que se ponían a trinar como si fuera el alba. La plenitud de ese amor era celebrada por sus numerosos invitados, senadores, banqueros, militares de alto grado, artistas de renombre y la fina flor de la nobleza europea. Cuando, como mi madre, a los nueve años tuve mi primera menstruación, Jana, durante una cena para misteriosos financieros, dijo a mi padre-abuelo:

—Por favor, despídeme de tus amigos y acompáñame al dormitorio.

Jana estaba tan débil que Fritz tuvo que llevarla en brazos hacia el lecho y desvestirla. Con un hilo de voz, ella le dijo:

—Quiero que te acuestes a mi lado y me acaricies hasta que duerma. Sé que ya no despertaré. El amor que siento por ti me ha debilitado: ha sido demasiado grande para mi corazón. Un sentimiento así lo merecen los dioses, no los humanos. Gracias por darme la vida y por hacerme dar la vida. La muerte no debe separarnos. Quiero estar siempre contigo y con nuestra hija. Permite que te ayude a educarla.

Fritz supo que era inútil llamar a los médicos. Cuando mi madre se durmió, bajó al comedor, esperó que sus cómplices terminaran de cenar, fumaran sus habanos y planearan una nueva guerra, los despidió con una triste sonrisa, vino a mi cuarto para darme el beso en la frente de cada noche, hizo apagar las luces de la mansión, se desvistió en silencio y se acostó junto a su esposa. La escuchó respirar, cada vez más tenue, hasta que el frío de la muerte inundó la pieza. Tuvo la sensación de que toda la materia (paredes, objetos, rocas, arena, mar, aire) entonaba un canto de una dulzura inmensa. Apenas comenzó a despuntar el alba, llamó a un especialista y la hizo embalsamar, así, tal como había muerto, plácida, con los ojos cerrados, como si durmiera. Convirtió el dormitorio en museo: ningún mueble ni objeto podía ser cambiado de sitio. Jana reposaría durante siglos en su lecho fragante.

Yo fui creciendo, educada en la mansión, igual que mi madre, por siete profesoras y tres maestros; tuve los juguetes que quise, mil muñecas, gatos, perros, caballos, una jirafa, centenares de trajes, modistas, manicuras, peinadoras, todo menos una amiga de mi edad. Custodiada por guardaespaldas vestidos de terciopelo, mis paseos se convertían en el desplazamiento de una isla. Los paseantes, aterrados por mi comitiva, me miraban desde lejos, con una piedad empañada por la envidia. Fritz me llevaba una vez por semana, los viernes, cuando se ponía el sol, a ver a mi madre. Con los ojos brillantes, sin soltarme la mano, me arrimaba al lecho y le hablaba a la muerta contándole cómo me había comportado en esos siete días. Yo estaba segura de que ella escuchaba. Y su sonrisa, cuando cometía alguna maldad, como escaparme para correr un rato sola por la playa, se tornaba triste o severa. Por el contrario, cuando en mi semana había sido obediente y estudiosa, su rostro parecía llenarse de luz. Fritz me indicaba con una mirada que debíamos despedirnos de Jana para no interrumpir demasiado tiempo sus sueños. Yo me inclinaba y le deba un beso en la frente. Era como pegar los labios en un trozo de hielo. Ese frío mortal se me adhería durante horas, invadiendo mi boca, bajando por la garganta, anidándose en mi pecho.

El pelo de mi padre-abuelo, de gris, pasó a plateado. ¿Qué edad tendría? ¿Cien años? Aparte de sus relaciones comerciales, con la única persona con quien hablaba era conmigo, siempre acerca de los metales. Los había ordenado en una compleja jerarquía y les atribuía el poder de ayudar a encontrar sus raíces a las almas perdidas. A mí, por mi cabellera roja y mis ojos verdes, me comparaba con el cobre:

—Contienes todas las bellezas de la tierra, eres Venus encarnada.

Fue normal que me dedicara a la escultura. Comencé a crear grandes figuras de bronce. Eran siempre mujeres tristes, semejantes a mí, que parecían marchar. Cuando mi taller se pobló de un ejército que avanzaba hacia el infinito, Fritz comprendió:

—Quieres irte a recorrer el mundo... Sin embargo, este planeta nos será siempre hostil. Si deseas conocerlo, mejor visita nuestras minas. Ellas son tus únicas raíces. El yacimiento más grande es Chuquicamata; allí encontrarás acumulados millones de kilos de cobre. Ve a conocer esa materia, retrato de tu alma, que yo transformo en dinero. Si logras extraer este año más que el precedente, demostrarás que eres digna de llamarte Grugenstein.

Obedecí la orden de Fritz. Viajé a Chile, reorganicé el trabajo de la mina, la hice producir más cobre que nunca, destruyendo majestuosos cerros, provocando la muerte de millares de obreros, envenenando los suelos...

(Aquí, bruscamente, se interrumpe el escrito de Rubí Grugenstein).

Recuerdos de guerra

El enemigo estableció un puente separando en dos a nuestras fuerzas. Teníamos que encontrar un medio de comunicarnos. No pudimos utilizar nuestras palomas mensajeras porque los espías habían deslizado entre ellas a un gran número de loros pintados de blanco que leían los mensajes en voz alta mientras pasaban sobre las cabezas enemigas.

El problema de no poder emplear las palomas nos dio la idea de usar moscas caseras sudamericanas. Es muy conocido que la mosca casera sudamericana, al contrario de la europea, vuela en línea recta y siempre en fila india (debido al error de Colón). Utilizando este fenómeno y el sistema Morse, pegaríamos un grano de azúcar en la pata de la mosca (punto) o dos granos (línea) y las enviaríamos una detrás de la otra. El signo «Stop» lo obtendríamos pegando medio grano de azúcar.

Nuestro sistema fracasó en la práctica porque la mosca casera sudamericana, al contrario de la europea, tiene una irresistible tendencia a devorar los granos de azúcar. De tal manera que nuestros aliados recibían solo moscas vacías y algún que otro «Stop». Para solucionar este problema tratamos de asquear a nuestras moscas del azúcar llenándolas antes con miel. Efectivamente, dejaron de devorar los puntos y las líneas, pero como tenían el vientre lleno, volaban lento, se dormían antes de llegar o se iban a jugar con las abejas.

Tratamos de utilizar mariposas, pero resultaron tener demasiado espíritu de competencia: abandonando la fila india, volaban a cual más rápido hacia la meta, de tal manera que nuestros aliados recibían todo el alfabeto Morse de un golpe. ¿Qué hacer?

Recurrimos al empleo de un cañón de huevos. Por medio de gallos alimentados con jabón afrodisíaco logramos que las gallinas pusieran huevos de doble fondo. Confiábamos en que el enemigo, inmediatamente después de tragar los huevos disparados, lanzaría las cáscaras hacia la línea de nuestros aliados, para humillarlos; en la doble cáscara irían los mensajes.

Fracasamos a causa de la naturaleza viciosa de nuestras gallinas que, por abuso del factor gallo, en lugar de producir huevos de doble fondo los producían de veinte, cien fondos. Era imposible para nuestros aliados encontrar el mensaje entre tantas cáscaras.

Además, a cada cañonazo, los huevos se quebraban; cosa que no habíamos previsto.

Sueño compartido

Miramos a un gigante muerto dentro de una caja, sin poder comprender. Hemos perdido la memoria. Despliego dos trajes de cirujano.

—Hay que hacerle la autopsia —te digo.

La idea te parece brutal; sin embargo te colocas como yo el delantal blanco-camisa de fuerza. Solo podemos manejar el bisturí con la boca ya que los brazos nos han quedado atados.

Comenzamos una danza lenta que nos aproxima al gigante. A medida que avanzamos nos damos cuenta de que el bisturí es atravesado a lo largo por un agujero, que lo convierte a la vez en instrumento para sorber. La idea de cortar la piel al mismo tiempo que chupar la sangre nos aterroriza, pero ya es demasiado tarde. Debemos proceder.

Damos el primer corte. La piel es impenetrable pero del gigante sale música. Canta sin mover los labios. Siempre horizontal, se eleva por sobre nuestras cabezas. Arriba lo vemos de espalda. Un ala blanca raja su abrigo por el lado derecho y crece hacia nosotros. Nuestros cabellos se entrelazan y quedamos amarrados de la cabeza. Forcejeamos para liberarnos; te arranco el cuero cabelludo.

Algo crece en el interior por el lado izquierdo del abrigo. Esperamos la segunda ala, pero en su lugar surge una pierna ortopédica de azúcar. Sangra tu cabeza; son unos chorros espesos como cortinas líquidas que te hacen una segunda cabellera.

De cada poro del gigante comienza a caer una lluvia de miel a trescientos grados bajo cero.

—¡Es una trampa! —gritamos al mismo tiempo.

Miramos hacia el océano y vemos que toma la forma de una flecha y se dirige rápidamente hacia nosotros. ¿Qué hacer?

Explosión de un carabinero

Una compañía de carabineros, aullando voces de mando, transportaba un piano lleno de agua por el cielo.

Dentro del piano, con un jabón de un metro cuadrado, el gordo capitán dábase un baño de pies a medida que se le incendiaba la cabeza.

El agua que caía del instrumento envenenaba las plantaciones de abajo. Los campesinos atacaban a los carabineros a gallinazos.

«¡Clic!», dijo un gendarme herido en la nuca por un gallo inglés y se precipitó hacia un invernadero de papel celofán, en el centro del cual una señorita ciega enseñaba a hablar a un perro pekinés con la ayuda de un gramófono «Made in Germany». El perro ya sabía decir «Colchón».

El carabinero aplastó a la señorita demasiado blanca, dando a voz en cuello torpes excusas. El perro dijo «¡Flautas!», y se lanzó hacia el piano para morder la garganta del gordo capitán. El gordo capitán explotó en miles de flacos capitanes.

Es el fin. El viento sigue pasando por el vidrio número dos e invisible de los monóculos. Los arados cruzan la cara de los hombres con la misma indiferencia con que abren la tierra.

¡Clap-clap-clap-clap!

Todos se niegan a pensar que fue castigo. ¿Qué culpa hay en que una digna viuda honre la memoria de su difunto general? Cierto es que dormir con el uniforme puesto y las medallas y el casco abollado por la coz fatal significa exageración, militarismo quizá. Pero esa fiel dedicación a una memoria no es acreedora al castigo.

Una mañana, al abrir la viuda el peto del uniforme, notó dos montículos creciéndole entre los senos. Eran dos triángulos cartilaginosos cubiertos de pelambre blanca. Se dijo: «Algún desaguisado en el rancho cotidiano; ayer rompí la dieta soldadera por incorporar medio queso del llamado Boule des moines. Debí quedarme en las habichuelas y las papas cocidas. La comida del ejército es la más sana. Cualquier otra sustancia enferma la piel».

Pero la comida militar no pudo impedir que los triangulitos se convirtieran al poco tiempo en dos orejas de caballo. Ni tampoco pudo impedir que al mes terminara de florecer allí una blanca cabeza equina, que solo se despertaría en tanto la generala durmiera. Arduo problema, porque aprovechando el profundo letargo de la viuda, la cabeza devoraba las sábanas, edredones y fundas del lecho, llegando a despanzurrar el colchón.

Víctima de vergüenzas inexplicables, la mujer trató de usar fajas pectorales y vestidos amplios, lo que hizo sospechar al vecindario, guiado por los chismes de la sirvienta (acerca de un acompañante que desgarraba el lecho a mordiscos), que la viuda estaba encinta.

Había que afrontar los hechos. La resolución fue heroica. El día del aniversario del fatal deceso, junto a la lápida tricolor, la viuda se plantó ante vecinos y militares y sacó una estatuilla del general llena de medallas. La figura tenía cincuenta centímetros de altura y las piernas muy arqueadas. Bajo los acordes del himno del regimiento abrió los botones de su pechera, dejó escurrir sus rosados senos a la par que caía la dormida cabeza de caballo blanco; montó la escultura de su marido en el cuello del animal, ingirió media docena de píldoras soporíferas y bajo el instantáneo efecto de la droga comenzó a roncar a la par que ofrecía el patriótico espectáculo que repetiría cada año en esa fecha, cada vez con mayor cantidad de público.

La cabeza de caballo relinchaba indómita, montada por el general, e imaginando un cuerpo poderoso se veía galopando a través de las trincheras. Y la estatuilla subía y bajaba y su brazo articulado movía una vengadora espada, mientras los veteranos del ejército se orinaban emocionados.

¡Screeeeeeeeeeee!

Nunca se planteó problema de existencia: entre sus amigos era el que más se sentía vivir. Veía a los otros atormentados con el «estar siendo» y a las reuniones no-aristotélicas entraba con una rubicunda cara de «yo soy donde estoy, idéntico a mí mismo desde todo punto de vista, para pasar de un sitio a otro debo franquear el espacio interpuesto empleando en el traslado cierto tiempo, y nadie puede ocupar en el mismo instante el sitio que yo ocupo».

Cuando se despertaba dentro de un sueño, sabía que estaba soñando y con su misma rubicunda faz se dejaba devorar por la más siniestra araña o el más baboso zorg, sin la menor angustia sabiendo que pronto tendría que despertar. Pero las cosas no son todo lo euclidianas que parecen y más de un Newton fracasa ante la no definible realidad. Víctima de insomnio se sentó frente al tímpano-magneto, introdujo las agujas estéreo-grabadoras y comenzó a pedalear grabándose en los tímpanos una supersinfonía concreta.

De pronto, luego de un cosquilleo en su piel, se sintió empequeñecer por todas partes y, en plena lucidez, viose enterrado a un centímetro bajo la superficie de su cuerpo. La sorpresa lo paralizó. Sin embargo, siguió cayendo hacia el interior de sí hasta estar sepultado a dos centímetros de su superficie, a cinco, a diez. Ahí fue cuando las lógicas no-aristotélicas se vengaron: siendo dentro de lo que era, era y era al mismo tiempo. Donde él estaba, estaba también él, lo que negaba su eterna cantinela de que «un mismo objeto no puede estar en dos sitios diferentes al mismo tiempo». Y más aún, siguió sentado oyendo su sinfonía mientras seguía cayendo, cada vez más pequeño, diminuto, microscópico, hacia su centro de gravedad.

Más vale no hablar de sus combates con microbios, sus extravíos en las floras biológicas, sus alucinados deambulares por los laberintos del hígado y su terrible problema de no actuar cavándose un túnel de escape, porque cualquier daño causado a la materia del organismo redundaba en su propia muerte. Sorteando gelatinosos peligros llegó a su centro de gravedad, más pequeño que un átomo pero conservando piel y forma humana. Para su asombro se encontró con centenares de miles de millares de él mismo con diferencias de edad, que iban desde un óvulo con un espermatozoide clavado perdiendo la cola, hasta una exacta réplica de él mismo pero con un segundo más joven.

Trató de teorizar: probablemente el hombre, golpeado por los rayos cósmicos, era hundido, cada segundo, hacia sí mismo. Probablemente la humanidad nacía de afuera hacia dentro; es decir, la piel en contacto con la atmósfera formaba el alma y ese compuesto de carne y espíritu tendía a caer por su mayor peso hacia el centro de gravedad del cuerpo. Probablemente dentro de cada objeto había habido siempre un número infinito de idénticos objetos... y etcétera y etcétera y etcétera. Lo malo de todo esto era que cada «yo» le resultaba extranjero. No había el menor asomo de telepatía o pensamiento colectivo.

Transcurrió un tiempo no calculable en el que nuestro héroe combatió, se adentró en un mundo inhóspito, compartió una civilización narcisista que vivía bajo el lema: Algún día todos nos reintegraremos al gigante original, y también etcétera y etcétera y etcétera. Lo que más le hizo sufrir fue el canibalismo; la única forma de alimentarse de sus «yo» era entredevorándose.

Veía remedos de sus brazos girando junto a pedazos de sus ojos y tuvo que asistir más de una vez al molesto espectáculo de verse de veinte años devorándose de ocho meses. Al fin encontró la solución:

—Si a cada instante aparece un nuevo «yo», para mí, que estoy en estado microscópico, este instante representa varios años. ¡Tengo tiempo suficiente de devorar a todos mis otros «yo»!

Así lo hizo. Necesitó un apetito y una fuerza descomunales. Le pareció que había pasado un millón de años royendo su propio cuerpo. Centenares de miles de vísceras, corazones, pulmones, huesos, pellejos, pelos y sangre pasaron por su garganta. Digirió y digirió obsesionado. Creció también al mismo tiempo.

A medida que crecía iba tragando a los nuevos que caían. En el último segundo devoró la última capa de células de su epidermis.

Sus atormentados amigos, que esa noche pasaron a visitarlo para ver si lo convencían de cambiar el «ser» por el «estar siendo», lo vieron sentado frente al tímpano-magneto con los ojos muy abiertos sorbiendo un transparente pellejo. Luego lo vieron levantarse, mirar la realidad de su habitación con extrañeza, como volviendo a sentir gente y objetos que ya habían dejado de ser; lanzarse luego, mostrando una dentadura bestial, contra un camarada, darle un voraz mordisco bajo el mentón arrancándole medio cuello, masticar la carne y escupirla con asco.

Lo vieron retorcerse de hambre. Dar histéricas dentelladas para arrancar tres de sus dedos y masticarlos con placer evidente; luego, con una rapidez vertiginosa y fuerza sobrehumana, devorar sus pies, piernas, muslos y brazos. Vieron, sin poderlo impedir, por la velocidad de las dentelladas, al tronco siendo devorado desde la base, hasta que por último la cabeza dejó de existir no sin antes haber despedazado sus propios labios.

Algunos de sus amigos aseguran que, sin preocuparse de la buena educación, dijo con la boca llena: «El hombre es como el tigre: cuando come su propia carne ya no puede volver a probar otra».

Su mejor camarada, megalómano empedernido, cuando todos se fueron, arrancó los tímpanos de la cabeza, los colocó en el tímpano-magneto y pedaleando se sumergió en la supersinfonía, olvidado de este mundo.

Delirio de grandeza

Una cabeza de gallina abandonada dentro de un tarro de basuras cerrado pero que tiene una pequeña abertura, de pronto cobra vida en el momento en que un hilo de luna entra por el agujerillo y le da en el ojo. Está segura de que esa luz sale de su pupila para perforar la tapa de lo que cree ser su cuerpo, porque piensa que ella es la única víscera del tarro. Se imagina flotando en el cosmos, lanzando por esa abertura un rayo que, cual eje, ensarta a todos los planetas. Se obliga a mantener su pupila fija porque supone que si la mueve, moverá el rayo y, por lo mismo, se desordenarán los planetas, alterándose la armonía universal.

Venganza

Durante algunos años el ejército invasor mantuvo bajo su yugo a la gran ciudad. Llegó el momento en que las fuerzas liberadoras dieron el asalto. Las calles se llenaron de barricadas y el tiroteo se hizo infernal. Un estudiante, ebrio de patriotismo, amenazó con una pistola de juguete a un grupo de soldados enemigos. Estos comenzaron a perseguirlo. El joven, aterrado, golpeó la puerta un edificio pidiendo refugio. El portero se negó a abrirle. Los soldados lo ametrallaron. Murió una hora antes de que el ejército libertador expulsara de la ciudad a los invasores. Una ambulancia recogió el cadáver, dejando en la calle una poza de sangre. El portero abrió la puerta y con una mueca de disgusto barrió la mancha roja hasta dejar la vereda limpia. Pasó un año. El día del aniversario de la liberación, a la misma hora en que había sucedido el ametrallamiento, en la puerta del edificio resonó una serie de golpes. Al abrirla, el portero no vio a nadie. Pero los golpes continuaron produciéndose. El portero corrió hacia la comisaría para denunciar el fenómeno. Por donde el hombre pasaba, las puertas se ponían a resonar. Él, aterrado, se detuvo. Oyó extenderse el golpeteo de puños por todas las puertas de la ciudad, un ruido atronador. Pidió refugio en un edificio. Ninguno quiso abrirle. Se le reventaron los tímpanos. Toda su sangre se le vació por los oídos. Ese plasma, voraz como ácido, le carcomió el cuerpo hasta disolverlo.

Con una mueca de disgusto, los basureros barrieron la poza roja hasta dejar la vereda limpia.

Flores perversas

El jardinero depravado pervertía a las flores acariciando sus cálices con una cinta de satín negro. El perfume de las más bien tratadas daba vergüenza y el color de aquellos pétalos sumía a las reclusas en una agradable angustia.

¿Por qué la Superiora del convento enrojecía al encontrar bajo la almohada de las hermanas una de aquellas flores humedecidas con saliva?

Entre sonámbula y alucinada, la Superiora, cuando las demás daban saltos en honor a Dios en la capilla, se revolcó en el jardín embarrándose la espalda y el vientre hasta destruir los inquietantes vegetales.

¡Lloró el jardinero! Agitando su cinta de satín negro se fue del convento hacia los bosques cercanos planeando una ejemplar venganza.

Balanza

Un sordo trata de oír. Logra hacerlo. A causa del esfuerzo pierde la vista.

Celo profesional

Por haber visto, un ciego es lapidado por otros ciegos.

Amanecer

Al terminar la noche, el loco insistió en continuar disfrazado de estrella. Los otros locos dejaron de verlo.

Cárcel

El prisionero estira los dedos y agrandando sus trazos dactilares forma un laberinto por donde su alma vaga sin cesar buscando una salida.

Ópera del espacio

Después del alma humana, los objetos más hermosos del universo serán los navíos espaciales. Entidades mágicas, vehículos vibrantes que prolongan el ser del abismo como peces de un océano intemporal. Joyas, mecanismos con conciencia, cristales de nieve con alas de mariposa. Navíos vientres, antecámaras del renacimiento hacia otras dimensiones. Navíos rameras, movidos por el semen de apasionadas eyaculaciones en sus motores de carne. Navíos incomprensibles, llevando la venganza de un niño al corazón de hielo de un sol traidor. Navíos colibríes, libando el néctar milenario de las estrellas enanas para obtener no la eternidad que desdeñan, sino el secreto de la luz angélica. Navíos trenes, tan largos que sus colas salen fuera del cosmos. Navíos diminutos, desparramando perlas alucinatorias en galaxias de leche venenosa. Barcos trasladando una humanidad entera que aúlla como perro huérfano en busca de otro amo. Alas de tres mil años luz devorando cometas asesinos con la delicada indiferencia del platino. Acorazados sedientos esperando durante siglos en un desierto de estrellas a que pase un cuerpo vivo que le llene los tanques vacíos con sus sueños.

Ab-ovo

Un desierto circular con una pirámide en el centro. En lo alto de ella un monstruo vigila. El sol lo reseca hasta matarlo. Una bestia igual toma su puesto y vigila.

El huevo que cae:
Mi padre se puso en la cima de cara al disco de fuego y parió tres individuos: yo y dos más que en el camino se quebraron contra las aristas colocadas por espíritus malignos. Del interior salió materia viscosa en la que flotaba una rueda amarilla. Celebré este accidente pues pude deducir que llevaba una rueda idéntica.

Rodando, pensé: «Yo no me he quebrado porque soy distinto. Un hado me protege. De que llegue abajo depende el equilibrio de la pirámide. Si me quiebro, se derrumbará».

Los malignos enviaron pájaros. Pude salvarme porque no desciendo en línea recta sino en zigzag. Me iban a partir cuando, gracias al hado protector, yo cambiaba de rumbo y sus picos se enterraban entre piedras. El disco de fuego da tan fuerte que los pájaros se resecaban. Dejé tras de mí una fila de esqueletos clavados fantasmagóricamente.

Luego caí en unas hierbas-trampa de los espíritus. Mucho tiempo estuve detenido. Tanto que el disco de fuego avanzó un centímetro hacia el horizonte. Mi interior aumentó de peso hasta hacerme aplastar el obstáculo. Seguí rodando más sólido que antes. Este fenómeno me hizo pensar que, a pesar de la aparente perfección de mi cuerpo blanco y liso, yo era un ser imperfecto; pero que llevaba dentro el germen de la perfección: ¡Una rueda!

«Se irá endureciendo a medida que yo viaje. Cuando sea el tiempo me partiré y saldrá ella, joven, poderosa, para seguir el descenso».

Me entusiasmé.

«Al llegar a la arena, la rueda arderá. Subirá hasta el disco de fuego produciendo doble calor. Y eso ha de impedir que la pirámide se derrumbe».

Después de haber descendido por una región peligrosa arriesgando caer en las trampas que cavan los espíritus, sentí remezones en mi interior. Impulsado por fuerza sobrenatural, la velocidad de mi descenso aumentó.

Imaginé.

«Es posible que la pirámide esté en el interior de un sujeto parecido a mí pero gigante que rueda en zigzag por una enorme pirámide. Probablemente ellos también estén dentro de un sujeto más grande que, a su vez, rueda. Y así hasta pasar los números».

«Dentro de mí hay incontables pirámides y sujetos más pequeños rodando uno dentro de otros, hasta llegar en el interior de los interiores a una pirámide perfecta sin espíritus malignos».

«Puede que esta pirámide perfecta haya hecho estallar a lo que contengo y ahora sea mi turno. Después estallará el sujeto que me encierra y luego los otros para que Ella quede, por fin, sin límites, libre».

Lo que sucedió, me extraña.

Los remezones aumentaron. Llegué al término de mi viaje, la arena. Estallé... De mí salió mi padre.

Antes de perder conciencia pude observar un esqueleto que cayó de la cima. Al verlo, lloró mi padre; luego comenzó a trepar.

No pude comprender.

El monstruo que sube:

Rompí la cáscara y me erguí sobre la arena. Recordé que arriba había una extensión azul. Recordé un disco de fuego que viajaba hacia su muerte. Recordé que yo estaba sobre una pirámide, vigilando. Tuve dudas porque esto era brumoso.

Sin embargo, al alzar mi cabeza, allí estaban la extensión azul, el disco de fuego y la pirámide. Por ella vi caer a mi esqueleto. Un sentimiento me oprimió el vientre y de mis ojos salió agua. Comencé a subir.

A medida que trepaba iba reconociendo cada piedra, cada mata, cada esqueleto de pájaro. Todo era igual a mi recuerdo; solo la posición del disco de fuego había variado.

Creí saber mi misión.

«El disco avanza hacia la línea del horizonte. Puede alcanzarla y desaparecer en ella. Si esto sucede, una NEGRA desgracia caerá sobre la pirámide. (Tengo la sensación de que antes ya ocurrió)».

«Llegarás a la cima para vigilar a través del tiempo e impedir que línea y círculo se junten. Esa es la misión».

«Cuando el disco esté por desaparecer me será permitido abandonar mi puesto, correr por la arena y agarrarlo. Entonces lo lanzaré hacia arriba para que recomience viaje. Y así eternamente. De esto depende el equilibrio de la pirámide».

Apresuré mi subida. El disco enviaba sobre mí rayos ardientes. Miré mis manos y vi cómo se resecaban y empequeñecían. Aumentó mi ambición.

«A medida que subo, disminuyo. Cuando llegue a la cima seré nada más que un punto. No estoy subiendo para vigilar. Mi misión es importante».

Pensé que la pirámide era un cuerpo que tenía tres lados unidos en el tope por un punto común. Pensé que sin ese punto que unía los lados, la pirámide no podía existir. Pensé que a ella le faltaba el punto y que yo iba a serlo y que, por lo tanto, aguardaba mi llegada.

Subir se hizo agotador. La piel se resecaba causándome dolor. Tres bultos se habían desarrollado dentro de mí. Dudé. Me di cuenta de que, por mucho que empequeñeciera, jamás iba alcanzar el tamaño de un punto. Mi teoría era falsa.

Me dejaba rodar para morir sobre la arena cuando una piedrecilla vino a darme en el ojo. Tuve el pensamiento más ambicioso.

«¡Yo soy la verdadera pirámide! ¡ Esta por la que trepo es falsa!».

«Los tres bultos que llevo son sus tres lados y la piedra que me dio en el ojo es el punto preciso para unirlos. Una vez que llegue a la cima, caerá piel, se abrirán huesos, se derrumbará la falsa y saldré yo para ocupar mi puesto de Verdadera Pirámide».

Trepé rápido. Experimentaba los síntomas de la agonía. Un dolor me atenaceaba el vientre. Estaba feliz.

Moribundo llegué a la cima. Esperé que cayera mi piel y surgiera la nueva pirámide: solo parí tres huevos.

El huevo que cae:

Mi padre se puso en la cima de cara al disco de fuego y parió tres individuos: yo y dos más que en el camino se quebraron contra las aristas colocadas por...

De cómo Orí siendo gris se convirtió en dorado

Aquí comienza la cosa.

El Jefe notó que su mano se hinchaba. «Me ha mordido la culebra», dijo. «Voy a morir», dijo. Llamó a la tribu. Vieron su mano. «Hay que buscarse otro Jefe. Este Jefe está muerto. Es cosa hecha».

Nimah era su hija. «Te mueres», decía Nimah y apoyaba su cabeza sobre las cabecitas de los abuelos. Alguien cantó en el bosque. El canto hizo reír al Jefe. «No quiero morir triste. Quien canta así puede alegrarme. Iré a verlo». «Adiós», contestó Nimah.

Dos veces salió el sol desde que partió el Jefe. Nimah, con el vapor del leño que seca, empequeñecía las cabezas de los abuelos hasta dejarlas como un dedo gordo. ¡Qué alegre volvió el Jefe! Apenas se sostenía. Antes de que Nimah le diera el hachazo de la Ley, él dijo: «Yo he visto al que canta».

Nimah preguntó: «¿Quién es?».

El Jefe hace revolotear su mano hinchada. Contesta: «Quien canta así es un pájaro. Se llama Orí».

Su hija le da el hachazo. La cabeza rueda. Todos gritan «¡Fue!» y comienzan a pelearse por el trono.

Aquí sigue la cosa.

Nimah se imaginó: «Orí vuela muy alto y tiene el plumaje dorado».

En primavera, el chacal busca pareja. El tigre no nos come y ruge, busca pareja. En primavera, los nidos se llenan de huevos, los peces desaparecen, buscan pareja. Le sale una pluma al pájaro: roja; al cocodrilo diente nuevo y otra cola a la jirafa. Todo busca pareja.

En primavera, Nimah quería un Orí.

«¡A juntarse de a dos!», grita el nuevo Jefe. Los hombres de un lado, las mujeres del otro, corren al centro de la aldea, chocan y ¡al que le tocó le tocó! Ellas los agarran de la melena y los arrastran hacia sus chozas. Bien. ¿Y Nimah?

«Es primavera, debes arrastrar pareja», le dicen.

Ella: «Yo quiero a uno que no está».

Pregunta el Jefe: «¿Tiene melena?».

«Es dorado y vuela muy alto. ¡Orí es quien es!».

Una mujer arrastra al Jefe, es primavera.

Nimah grita: «¡Me voy y lo busco! ¡Quiero hacer con él pareja! ¡Con nadie más!».

Aquí termina la cosa.

Nimah, en el bosque, llamó a Orí. Apareció un pajarraco. Era gris y volaba muy bajo.

La hija pregunta: «¿Lo has visto?».

Él responde: «Lo veo dentro de ti».

«Sí —dice ella—, pero yo busco un Orí que existe fuera».

«Buscaremos juntos», decide el pajarraco.

Anduvieron y anduvieron. Al tiempo de cosechar, ella: «¡Te ha crecido una pluma dorada!».

Él: «¿Y a Orí dentro de ti?».

Ella: «¡Le ha crecido una pluma gris!».

Anduvieron y anduvieron. Al tiempo de sembrar, ella: «¡Estás volando muy alto!».

Él: «¿Y tu Orí?».

Ella: «¡Vuela muy bajo!».

Anduvieron y anduvieron al tiempo de cosechar, ella: «¡Tu plumaje es dorado!».

Él: «¿Y el de tu Orí?».

Ella: «¡Es gris!».

Nimah agrega: «Por fin existes fuera, Orí. Eres dorado y vuelas muy alto. Mas ya no te necesito. Amo a un pajarraco gris que vuela bajo».

Orí pregunta: «¿Y dónde está?».

La hija responde: «¡Dentro de mí!».

Cuento de negros

... y mi aldea es una calle que comienza donde sale el sol y que termina donde se pone la luna y de sol a luna va mi aldea de chozas circulares y en cada choza duerme mi hijo y mi hija padre madre abuela y mi abuelo tiene un diente de oro y mi abuela tiene un diente de plata y cuando sale la luna el abuelo besa a la abuela y del choque del diente de oro contra el diente de plata surge una campanada y entonces decimos hay que acostarse de espalda y nunca de frente porque del vacío dejado por el sol al entrar a la campanada surge una carroza negra con seis caballos negros y un cochero negro que tiene en las manos unas tijeras blancas y el cochero entra en cada choza y de mi frente corta un cuadrado de piel negra y corta de mi hijo y de mi hija padre madre abuela y de mi abuelo un cuadrado de piel negra y lo guarda en la carroza cuando llega al extremo de la calle toma el vacío dejado por la luna al salir y cubriéndolo con los cuadrados va formando un negro gigantesco y lo hace andar por la calle y guay de aquel que en la noche salga de su choza porque el negro gigantesco lo tomará entre sus brazos y lo apretará contra su pecho y uno atravesando los cuadrados de piel negra caerá al vacío y se perderá y cuando el gigante llega al otro extremo grita «¡Llegué!», y el cochero le

responde «¡Está bien!», y de grito a grito se forma un eje y de
luna que está arriba a sol que está debajo se forma otro eje y la
cruz del espacio gira y un nuevo sol comienza a salir y nosotros
nos levantamos con un cuadrado de piel menos en la frente pero
felices de estar vivos pero felices de no haber caído en el vacío
pero felices y un gallo canta...

La bañadera

Nada más que por azar, varios personajes se encontraban pasando su fin de semana en el salón de una casa que les era desconocida.

Ni el señor Tres-cuadrados, ni la señora Doble-óvalo, ni el
joven Medio-círculo, ni la señorita Triángulo-rectángulo se conocían entre ellos.

Mucho menos se conocían personajes más ambiguos, de nombre tan poco claro como don Angulo agudo-punta redonda-pun-
ta cuadrada- línea curva-recta temblorosa o doña Espiral-línea
sinuosa-recta vertical-línea quebrada, etcétera.

De qué manera habían llegado a ese salón y por qué y para
qué y a quién pertenecía la casa, eso nadie se lo preguntaba. Sabían nada más que el viaje los había cubierto de polvo y deseaban
encontrar una buena bañadera para lavarse.

El señor Tres-cuadrados habló:

—Mi calidad tríptica me otorga el derecho de asumir la pre-
sidencia de esta reunión con el objeto de organizar la rebusca...
¡Que nadie se mueva! No sabemos si el salón está minado o si sus
puertas conducen a un abismo. Mejor no arriesgarse.

La señora Doble-óvalo siguió:

—A mí me corresponde, gracias a que dos símbolos feme-
ninos me forman, lo que dobla mis derechos, dar la orden de
partida... ¡Buscad vuestro centro! Bien. ¡Girad en torno de él de
derecha a izquierda! ¿Habéis encontrado algo?

Naturalmente todos, después de hacer el trompo, estaban
ebrios y no podían contestar.

El joven Medio-círculo se dijo:

—Esto no puede seguir. Si quiero lavarme tendré que buscar una bañadera en otra pieza que en un salón.

Aprovechando una nueva orden —esta vez la señorita Triángulo-rectángulo que afirmaba su autoridad en los ciento ochenta grados de la suma de sus ángulos para obligar a todo el mundo a girar de izquierda a derecha—, nuestro intrépido muchacho salió y comenzó a buscar por un pasillo.

Este pasillo poseía innumerables puertas. Cada puerta daba a un baño. Cada baño tenía una bañadera de forma diferente. Las había en triángulo recto; de tres cuadrados, de dos óvalos y también en formas mixtas como ángulo agudo-sima redonda-sima cuadrada-línea curva-recta temblorosa o espiral-línea sinuosa-recta vertical-línea quebrada, etcétera.

Al fin, Medio-círculo encontró la bañadera que le calzaba y se sumergió en un agua tibia y jabonosa. Sin salir del líquido llamó a los otros personajes. Estos, después de interminables discusiones, se decidieron a avanzar por el pasillo. Tenían miedo de caer en una trampa. Llegaron al baño de Medio-círculo. Al verlo, les brillaron las líneas de codicia.

—¡Usted que apenas está formado, que no es sino un fragmento, ¿cómo puede gozar en el agua teniendo ante sí a un digno cuadrado sostenido a diestra y siniestra por otros dos dignos cuadrados?! —bramó el señor Tres-cuadrados.

—¡Es elemental cortesía dejarle el puesto a una dama doblemente integral! —pió la señora Doble-óvalo.

—¡Mis tres ángulos perfectamente unidos me rectifican dándome más derecho que usted al agua! —sonó la señorita Triángulo-rectángulo.

Y los monstruos mixtos, en coro, cantaron en verso libre:

Si hay en nosotros
muchos estilos
y todas las formas
¡pedimos respeto!
Un cuerpo mix-mixto
ha de ser siempre
más interesante

La impotencia de encontrar un ritmo poético les multiplicó la furia. Exigieron el puesto a silbidos. De nada sirvió que Medio-círculo les dijera que a cada uno le correspondía una bañadera exacta a sus formas. Nadie quiso creer y ladraban:

—¡No hay más baño que este!

Tristemente, salió el joven del agradable sitio dejándolo a la gula general.

Tres-cuadrados se precipitó; trató de entrar; se le rompieron dos líneas.

Doble-óvalo quiso hacerlo. Tuvo que retirarse con un símbolo abollado.

Cuando Triángulo-rectángulo ensayó, los ángulos se le deformaron y quedó convertida en isósceles.

A los monstruos mixtos se les enderezaron líneas curvas, se les curvaron líneas rectas, se les despuntaron vértices y tampoco pudieron entrar.

Y para terminar el cuento se lamentaron:

—¡Ah, qué suerte tiene Medio-círculo! ¿Por qué la única bañadera de esta casa posee su forma?

Hermanos siameses

—Soy un monstruo. Pegado a mi cabeza hay un cuerpo extraño. Arrastro a un intruso.

—Tengo dos cuerpos y una cabeza. Soy un ser privilegiado. Nunca conoceré la soledad.

—Yo sé que la enfermera, los otros casos y el médico jefe piensan que soy un inútil, que como demasiado y que estoy de más en el mundo. Es probable que me maten.

—Mi pieza es la mejor: tiene vista al mar. Me gustaría que la enfermera estuviese a mi lado mirando conmigo hacia el horizonte.

—El otro día me empuja por un pasillo cuando se acerca el

hombre de las jorobas y me dice: «Jé, usted gasta el doble de zapatos que cualquiera... de nosotros», mirando mis pies con expresión de codicia.

—Hay una brisa fresca. Los peces-voladores planean junto a las gaviotas.

—Sabe que los médicos están cansados de alimentarme y que de un momento a otro van a hacerme una autopsia para investigar. Piensa quedarse con mis cuatro zapatos.

—El mar golpea bajo las ventanas. Hoy es el primer día de verano. Soy feliz.

—¡No se los daré! ¡Antes prefiero quemarlos!

—El viento trae el olor de los árboles y... ¿Qué pasa? El otro cuerpo toma los zapatos. Quiere echarlos en la chimenea. ¡No!

—¡Intruso!, ¡cretino!... Lucha conmigo. Podría hundir mis manos en su pecho y triturarle el corazón, pero sería mi fin. Esperaré una oportunidad mejor.

—Ya se calmó. Comienzo a inquietarme... En fin, debe ser el calor, la felicidad del verano que lo hace actuar así. A veces me pregunto si mi otro cuerpo tiene voluntad y conciencia.

—No me dejó quemarlos. ¿Será que piensa? No es posible porque la cabeza es toda mía.

—La enfermera me frotó las espaldas y los vientres y luego, vistiéndome con dos fracs blancos me condujo a la sala de exposición.

—El hombre de las jorobas, la mujer-perro y el viejo sin boca se mueren de envidia porque soy el preferido de los turistas.

—La enfermera toca el violoncelo para que yo baile. Cuando me ve desfallecer de cansancio, me reconforta con una dulce mirada.

—Estúpida, qué mal toca. Me dice: «Saque la lengua, por favor. Haga girar los ojos, por favor. Mueva la pierna número cuatro, por favor. Con la mano izquierda del cuerpo de la derecha rasque la nalga derecha del cuerpo de la izquierda, por favor». ¡Por favor, por favor! ¡La mataré!

—Los otros me dan pena: ningún turista se detiene delante de ellos; los miran con repugnancia y vienen a verme bailar a cuatro zapatos.

—Soporto sus miradas impertinentes solo por la envidia que le da al hombre de las jorobas. Es mi venganza.

—¡Qué calor! Por un lado me molesta transpirar; por otro, estoy contento: ella también se ahoga entre las sábanas.

—Me sofoco. Yo transpiro casi nada, pero el cuerpo inútil es insoportable: una verdadera vertiente. Estoy cansado de él. ¿Qué significa esto de tener otro cuerpo pegado a mi cabeza haciendo movimientos que no puedo controlar?

—Imagino sus movimientos en el lecho, desnuda, mojada como yo. La temperatura nos une. Sin embargo es imposible: soy distinto. Comparto mi cabeza con otro. No: soy un hombre que tiene un cuerpo de más. Eso es. Este cuerpo realiza movimientos que no puedo controlar, pero mi cabeza es mía. Cómo no lo voy a saber si me siento pensar siempre. En todo momento estoy aquí. No hay sitio para otro... Un cuerpo de más no molesta a nadie. ¿Por qué no tentar suerte con la enfermera si la amo?

—Estoy cansado de los médicos, del jorobado y sobre todo de la maldita enfermera. ¿Hasta cuándo soportaré ser vejado por su violoncelo? Soy su marioneta bailarina. Además, necesito mostrar mi rebelión. Un acto tremendo que les muestre quién soy antes de que me sacrifiquen. ¡La mataré! Voy a su pieza.

—Este sentimiento mío tiene que ser compartido. Si yo la deseo, ella me desea. Como hombre tengo que tomar una decisión: todos duermen con este calor. En los pasillos no hay vigilantes. Iré a su pieza.

—No hay vigilantes. La ahogaré con su almohada.

—Silenciosamente me deslizo por el pasillo.

—El otro cuerpo marcha conmigo; nunca hemos coordinado tan bien.

—Abro la puerta.

—Me palpita el corazón.

—Me palpita el corazón. Estiro mis brazos hacia ella para despertarla dulcemente.

—Voy a estrangularla.

—Mi felicidad va a comenzar. Despierta, amada mía... ¿Qué pasa? ¡Socorro! El otro cuerpo la agarra del cuello. Me desespero.

—Otra vez el cretino; me toma de las muñecas; me impide consumar la venganza. ¡Ay! ¡Ay! Ella ha tenido tiempo de tomar el látigo. Grita.

—¡Ay! ¡Qué dolor! No solo golpea al otro cuerpo que es el verdadero culpable sino también a mí... a mí que la amo tanto.

—Vienen con una doble-camisa de fuerza. Me encierran. Espero no salir más. Apenas pueda, haré un fuego en la celda e incendiaré el asilo.

—Una doble-camisa de fuerza. Tiene que haber sido hecha especialmente para mí. ¿Sospechaban? ¿Por qué, si yo nunca he sido violento? El otro cuerpo intentó estrangularla. Fue un gesto guiado por una conciencia. ¿Dónde está? No puede estar sino dentro de mi cabeza.

—Me impidió destruirla. Fue un gesto guiado por una conciencia. ¿Dónde está? No puede estar sino dentro de mi cabeza.

—Ella golpeó indistintamente al culpable y a mí.

—Trajeron una doble-camisa de fuerza a pesar de que el otro la defendió.

—Ella considera que soy un solo individuo. Temo que soy dos.

—Ellos consideran que soy un solo individuo. Temo que soy dos.

—Mi cabeza no es enteramente mía. Hay una parte de ella que pertenece al otro.

—El otro cuerpo no me domina. Yo no lo puedo dominar. Deduzco que la mitad del cráneo es de él. Yo no sé lo que piensa pero él puede vigilarme a mí. ¿Cómo probar lo contrario? Puede ser un espía consciente de todo mi pensamiento, un parásito de mi ser.

—¿Cómo saber si lo que yo creo pensar no son pensamientos del otro? ¿Cómo estar seguro de que yo no soy un invento de él? ¿Un robot para entretenerlo?

—Nuestras cuatro piernas marchan al unísono y yo solo puedo controlar dos. Probablemente sea él quien controla las cuatro. Probablemente los dos cuerpos y la cabeza le pertenecen: puede que yo no exista.

—Puede que yo no exista. Pero ¿cómo puedo darme cuenta de mí mismo?

—Si «me doy cuenta» de «mí mismo» no soy yo mismo. Quien «se da cuenta» es otro. O yo soy «mí mismo» o soy «el que se da cuenta». Puedo también ser un tercero o un cuarto, infinitos. El jorobado y los otros monstruos pueden ser partes de mi cuerpo.

—El asilo entero puede ser un solo individuo y nosotros, los deformes y los médicos y la enfermera, partes de un todo. Pero el más profundo es otro. El que piensa por todos no soy yo.

—Yo no soy. Alguien me hace pensar. En el asilo nos movemos como piezas de ajedrez. Nuestros pasos están marcados. Es horrible. ¡Quiero ser yo!

—Después de todo, saber esto es algo más que acerca a la felicidad. Ser uno, y a la vez no existir. Estar en comunión con el asilo, participar del alma de la enfermera...

—Elucubraciones absurdas: aquí estoy encerrado. Como un apéndice estúpido cuelga otro cuerpo de mi cabeza. Los médicos vendrán a eliminarme de un momento a otro. Si tuviera cerillos...

—Ya nunca me moveré por mi cuenta. Aquí me quedo inmóvil esperando órdenes. El asilo me dirá lo que debo hacer, lo que debo pensar.

—Ahora se deja caer y me obliga a arrastrarlo. Ya es el colmo. No doy más. La ventana está abierta. Antes de que ellos lo hagan, prefiero eliminarme yo.

—El otro va hacia la ventana. Es dulce ser arrastrado. Abajo el mar bate contra las murallas. Él también forma parte del asilo. Yo formo parte del mar...

—Ahí vamos. ¡A reventar! Espero que los tiburones se coman mis zapatos...

—Mi cabeza y sus dos cuerpos caen lentamente. Vamos hacia el mar, hacia el asilo, hacia la enfermera. Nos reuniremos en una sola cosa. Soy feliz.

—¡Así como reviento yo, espero que un día revienten todos!

Árbol de los sátiros

En el país de San Viernes hay un millón de habitantes. Quinientas mil ciudadanas son respetables. Quinientos mil ciudadanos son sátiros.

Junto al lago principal hay un bosque. En el lago se bañan las sanvierninas. En cada árbol del bosque hay un sátiro trepado. El sátiro mira a las bañistas y se proporciona goces con la mano. Las bañistas miran a los sátiros y se divierten. A veces los sátiros están vestidos de frac. Otras, de cardenal.

El árbol más alto del bosque es un álamo. Solo desde este álamo puede verse un pequeño golfo que hace el lago. A la orilla del pequeño golfo llegó una cojita.

Mil sátiros se descolgaron de sus guaridas vegetales y se dirigieron, con los ojos brillantes, hacia el álamo. La cojita se quitó el sombrero.

Por muy alto que sea un álamo, en él no pueden caber mil sátiros. Junto al tronco batallaron en el mayor silencio para no ahuyentar a la cojita que en ese momento se sacaba la blusa. Los sátiros que eran destripados morían conteniendo los rugidos de dolor que hubieran aliviado sus tormentos.

La cojita comenzó a despojarse de la falda. «¡Se le va a ver la pata!», murmuraron febriles los sátiros y el combate alcanzó el máximo de ferocidad. Cincuenta triunfadores, cubiertos de heridas, se repartieron por las ramas del álamo. Vieron a la cojita dentro del agua asomando solo la cabeza.

No hacía movimientos que indicaran una pronta salida del agua. De vez en cuando se quebraba una rama y junto con ella un sátiro iba a reventarse contra el suelo como un higo maduro.

De los cincuenta sátiros habían caído cuarenta y siete. Los tres últimos, maniobrándose vertiginosamente, esperaban el final del baño. Cayeron dos más. El postrero pensó: «Soy el elegido. Este espectáculo es para mí. ¡Quiero ver esa pata!», y su diestra se agitó más rápida que nunca.

Ella hundió la cabeza. A la media hora el sátiro comprendió. En el fondo del lago la cojita parecía un gran pez.

«¡Tramposa!», aulló el sátiro y se descolgó del álamo.

Amor sin fin

Cuando comencé a escribir esta confesión el rostro se me puso rojo. Me prometí contar como aliada a la vergüenza... Quiero que sepas que cada una de estas palabras es un canto y que no invento nada. Todo es cierto, el paisaje, las personas, los hechos. Si te digo que cuando fui niño mis padres nunca me acariciaron, no exagero. Ella, de los tres años adelante, nunca me besó. Y él, no queriendo «hacer mariconadas», me habló de lejos, de muy lejos, desde un desprecio burlón infinito. Si quiero recordar un contacto físico con mi padre debo retroceder hacia la oscura medianoche de un pequeño pueblo del norte de Chile, Tocopilla... A diez kilómetros reinaban tres rocas ovoides, lisas, grisnegras, frente a una playa estrecha donde nadaban pulpos color granate lanzando al menor gesto de nuestras ávidas manos chorros de tinta violeta. A causa de esos tres monarcas hieráticos la llamábamos la Playa de los Guatones.

Como el Ford V-8 dejó de funcionar, mis padres junto con sus amigos, colegas vendedores de ropa hecha, debieron regresar a pie. Yo dormité esos kilómetros cargado sobre las espaldas de mi progenitor. Las sentí todopoderosas y el olor de sus axilas me embriagó... Él no cesó de acomodarme refunfuñando, lanzando improperios contra la máquina, contra esa larga marcha bajo un cielo sin luna, por un camino pedregoso, respirando un aire negro y caliente, espantando lechuzas famélicas que roncaban como perras en celo disputándose por sobre nuestras cabezas el cadáver de un roedor. A pesar de su rabia, disfruté ese contacto que duró diez kilómetros. El que mi presencia le molestara se me había convertido en situación normal. Resulta que a la mañana siguiente de su noche de bodas —después de un noviazgo que duró dos años— mi padre huyó del puerto para sumergirse en la pampa, vestirse de blanco, trabajar como obrero en las minas de salitre y tratar de olvidar a mi madre. Ella le ocultó todo el tiempo que no era virgen, que estaba enamorada de un campeón de billar, que había padecido un aborto en la calle de las putas, escondida en el fondo de una casa de madera roñosa, escarbada con un palillo de tejer por una alcahueta tuerta, oyendo las risas de los marineros borrachos que se hacían tatuar esqueletos en sus tensos prepucios, allí, en el lupanar, con sus grandes ojos azules y su piel blanca como gallina desangrada, expulsando junto con su feto sanguinolento los restos de un amor que antes sintiera como la manifestación de Dios. En aquel parto miserable le nació en una frase la filosofía que la acompañaría hasta el día de su muerte, provocada por un cáncer en los ovarios: «Dios castiga pero no a palos».

Sara le confesó su secreto a mi padre justo en el momento en que la cabeza del miembro empujaba los labios externos. Jaime se quedó inmóvil, escuchando la historia con pena, con desprecio, con una rabia cataclísmica. Mi madre interpretó ese silencio como una bondadosa comprensión. Pero cuando ella terminó de hablar, él, dando un ladrido, de un caderazo implacable que casi le parte el pubis, la penetró hasta el fondo para escupir un chorro de semen que quería perforarle las tripas.

El acto duró unos segundos. Aún su placer no había acabado cuando Jaime brincó hacia atrás, se vistió a la carrera y huyó hacia los cerros áridos, con los pies desnudos pues en su prisa por olvidar a la mujer impura olvidó ponerse los zapatos.

Ella, dieciocho meses más tarde, lo fue a buscar. Cruzó el campamento minero entre bramidos de perforadoras y nubes de salitre. Los mineros miraron angurrientos a esa mujer pálida de enormes senos, con una niña de pelo negro y ojos verdes en los brazos. Apenas mi padre vio a su hija, se enamoró de ella. Exigió que pusieran la cuna al lado de su cama de soldado y relegó a mi madre al fondo de la casa de dos cuartos hecha con barriles de metal aplanados. El óxido de las paredes, al mezclarse con la capa de cal que deseaba disimularlo, producía manchas pardas, como arañas, como cabezas de buitre, como mares con islas de muerte. Mi madre cocinaba en la penumbra sin decir una palabra, celosa de su hija, más abandonada que nunca, flor absurda en ese desierto infecundo. Una noche, cubierto de polvo salado, bello como un perro salvaje, mi padre la arrojó de vientre sobre la mesa metálica, entre las botellas de cerveza y el queso de guanaca, otra vez de un solo empujón le llegó al fondo y entre gozo y desprecio le ensució las entrañas con el escupitajo desesperado que me dio la vida. Ella no quería atarse más a ese hombre que le era extraño en todo, pero se tuvo que quedar... Mi abuelastro la había expulsado de la familia por el pecado de haber sido abjurada por su marido. Al contrario de Dios, la castigó moliéndola a palos y la fue a dejar, cubierta de moretones, a la entrada de la mina de Chuquicamata, donde un enjambre de rotos hacía explotar los cerros con cargas de dinamita convirtiéndolos en inmensos anfiteatros surcados por plataformas en escalera... ¿Quién la iba a recibir ahora, otra vez encinta? Durante nueve meses fregó las tablas podridas del piso, puso en orden los cuartuchos infectos y, sin la menor sonrisa ni tampoco una queja, me parió en el patio reseco, rodeada por gatos polvorosos que se dieron un banquete con la placenta.

Cuando llegó del trabajo, mi padre no tuvo interés en mirar qué había dentro de la nueva cuna. Se tomó media docena de cervezas y le dijo: «Lame todo mi cuerpo»... Ella me tomó de un pie y usándome como látigo le azotó el pecho: «¡Nunca más volveré a tener hijos contigo! ¡Bajaré a la clínica de Antofagasta para que me liguen para siempre las trompas!».

Lanzando escupitajos hacia el cielo, que al caer y rodar por el polvo se transformaban en alacranes oscuros, iba mi padre conmigo hecho un ovillo en su espalda. «¡Ausencia de mierda, vergüenza te debería dar de no existir! ¡Esto debió haber sido creado como lo cuentan, con un dios metiendo su cuchara en cada etapa, pero no, las cosas tuvieron que hacerse solas y mal, el tren no lleva conductor ni tiene rieles, el vientre que nos pare nos devora, colas de cigarrillo aplastadas por una pata gigante, se nos da como lenguaje el silencio y como libertad la obediencia ciega, solo me siento ser yo mismo cuando cago!». Y allí iba yo tratando de incrustarme en su espalda llena de granos de arena que lanzaban, como espejos, largas agujas plateadas cada vez que entre el hocico de las nubes aparecía la luna. Esa sensación de abandono la sentí igual en un cuarto de hotel en Bangalore. El fotógrafo del filme, un irresponsable que se dormía detrás de la cámara, el sol de la India pegaba como patada de Buda, para hacerse perdonar me invitó a fumar opio. Después de haber pasado días enteros pisando boñigas de elefante, sumergido en riachuelos ocres donde navegaban cadáveres verdosos, perseguido por el hedor de cuervos y monos, la fragancia del opio fue un bálsamo para mi olfato comparable al perfume de las axilas de mi padre. Perder por completo el dolor que solapado nos atiza cada célula, olvidar un instante eterno nuestra condena a muerte, sentir al mundo como una cuna amable, entregarse al Tiempo, ir con él, sin retenerlo ni esperarlo, descubrir que el tesoro es el instante, no desear más, disolverse en la confianza, en el placer supremo de pertenecer... Mi padre me sacudió para sacarme de la modorra y, con los ojos convertidos en piedra, me dio una bofetada.

—No llores. Te pego para que nunca te olvides de mi orden: ¡Te prohíbo morir!

Me hice hombre en todos los aspectos menos en el emocional, allí me quedé niño. Mi padre no supo lo que hacía, su orden me dividió en dos. Si bien es cierto que para mí, pequeño, la muerte dejó de existir, esa inmortalidad no me sirvió de alivio porque, aunque creyendo en ella, me vi obligado, adulto, a considerarla una ilusión. Hasta los cuarenta años esta disociación me obligó a buscar maestros.

Y es así como me encontré de pronto, en las afueras de la ciudad de México, trepando por un cerro que emergía de los basurales, jardín exuberante en medio de un océano de podredumbre y ratas, para encontrar a Ejo Takata, monje zen. Dándome de palos en los omóplatos y obligándome a comer arroz hirviente me mantuvo meditando, junto con otros alumnos que no cesaban de eructar y tirarse pedos, siete días sin dormir. De tanto apoyarme en las rodillas las tenía hinchadas y sangrantes. A golpes, la última noche, me arrastró hasta un árbol para espetarme en la cara una pregunta insensata: «¿No comienza, no termina, qué es?».

Cuando me trencé en un balbuceo metafísico respondiendo: «Comienza, termina, ¿qué no es?», de una patada en el culo me expulsó hacia el basural gritando: «¡Intelectual, aprende a morir!»... Perseguido por los pericotes, corriendo aterrado entre esos montones de inmundicias, me di cuenta de que no solo no sabía morir sino tampoco vivir. Había fracasado con el remedo japonés del Padre, ¿qué mejor que refugiarme junto a Pachita, ese monumento popular, india, vieja, gorda y socarrona, conocedora del uso medicinal de dos mil hierbas, humilde como mujer pero aterradora cuando, poseída por el espíritu de Cuauhtémoc, el último emperador azteca, blandía un cuchillo de cocina cubierto de costras de sangre con el que «operaba» a sus pacientes abriéndolos a grandes tajos para arrancar tumores que gruñían y resoplaban? Con su ojo izquierdo velado, cayéndole hacia la nariz, parecía un saurio diluviano. La usé como Madre —por el módico precio de dos dólares— para descargar en su solidez telúrica mi fragilidad moral. «Vivo del cuello para arriba, preso en el lenguaje, espectador de todo, actor de nada, lejos».

«Lejos de tu animal —me interrumpió la bruja—. Ese pinche japonés te quiere partir el coco con su aprende a morir, pero no te propone el paso siguiente, aprende a coger, porque es monje. Sí, muchacho, has usado la carne de una manada de hembras para seguir girando alrededor de ti mismo, en la insatisfacción constante, frotes perrunos que te han sumergido más y más en el sueño. Lo que pasa es que tu madre, por odiar tanto a tu padre, te ha ensuciado el semen. Vamos a llamar al Hermanito, él me ayudará a cambiártelo. Si no, por más que busques la luz en el portal sagrado de la vulva, procrearás carne impura».

Recé de rodillas delante de Pachita, con un huevo de paloma en las manos, y esperé que abriera su ojo. Abrió los dos: el vivo y el muerto. Y luego el tercero, ese que decía tener en medio de la frente. Le salió voz de hombre. «Te voy a vaciar». Desapareció el olor a meado de gato, la vela iluminó más que un reflector de mil vatios y el ruido tenebroso de la ciudad se hizo murmullo de río. Un grupo de fanáticos morenos me sostuvo los brazos y las piernas. La bruja estiró el saco de mis testículos y con unas tijeras de cortar uñas lo fue abriendo. Luego introdujo su cuchillo de cocina en las glándulas sangrientas. Escarbó sin piedad. Creí morir de dolor. Entre todos me retuvieron pidiéndome valor y paciencia. Me hicieron morder el palo de una escoba. El Hermanito puso un balde entre mis piernas y sentí escurrir un líquido espeso, nauseabundo. Cuando el chorro cesaba, el cuchillo me picaba más profundo y, opacando mis alaridos, otra porción de gelatina hacía resonar el latón. Los testigos me juraron haber visto cómo mis testículos se vaciaban de una crema color chocolate. Pachita abrió la boca mirando hacia el techo y pareció recibir en ella, surgiendo de otra dimensión, un intenso goteo. Con las mejillas infladas sopló en las aberturas y yo sentí que mi sexo se llenaba de un líquido tibio y fragante. «Te voy a cerrar la herida. La operación ha terminado»... Apenas me aplicó las manos sobre el escroto cesó el dolor y no quedó huella. «Ya estás limpio. Ahora la raíz se alimenta de tu propia esencia. No vivas más de legados. Destruyes a las mujeres para vengarte de tu madre. Deja de comportarte como un niño sediento, ve de una vez a verla y muéstrale tu cólera»... «Demasiado tarde, Pachita, mi madre está muerta, enterrada muy lejos»... «¿Dónde?»... «En Lima»... «¡Pues ve a Lima y caga en su tumba!»...

El avión pareció sumergirse en un pozo gris. Al salir del aeropuerto respiré una brisa cargada de ideas proveniente de otros siglos. Todo era pobre, viejo, secreto, altanero. Pensaba quedarme ahí no más de tres días. Solo llevaba como equipaje un saco de mano con un par de camisas y un frasco lleno de líquido color café con leche que me había dado Pachita. «Te encierras en el hotel, no ves a nadie, comes mucho y durante tres días lo único que haces es juntar tus excrementos»... Con el sexo metido en una botella lechera vacía, para separar los orines de la materia fecal, deposité mis mojones en una bolsa de plástico. Al cabo del tiempo indicado, había reunido un kilo y medio. A las once de la noche bebí el líquido café con leche, esperé una hora y cuando el reloj de la catedral dio su más larga serie de campanadas salí con el paquete bajo el brazo rumbo al cementerio.

Las calles estaban llenas de muertos. Se paseaban por los portales con sus perros, gatos, cerdos, gallinas, en gavillas, pelotones, árboles genealógicos inmensos, miles de parientes, compactos, disolviéndose los unos en los otros, acompañados por sus esclavos, sirvientes y amigos, también difuntos, haciendo uso de las cosas, del decorado, sin darse cuenta de su propia vacuidad. Era el mejunje de Pachita, yo lo sabía: sus bebistrajos siempre producían alucinaciones. Sí, alucinaciones, pero mías, de nadie más. Lo que yo iba viendo, rumbo al cementerio, con mi kilo y medio envuelto en el Oficial de Lima, era mi propio interior...

Llegó la francesa, echada hacia atrás en arco, avanzando con los muslos abiertos como si su cabeza fuese una cola y su sexo una cabeza formada solo por un ojo negro... Así le sucedía en todas las fiestas donde yo iba. Por más que le repitiera que estaba casado, que no tenía el menor deseo de ella, que no debió seguirme de París a México cuando solo habíamos cogido una vez en la letrina de un bar, que sí era bonita pero que después de meses de no bañarse arrastraba un tufo a sobacos capaz de matar mariposas, ella, insistente, averiguaba quién me había invitado y en medio de la fiesta aparecía disfrazada de muñeca introduciendo su lengua enroscada como tubo en los vasos de los hombres para sorber y emborracharse hasta perder la razón y entonces tener su ataque histérico. Entre el regocijo de los invitados, que la alentaban creando un ritmo a palmoteos, danzaba destrozando sus ropas y ya desnuda, echando espumarajos, se convertía en puente para comenzar, pesada y lenta, araña cuadrúpeda, a frotar su tajo contra mis piernas. Yo contenía mis urgentes deseos de darle una patada, e inmóvil soportaba que girara alrededor mío manchándome con baba los pantalones. De pronto su cuerpo era poseído por una tormenta, la carne se le llenaba de ondas que la recorrían de la cabeza a los pies y estallaba en movimientos incontrolados, golpes, coces, costalazos, rompiendo muebles y lámparas. Se necesitaban seis hombres fuertes para inmovilizarla, hasta que el doctor Borbolla, un vejete que a su vez la perseguía de fiesta en fiesta, le frotaba las nalgas con un algodón embebido en tequila y le inyectaba de una punzada violenta una gran dosis de calmante para, al sacar la aguja, ir a chupetearla en un rincón oscuro, dando quejidos de gato...

No tardó en unírsele La Chupadora. Había sido campeona de tenis, luego estrella erótica del cine nacional. Para ello, se sacó dos costillas, se achicó la nariz, se infló los labios, los senos y las nalgas, se aclaró el pelo, e imitó, después de haber visto la película cincuenta y ocho veces, los gestos y la voz de la Cenicienta de Walt Disney. Cuando la conocí no era ella, sino una marioneta caliente movida por hilos que venían de su mente fría. Alguien le aseguró que el semen humano, tragado tres veces diarias, impedía el envejecimiento. Se convirtió en vampira. En la noche, le chupaba el pito a su amante oficial, un fabricante de churros; a mí me lo mamaba a las nueve de la mañana, hora en que, sin tocar el timbre, entraba directo hacia mi cama para meter la cabeza debajo de las frazadas, hacer mil y un dengue con su inmensa boca de dientes cubiertos por fundas de porcelana y beberse el chorro pegajoso; entre cuatro y cinco de la tarde, embarcaba en su Chevrolet rosado a cualquier vendedor de tacos disponible y se lo llevaba al bosque de Chapultepec para pompearle el tuétano. A pesar de los litros de Jarabe de Juvencia que bebió, comenzó a llenarse de arrugas y tuvo que terminar de crítica literaria en la televisión, cubierta con una gruesa capa de maquillaje, anteojos de miope y una peluca severa cubriendo sus prematuras canas... Ahora las mujeres que todos estos años se acostaron conmigo giran a mi alrededor, echadas hacia atrás en arco, como la francesa.

Abren bien los muslos contrayendo sus labios verticales. Cada vulva me llama con una delirante animalidad. Horrendas o sublimes, discretas, de labios finos y crueles rodeados de pelos como barba de chino, enormes, glotonas, con superficies encarrujadas y recovecos granates, de labios colgantes igual a orejas de mono, grietas invasoras que avanzan hacia el ombligo atravesando una dura maraña, rayas lampiñas de muñeca, blandas y babosas, pequeñas y rosadas abriendo de pronto un hocico marino, con pliegues como columnas de catedral gótica, todas gimiendo, en brama.

Mi saliva se había convertido en arena y me dolía la cintura. Un águila iba enterrándome las garras en los riñones. Cuando traté de ahuyentarla, se convirtió en mi hermana. Frente a mí apareció el cementerio como un barco varado. Raquel hundió sus dedos más profundamente en mis vísceras. «¡No tienes nada que hacer aquí! ¡Sara es mía! ¡Vete!». Los fantasmas cesaron de acosarme y comenzaron a flotar alejándose lentamente mientras cantaban con toda la tristeza del mundo el bolero que mi madre me susurró cuando a los quince años, desesperado por sus gritos y golpes cotidianos, le propiné un puñetazo en el vientre: «El camino de la vida ya te enseñará, ya te enseñará, a no ser así. Lo que tú me prometiste me lo debes dar, eso es para mí, para mí no más». ¿Cómo carajo es posible que los únicos recuerdos que me queden de mi madre sean ese bolero cursi y una de sus toallas menstruales? Entró en mi pieza vociferando «¡Ladrón, asesino, maricón!» contra su marido. Por culpa mía había tenido que amarrarse a él. Me obstiné en nacer a pesar de tantos remedios que tomó para expulsarme. ¡Un niño feo que mamó hasta los cuatro años deformándole los senos! Y ahora lo único que hacía era estar el día entero encerrado, masturbándome. Efectivamente, me había pillado desnudo y en erección. Para evitar sus arañazos, me encerré en el baño forzándome por lanzar gruesos eructos, a sabiendas que esos ruidos le daban asco. Regresé al cuarto cuando la sentí alejarse reteniendo sus arcadas. Y allí, sobre mi cama, vi la pequeña toalla, con una cresta sanguinolenta en el medio, despidiendo un olor marino nauseabundo. ¿Por qué la olvidó de esa manera tan impúdica? ¡Ella, que ocultaba su gordo cuerpo, con tetas largas que le llegaban hasta el ombligo y que no se bañaba nunca, bajo una faja y media docena de faldas! ¿Qué más? Nada. Mi hermana se había apoderado del resto. Con su piel blanca como bastón de ciego, su espesa cabellera de crines negras y sus grandes ojos verdes, creció devorándolo todo. A comenzar por mi padre, que desde pequeña la vio mujer y no hija. ¡Cuántas veces lo sorprendí pegado al agujerillo de la puerta del baño espiando la defecación de la niña! Y más tarde, disimulando el bulto entre las piernas, lamerle con los ojos los labios, los senos y las nalgas. Cuando sentía esas miradas, mi hermana lanzaba quejidos como si tuviera el cuerpo atravesado por flechas y corría a refugiarse en los brazos de su madre, que, con el aliento podrido a causa de los celos, la arrastraba fuera de la tienda para entregarla al peluquero japonés ordenando que le cortara la melena hasta dejarle la nuca al descubierto.

Yo le servía a Jaime de perro guardián. Me enviaba a esperar a Raquel a la salida del liceo, sin que ella me viera, con la consigna de delatarla si osaba hablar con algún joven. Yo, ¿qué podía hacer? La única posibilidad que tenía de comunicarme con Jaime eran esos diálogos febriles, a medianoche, encerrados en el baño, donde él, insidioso, me interrogaba tratando de descubrir a través de mi visión ingenua relaciones de miradas calientes o misivas lúbricas depositadas con disimulo en las manos o, aprovechando el hacinamiento de los pasajeros en el autobús, criminales frotes de pelvis. ¿Se arremangaba mi hermana las faldas para hacerlas más cortas a la salida de la escuela? ¿Se ponía colorete? ¿Meneaba las caderas al andar? «¡Ve a su dormitorio y regístralo entero! ¡Busca bajo la alfombra, entre la ropa, dentro de los floreros, junto a las cuerdas del piano! ¡Escarba los bolsillos, recorre una por una las páginas de los cuadernos y de los libros! ¡Puede que tenga anotado el número de teléfono de algún hombre o guarde una fotografía culpable!»... Nunca supe si Jaime protegía la virginidad de Raquel o, habiéndola hecho su amante, vigilaba su fidelidad.

El hecho es que entre mi padre, mi madre y mi hermana se formó un caparazón emocional, pasión, celos, iras, llantos, golpes, que me excluyeron de la vida íntima de la familia convirtiéndola en un inviolable secreto.

«Tú no tenías sitio en nuestras vidas, eras un apéndice antipático, un parásito odiado, bueno para olvidarlo en un rincón, futuro eunuco al que, cuando regresara a mendigar ante la puerta de mi mansión, lo expulsaría a latigazos sin darle ni siquiera un mendrugo. Ya sé, ya sé, me acusas de ladrona. Por supuesto, yo conozco todos los chismes de la familia y tú ninguno. Pero ¿qué te esperabas? Como bien lograste constatar, Jaime y Sara se odiaban. Vivían juntos solo por mi causa, esperando pacientes a que yo me casara para poder separarse. Tú, en 1953 tomaste el barco en Valparaíso, lanzaste tu libreta de direcciones al mar y nunca más nos volviste a ver. No te juzgo, al contrario, te aplaudo, aceptaste por fin ser un entremetido, dejaste de amargarnos la vida con tu carota de huérfano y te fuiste a Francia a devorar libros. Pero yo me quedé, presa en la telaraña. Tratando de escapar me casé con mi profesor de matemáticas. En la boda conocí a su familia, porque antes no había querido presentármela. Eran todos cojos: la madre poliomelítica, el hermano con un pie equino y las dos hermanas ocultando unas piernas hinchadas por las varices. Por ser tan feas, estas dos mujeres más tarde se lanzaron abrazadas al mar, quien por repugnancia las expulsó a la playa convertidas en cachalotes violáceos. Asimismo el hermano cojuelo se suicidó dándose un tiro en la cabeza con el mismo revólver que había usado su padre renco para reventarse los sesos. Orión, mi marido, padecía de celos obsesivos; me obligaba a salir a la calle disimulada por anteojos oscuros, sombrero ancho y faldas que llegaban hasta los tobillos; mientras daba sus clases en el colegio, me hacía seguir por un detective; ¡total, al escapar de las brasas caí en las llamas! Para sentirme acompañada compré un pollo, que me seguía por todas partes como si yo fuera la gallina. Una tarde que salí sin permiso a comprar helados, Orión ahorcó al animalito con el cordón de un zapato y lo colgó de la lámpara del dormitorio. Llamé a mi padre para que viniera a romperle la cara a ese demente y regresé al hogar. Me encerré en el dormitorio a escribir poemas y no vi pasar los años. Jaime, a los sesenta, huyó a Haifa con una judía húngara, de treinta. Sara logró robarle las economías, un saco lleno de oro; bajó veinte kilos, tiñó sus canas de rojo y se vino a vivir conmigo en Lima. ¡Ya sé que te han dicho que le dio furor uterino, que comenzó a pagarse prostitutos morenos, que se hizo compositora de boleros y que se puso a beber pisco! Nunca te lo negaré o confirmaré. Son secretos entre ella y yo, secretos de mujer. Tampoco sabrás cuáles fueron sus últimas palabras, esas frases son mi tesoro. No creas que sufrió por el abandono de Jaime: bien al contrario, lo sintió como el feérico estallido de la torre del arcano 16 del Tarot de Marsella; pero lo que le minó los ovarios fue el ¡quédirámifamilia!: "¡Tantos años ocultándole a mi hermana, hermano, primos, tía, padrastro y madre el horror de mi matrimonio, haciendo pasar a mi pareja por algo decente, feliz, estable, y ahora este escándalo! ¡Voy a morir de vergüenza!"... Tratando de impedir la catástrofe, empleó la brujería boliviana. (Habían viajado a Arica, puerto libre, para instalar un bazar donde vendían desde gaviotas de porcelana hasta trajes de novia con colas de tres metros). Recitó durante horas, fumando un habano frente a la foto de mi padre atravesada por alfileres: "¡Que venga, que venga, que nadie lo detenga!". Y derramó pepas de melón delante de la puerta del apartamento de la húngara, lanzándole por la ventana una calavera robada del cementerio. ¡Todo en vano! Cuando mi abuela se enteró de la separación, imitada por el resto de la familia, dejó de hablarnos. Creo que esta humillación le provocó a Sara su cáncer en los ovarios. Al fin, los últimos días, ya minada por el tratamiento químico, metió sus papeles, fotos, ropa, zapatos, cosméticos y discos en cajas y sacos de plástico, dejando la habitación tan ordenada como un museo, sabiendo perfectamente que una vez internada en el hospital no volvería nunca más, que lo que dejaba no tenía valor para nadie y que poco después de su muerte todo sería tirado a la basura. Se apagó sola. Clavada en la tienda donde vendíamos filtros para el amor, la prosperidad, el vigor, la buena suerte; sales mágicas, excitantes naturales, hojas de coca, ayahuasca, pedazos de momia, no pude asistir a su agonía. Parece ser que no hizo un gesto de más, no suspiró, no se aferró de una mano de enfermera; nadie se dio cuenta de que se había ido, tan discreto fue su paso a la vacuidad. Tuvo tiempo de dejarme un papelillo escrito con tres frases que me cambiaron la vida. Aquí lo tengo. Sé que te mueres de ganas de leerlo, pero no. Recuerda el bolero que te cantó cuando le pegaste: "Lo que tú me prometiste me lo debes dar, eso es para mí, para mí no más. Mira que las promesas que no se cumplen en el amor, siempre, tarde o temprano, suelen pagarse con un dolor". Le prometí ser suya, entera, siempre, lo que implica que ella también será siempre mía. El don es recíproco o no es don. Compartirlo contigo sería fallar a la promesa. ¡Deja tranquila a mi madre! ¡Vete con tu mierda a otra parte!»...

«Vamos, Raquel, cesa la comedia. Ni tú ni yo somos los mismos. Hace muchos años que dejamos de ser niños. Tú has ido viviendo tu vida como has podido, corriendo por una pista donde los obstáculos han sido maridos. Te quedaste sola porque nunca pudiste aceptar la diferencia. Padre y madre formaron contigo una familia cerrada; en lugar de templo, una fortaleza disparando por todas sus troneras contra los otros y el mundo. Si digo padre, en verdad miento, porque solo fue un niño. Por lo mismo, Sara, desequilibrada, tampoco pudo cumplir su misión. Terminaste asesinando a un Padre inexistente para convertirte en la pareja de una Madre que nunca lo fue. Por eso estás aquí, defendiendo lo que siempre te faltó. Creyendo que, podrida junto a sus restos, vas a poder atrapar las palabras que no se pronunciaron. ¡Te equivocas: aquello que nos fue robado en la infancia no nos será devuelto nunca! ¡La ausencia que llevamos en el alma es un tatuaje indeleble! Deja ya de mortificarte: por querer poseerlo todo, te quedaste sin nada. Has acumulado raíces sabiendo que son falsas:

no tienes nacionalidad, ni religión, ni historia, ni futuro, tampoco tienes edad ni sexo. No dejes que se te escape el Presente, no te excluyas de él, entra, la poesía es el descubrimiento del instante, tu casa son las nubes, vaga con ellas, llueve con ellas y húndete en el paisaje desconocido donde en lugar de árboles están brotando templos. No te odio, te amo profundamente; tu negación me hizo, tu superioridad y tu desprecio me dieron alas, lo mucho que me quitaste me otorgó la libertad. ¡Aquí no mandas, este es mi delirio, mi mundo personal! ¡Puedo vencerte: te convertirás en lo que eres: una gárgola angélica! ¡Vuela por fin hacia la luna, hazla estallar y parte a conquistar el cosmos! ¡Sal del útero materno, que por falta de infinito aglutinó sus ansias en un cáncer! ¡Paso libre!».

Entablamos una lucha de voluntades, aflojé al comienzo, pero poco a poco me fui imponiendo. Se llenó de plumas, le crecieron alas, su corazón estalló en una esfera de rayos irisados, desprendió las garras del suelo y obedeciendo al llamado de los astros ascendió hasta perderse en el abismo celeste.

(Nadie vaya a creer que en algún momento confundí estas alucinaciones con la realidad. Sabía muy bien que el jarabe de la bruja había abierto las puertas del sueño haciendo que se volcara en la Avenida Central. Sin embargo, por muy irreales que fueran, ver nacer, atravesando la piel y la ropa, esas plumas blancas en el cuerpo de mi hermana, convirtiéndola en mujer-ave; ver el par de alas color carne desplegarse de sus omóplatos, con un siseo semejante al frote de la seda; ver al gigantesco erizo de rayos que surgía de su pecho provocar en la niebla centenares de arcoíris concéntricos; ver esas garras rapaces, que durante una vida entera se habían apoderado de todo sin querer soltar nada, desprenderse por fin de los intereses terrestres; y por último, como una esplendorosa Virgen, verla ascender hacia el corazón del Universo, fue un espectáculo que me curó las llagas de la infancia: su cuerpo glorioso, brillando en el cielo negro, era el espejo de mi alma).

En los muros del cementerio la niebla acumulada capa por capa durante dos siglos había formado una piel resbalosa. Tuve que amontonar tarros de basura para poder escalarla. Puse los pies en los hombros de un ángel que indicaba el futuro con ridícula esperanza y salté hacia el sendero bordeado de tumbas, tratando de no desgarrar mi paquete de excrementos. Creí que me sería fácil dar con la sección judía, pero las nubes negras se negaban a dejar pasar la luz lunar. Vagué una eternidad, temblando y transpirando, hasta que encontré un cuadrado de viejas tumbas con inscripciones en hebreo y español antiguo. Comenzó a llover a chuzos un agua helada envuelta en niebla caliente. Metí el paquete bajo mi impermeable y avancé tratando de atravesar la penumbra.

Borrosamente distinguí un nombre: Sara... ¡Por fin la tumba de mi madre! Frenético: rompí las hojas de periódico, deposité el kilo y medio sobre la piedra mojada, oriné en la masa café y la extendí aplastándola con mis manos. Pronto el sepulcro estuvo cubierto. Para que la lluvia no lo lavara, lo cubrí con el impermeable. Traté como me lo había prescrito Pachita de sacar de lo profundo de mis tripas los biliosos insultos que había acumulado en la infancia, pero solo pude gritar sin mucha convicción tres injurias banales: «¡Puta de mierda! ¡Vieja huevona! ¡Monstruo hediondo!», para después correr a guarecerme bajo el alero de un mausoleo vecino. Se oyó un trueno y a la luz de una serie de relámpagos, mientras el chaparrón iba cesando, avanzó hacia mí una vieja que se sentía elegante con su bolero de zorros plateados y un sombrerito de paja. Los relumbrones atravesaban su cuerpo transparente. Me dijo amable pero con voz sufrida:

—No comprendo, caballero, por qué ha hecho usted esto. Creo no merecer sus insultos y mucho menos el que ensucie en forma tan vil mi última morada. Siempre fui una mujer decente...

—Un momento, señora, aquí hay algo raro. ¿Ese sepulcro no es el de mi madre?

—Es el mío y usted no es mi hijo. A menos que se apellide Fieldman...

—¿Fieldman?

—Sí. Yo soy Sara de Fieldman. ¿A quién buscaba usted?

—A Sara de Jodorowsky.

—¡Oh, ahora comprendo, la oscuridad le hizo cometer un error! Su madre yace doscientos metros más lejos, en el bloque B, sendero 153.

Me deshice en disculpas y comencé a limpiar su tumba. Cuando acabé la ingrata tarea, por la tensión emocional o por los efectos del jarabe, me vinieron unos terribles retortijones. La diarrea era inminente. Usando un zapato como espátula, recogí el poco excremento que quedaba sin disolver por la lluvia y corrí hacia el bloque B, reteniéndome con todas las fuerzas de mi alma. A duras penas llegué ante la tumba de mi madre. El alba incipiente me permitió leer su nombre completo. Sin tener tiempo de vaciar el zapato, de un salto trepé sobre la losa, me bajé los pantalones y, encuclillado, dejé escapar un interminable chorro fétido. El dolor era insoportable. Caí sentado sobre mi magma. Lloré.

—¡Mamáaaaa!

Cegado por las lágrimas, no la vi aparecer. Me di cuenta de su presencia solo cuando el cansancio me hizo espaciar los sollozos. En un intervalo se deslizó su voz, aquella que había guardado encerrada en el más viejo cajón de mi memoria; esa que, a pesar de su tono distante, fue el bálsamo de mis penas de niño. Era musical, dulce, portadora de una paz angélica, el sudario tibio donde deseaba morir. Al oírla chillé más fuerte aún: había viajado de mujer en mujer perseguido por la melancolía de la ausencia de esa voz. ¡No me había acariciado con sus manos, es cierto, quizá mi cuerpo de bebé ansioso le repugnaba, pero me había cantado acercando sus labios a mi oreja izquierda, qué importa que no fuera por amor sino para que me durmiera rápido y así cesara de importunarla, vertiendo en mi alma el placer supremo de ese susurro que era para mí el fin de todo dolor! Nunca hasta ahora había comprendido la intensa emoción que me embargó cuando esa muchacha feúcha se acercó a mí en un tren y me dijo: «En agradecimiento por lo que usted hizo por mí (no supe a qué se refería, no recordaba haberla visto antes), le compuse una canción. Permítame que se la cante». Como yo mirara angustiado a mi alrededor, sonrió, se acercó, apoyó sus finos labios en mi oreja izquierda y comenzó, dulcemente, a cantar. Sin captar la melodía ni comprender las palabras, me puse a temblar, con la boca cerrada, conteniendo los sollozos. «Este es su regalo», me dijo cuando terminó y, discreta, se fue a otro vagón sin decirme su nombre. Yo me quedé paralizado, con la sensación de haber atravesado el paraíso. Dormí profundamente. Al despertar hacía ya mucho tiempo que el tren estaba detenido en la estación terminal... Nunca más la volví a ver. Durante años, cuando viajé por vía férrea creí buscarla a ella, sin darme cuenta de que era a mi madre a quien esperaba.

—Hijo mío, Alejandrito, estás enfermo. Deja que te cure...

—He infamado tu tumba, la he cubierto de mierda, ¿y aún quieres curarme?

—Tu salud es más importante que todos los sepulcros. Detengamos primero esa diarrea, luego hablaremos. Come una tuna del nopal que crece junto a mi lápida. ¡Hazlo con cuidado, no te vayas a espinar!

Hipnotizado, obedecí. Pelé el fruto y casi ahogándome, tragué entera la pulpa verde, del tamaño de un huevo. Al instante cesaron los retortijones. Me atreví a mirar a mi madre.

Tenía dos recuerdos de ella: en el primero, de antes de mis diez años, era una princesa ingrávida, de cuerpo espigado, cabellera color de la corteza del único árbol de la plaza, un castaño claro, parejo y luminoso; con ojos más azules que cualquier azul; de cuerpo duro como la piedra, cubierto por una piel fragante, tan blanca que podía compararse a la vela de una barca. Sí, era su voz la que cada noche me transportaba a la región mágica de los sueños... En el segundo recuerdo, de los diez a los veintidós años, edad en que dejé de verla, aparecía como un monstruo rechoncho, siempre enfundada en una faja para ocultar su vientre lacio y sus senos gruesos que colgaban como dos largos plátanos. De su boca las palabras salían convertidas en gritos ácidos y la piel, cubierta de pecas, semejaba el cuero de una jirafa... Volver a verla así me repugnaba.

Entrecerrando los párpados para dejar pasar el mínimo de imagen, le hice frente. ¡Cuánto había cambiado! Su pelo blanco, atado en un moño, estaba rodeado de un aura dorada. Su cuerpo enflaquecido ondulaba con gestos suaves que parecían integrarse al movimiento de las nubes. El añil de sus ojos ya no me llamaba la atención porque era opacado por una expresión de bondad tan intensa que parecía venir del fondo de la eternidad.

—Como lo ves, hijo mío, he muerto casi en paz. Hace ya mucho tiempo que debería haberme ido de este mundo, pero no he podido hacerlo por una sola cosa: tengo una deuda contigo. Me he quedado aquí esperándote. ¡Qué bueno que por fin hayas venido! Hablemos...

—¿Y toda esta porquería?

—No te preocupes, la lluvia se encargará de limpiarla. También tú deberías dejarte empapar porque hueles muy feo.

—¡Basta, tu solicitud es tardía! ¡Ya soy un hombre, debiste comportarte así cuando era un niño!

—Cuando eras un niño yo vivía como un violín, encerrada en mi estuche negro. Obnubilada por el odio a ese pobre ser que fue Jaime, no podía sino ver su imagen execrable. Entiéndeme bien, en esa época ni yo ni él estábamos en condiciones de captar la realidad, el ser del otro; solo podíamos comunicarnos por medio de imágenes que nosotros mismos proyectábamos. Nunca nos conocimos. Ambos habíamos sido huérfanos, niños a los que se les dio calidad de perro ajeno. El dolor del abandono nos encerró en torres sin puertas ni ventanas y lo mismo que nos hicieron te lo hicimos a ti. Eso, sin embargo, no significa que tu madre no te amara: ahí llevaba yo como un castigo mi ternura, dos inmensas alas quebrándose los huesos al aletear dentro de los muros. Lo confieso, tuvieron que pasar muchos años dolorosos, tuve que verme envejecer, dejar de estar clavada frente al espejo tratando de inventar seducciones, para darme cuenta de que te quería, con pena, con remordimientos, y que, de manera sorda, nunca había cesado de deplorar tu ausencia. Es cierto que me lo merecía, pero sin embargo tu corte fue brutal. ¡Pudiste pasar treinta años sin escribirme ni llamar por teléfono! Cuando estaba agonizando hice esfuerzos por ir a visitarte en sueños; quería que lo supieras, quería que tomaras un avión y vinieras a verme al hospital, quería morir en tus brazos. Al no verte llegar, con el poco de conciencia que me quedaba, traté de escribir una carta, pero era tanto lo que quería decirte que no tuve las fuerzas para hacerlo. Te dejé entonces como herencia tres frases...

—¡Mentira, se las dejaste a Raquel! Ella guarda secreto ese tesoro y no lo quiere compartir.

—Pobre Raquelita, víctima de la pasión de su padre: ella era la niña que él hubiera querido ser para que su madre lo amara (tu abuela odiaba a los hombres y había hecho pareja con Benjamín, el hermano homosexual de Jaime: dormían en la misma cama y usaban los mismos trajes porque ella siempre se vestía de hombre); víctima también de mis celos: todo lo que ella obtenía, yo se lo iba quitando. No solo le corté la melena, sino que también la obligué a raparse el pubis. El día que tuvo su primera menstruación, la traté de puta sucia y le di una bofetada. Más tarde imité su sensualidad juvenil, le copié el maquillaje y los vestidos, seduje a sus pretendientes, compuse boleros que tuvieron mucho más éxito que su refinada poesía. ¡Hasta el día de mi muerte le chupé la sangre! Por eso se quedó pegada a mí, tratando obsesionada de quitarme lo que le había robado. Por eso también se apoderó de las tres frases.

—¡Y yo me quedé con la curiosidad de conocerlas!

—¿Quieres que te las diga? ¿Estás por fin dispuesto a recibir algo de mí?

—¡Espera, aún no estoy preparado! Antes debo perdonarte. Al mismo tiempo quiero que tú me perdones. En el juego de la desgracia, el verdugo y la víctima intercambian a menudo sus papeles... ¿Cómo pudiste haber sido tan inconsciente? ¿Cómo nunca te diste cuenta de que no te pedía pan sino ternura? ¿Por qué me engordaste hasta los cien kilos obligándome a tragar litros de leche con huevo y plátanos? ¿Cómo pudiste encerrarte tanto, por muy doloroso que fuera, en tu universo personal? ¿Cómo pudiste no verme, ni oírme, ni tocarme? ¿Por qué cada mañana escuché tu voz agria despertarme con un «¡Hediondo, vete a duchar!?». ¿Por qué me hiciste culpable de tantos crímenes imaginarios?... Basta de quejas. Debo decir en tu favor que una noche apareciste en un sueño...

«Estoy agonizando, sola, en un hospital de Lima. Vengo a decirte que el cáncer en los ovarios no me lo has dado tú. Quiero que dejes de sentirte culpable: no muero porque me abandonaste sin nunca preocuparte de mi suerte; soy yo la responsable. Comprende, no hay diferencia entre un sueño y la vida. Provocamos lo que nos sucede. Pero el golpe primero viene de muy lejos, un felino voraz que trepa desde las raíces del árbol para devorar al pájaro que anida en las últimas hojas. No conocí a mi padre, un secreto denso oscureció siempre mi nacimiento. Por fin ahora que me disuelvo en la memoria del mundo puedo desentrañarlo.

»Durante un pogromo, desde el atardecer hasta el alba, treinta cosacos ebrios violaron a mi madre, la virgen más hermosa de la aldea. Del esperma de alguno de ellos quedó encinta. Esa misma noche asesinaron a toda su familia.

»Recuperó la razón, embarazada de seis meses, en un barco que la llevaba, con otros mil emigrantes, a colonizar tierras estériles en Argentina. Allí la protegió Moisés, mi abuelastro, un animal solitario sediento de compañía. Apenas fui parida me depositaron en las manos de una criada, para ponerse de inmediato a fabricar a mi media hermana, la Negra, aquella que nacería con todos los derechos, orgullosa propietaria del amplio sitio que a mí siempre se me escatimaría. ¡Ah, cómo luché por ser querida! Fui limpia, discreta, servicial, humilde, obediente. Se esforzaron en mostrarse amables, pero mi presencia era el testimonio viviente de la violación y la vergüenza. Cada vez que mi madre me veía más de tres minutos, estallaba en sollozos, el rostro se le ponía granate y, semiahogada, tenían que llevársela a la oscuridad de su dormitorio, donde permanecía acostada, temblando durante horas, hasta que un sueño profundo venía a calmarla. ¿Comprendes ahora? Bajo mi cariñoso pedido, yo llevaba una rabia intensa que, paso a paso, burlando mi voluntad, se convirtió en odio. Un odio del que nunca quise enterarme. Esos alaridos amordazados se aglutinaron en un tumor. Y mientras más yo callaba, más crecía él. Me presté con alivio a su ablación aunque aquello significara acelerar mi muerte. Cuando me mutilaron cesó el pogromo y pude comprender... ¡Perdóname, hijo mío! A medida que emergía de la bruma emocional me iba dando cuenta de tu ausencia; primero preguntándome quién eras, no recordaba de ti ni tu cuerpo ni tu cara, solo tu nariz; luego recriminándome por no conocerte. Después te imaginé con todas las cualidades que se prestan a los ausentes o a los muertos. Sufrí años esperando que llamaras. La ansiedad por escuchar tu voz hacía que a veces me sangraran los oídos. Para evitar sus celos, nunca le conté esta pena a tu hermana. La rumié con resignación hasta perder las ilusiones. Para mi desesperación volviste a ser lo que siempre habías sido: una sombra vaga. Tienes derecho a odiarme»...

—A medida que hablabas ibas perdiendo la energía. Dejé de tener pena por mí mismo y me di cuenta por primera vez de tu sufrimiento, de lo poco que habías gozado, de la frustración total que fue tu vida... Recuerdo que me acerqué a la camilla donde yacías, me senté junto a ti, dejé que tu cabeza reposara en mi pecho, acaricié la ancha cicatriz de tu vientre, quise decirte tantas cosas, darte cariño para que te fueras tranquila, pero no pude pronunciar una palabra. Seguí, mudo, frotando aquella cicatriz, más y más, con tal fuerza que la rasgué. La sangre surgió como un torrente y continuó cayendo en cascada del lecho metálico al suelo. Feneciste entre mis manos con el piso convertido en una poza roja... Desperté transpirando. El rencor todavía estaba ahí. Le resté importancia profética al sueño, diciéndome que era una pesadilla ocasionada por cenar demasiados tacos de cerdo, y continué mi vida de asesino psicológico de mujeres. Enterré esas pobres almas en mi memoria, me convertí en un cementerio ambulante. Cada noche, antes de poder dormir, veía a las muertas salir de las tumbas, vestidas con ridículos trajes de novia que les dejaban las posaderas al aire, murmurando calientes mi nombre. El nombre que tú me habías enseñado a odiar... ¡Dios mío, cuántos destrozos! ¡Es hora de que esto termine!

Me puse de rodillas ante ella, traté de tomarle las manos pero mis dedos se cerraron atrapando solo aire. Si quería unirme a mi madre tenía que salir del cuerpo. Como sabía que estaba bajo la acción de una droga, dirigí mis alucinaciones, abatí mis defensas, disolví los límites, metí la cabeza, las manos, el torso y por fin las piernas en el muro de carne. Bruscamente dejé atrás al hombre de rodillas y me encontré de pie, transparente, ante el fantasma de mi madre. ¡Qué ligereza verse libre de necesidades, deseos, emociones, pensamientos! ¡Embriagarse en la felicidad de brillar, cualquier recuerdo convertido en fosforescencia! Allí no había madre ni hijo, ni mujer ni hombre, solo dos luciérnagas disolviéndose lentamente la una en la otra. Comenzamos a vibrar, ya no había límites entre su esencia y la mía, y esas ondas en forma de esfera fueron el canto en el que se disolvió nuestra impalpable médula. Nos extendimos a velocidad torrencial avanzando junto con el infinito. Era como navegar en un filo invisible, conquistando latido a latido la sedienta negrura para inundar de luz el abismo. «Amor» se convirtió en una palabra sin sentido. Consumíamos el esqueleto de los vocablos transformándolos en estrellas fugaces, absurda alegría de ser más allá de los límites hasta perderse en la indiferencia... De pronto ella, haciendo un tremendo, desgarrador esfuerzo, recuperó su individualidad.

—¡No, hijo mío, sepárate! No quieras desaparecer en mí. No me caves, no me llenes. Tienes una responsabilidad con tu cuerpo, no vas a dejar morir a ese fiel animal: este sueño es tuyo pero es solo un sueño, nuestro canto puede llevar tu carne a la muerte. ¡No me conviertas en asesina! ¡Regresa!

De un poderoso sacudón me envió hacia el mundo denso. Una por una, cada célula hambrienta se apoderó de un fragmento de alma. La carne oscura tragó mi lumbre. Vi llegar a dos ángeles desplumados: el frío y el calor. Los sentidos me apuñalaron dividiendo la unidad en respuestas diferentes. Adquirí peso, fui otra vez un hombre arrodillado sobre la tumba cagada de su madre.

—¡Por favor, espera! ¡No te vayas sin antes darme tus tres frases!

Perdiendo la forma humana, semejándose más y más a una medusa, balbuceó:

—«Si quieres... encontrar la luz... busca la raíz... de la sombra». «¡Eres un astro... brilla sin temor... a opacar... a los planetas!». «No quieras... nada... para ti... que... no... sea... para...».

No alcanzó a terminar su tercera frase. Quedaba de ella solo una pequeña aureola que se deshizo en rocío. Me alegré de recibir un legado inconcluso... «No comienza, no termina, ¿qué es?»... Una gran paz inundó el cementerio. Los primeros rayos del sol ahuyentaron a la niebla. Centenares de pájaros comenzaron a cantar. Esas voces angélicas, como un bálsamo, cerraron mi corazón abierto. Sara por fin se había disuelto en el mundo. Su bondad purificaba el aire. A donde quiera que yo fuera, ella estaría conmigo.

Vacié un florero y recogí agua de una fuente cercana. Junto a ella encontré una carretilla con cepillos y panes de jabón.

Comencé a limpiar el sepulcro hasta dejar la piedra brillante. El efecto del jarabe estaba pasando. Ningún fantasma rondaba por los parajes, sin embargo, muy lejanas, lejanísimas, hundidas bajo las losas polvorientas, oí voces quejándose de abandono. Decidí lavar todas las tumbas. A pesar de no haber dormido, me sentía lleno de vigor. Jaboné, escobillé, enjuagué. Acabé mi tarea cuando ya estaba atardeciendo. El cementerio, enrojecido por el sol moribundo, brillaba como un collar de inmensos rubíes...

Volví al hotel, me dormí sin cenar y a la mañana siguiente tomé el avión de regreso a México.

—¿Hiciste las paces con tu madre?

—Sí, Pachita, pero...

—Has cesado de ser un niño. No eres más un asesino de mujeres: deja de escapar y entrégate al amor. Ahora no solo fornicarás con el cuerpo sino también con el alma. Ve a buscar a tu muchacha pero no la beses ni la poseas. Espera hasta que sea la luna llena, entonces...

Pura, sin la menor discusión, aceptó seguir las instrucciones de Pachita: una serie de actos que debíamos realizar escrupulosamente para llegar al coito sagrado... Fue muy importante que catorce días antes de la experiencia no comiéramos carne, solo vegetales crudos. El Hermanito nos ordenó cortar la electricidad, alumbrarnos con una vela y dormir cuatro horas por noche. Cada amanecer debíamos bañarnos con agua fría, usando limones en lugar de jabón. Tuvimos que vaciar el dormitorio de todos sus muebles y objetos, lavar siete veces el piso con litros de una infusión de verbena, también las paredes y el techo. Raspamos durante horas con escobillas de paja hasta que no quedó un milímetro sin pulir. Teníamos que hacerlo con dedicación consciente, con cariño, como si estuviéramos limpiando el interior de nuestro propio vientre. Cuando terminamos el aseo, antes de perfumar el cuarto con incienso, que debimos robar en una iglesia, ubicamos los cuatro puntos cardinales. Después Pura, con una aguja de oro, y yo, con una aguja de plata, nos picamos el dedo índice izquierdo para depositar una gota de nuestra sangre en cada ala de una paloma blanca, que tenía en la pata amarrada una cápsula conteniendo un papel con tres palabras: «Amor sin fin», y la dejamos irse volando quién sabe hacia dónde.

Persona secreta

Siempre se miraba al espejo con los ojos entrecerrados: no le agradaba dejar que un desconocido entrara en su intimidad.

Ansias

Estaba desesperado por entrar, sin darse cuenta de que golpeaba la puerta desde dentro.

El flechazo

Había un largo pelo en su sopa. Se apresuró a retirarlo decidido a buscar el resto de aquella mujer.

El cofre del tesoro

Morgan el Tartamudo y sus corsarios, guiados por un nebuloso mapa extraído del cadáver de Galván el Tuerto, muerto en un combate contra el ejército de Su Majestad la Reina Profunda, buscaron en el Archipiélago Boreal un fabuloso tesoro.

Al cabo de un largo peregrinaje, acosados por huracanes, tifones, pulpos gigantes, marabuntas, pigmeos antropófagos y lluvias de tortugas, encontraron en la más pequeña de las islas el sitio del entierro. Cavaron frenéticos una fosa hasta encontrar en su fondo un inmenso cofre, todo pintado de alquitrán.

Con hambre y sed de oro, quebraron a espadazos los candados. Abrieron el tremendo armatoste. ¡Dentro solo había un desesperante vacío! Después de lanzar enjambres de insultos, los piratas regresaron a su barco para ahogar la decepción en incontables litros de aguardiente.

El cofre, como un oscuro e inmenso hocico abierto, padeció lluvia tras lluvia. Las potentes gotas lo fueron despojando de su capa de alquitrán hasta que lo dejaron desnudo. ¡Tanto la tapa, como el fondo y las paredes, eran de oro puro!

El sueño del tren

Mientras avanza la máquina yo cierro los ojos y comienzo a soñar.

Estar en el último vagón. Quizá sean siete, o bien treinta y tres como las vértebras: de acero, rodando vacíos y, a lo lejos, la locomotora a miles de vagones.

Estar al final de esto que avanza e ir saliendo de la ciudad. Atravesar basurales, niños tratando de alimentarse con papel, ancianos curtiendo pieles de ratas para levantar una nueva carpa en la aldea de mendigos.

Una tras otra, interminables casas de piel gris, mujeres bajo cerros de andrajos corriendo tras los roedores, ventanas con barrotes por donde asoman la cabeza enanos de grandes ojos. Y en una azotea alguien vacía una bacinica y cae en el barro un pedazo de carne. Así, en la cola del tren, en lo último, ir dejando la ciudad.

El tren va a Tar. Esa es su meta, pero la nuestra es llegar hasta la cabeza del tren, conocer al maquinista y, si es posible, tratar de desviarlo de su ruta.

Somos tres. Lihn, Cas y yo. Pero solo yo veo lo que veo. Sin embargo, si no estuviera acompañado quizá mi visión fuese diferente. Veo lo mío y además trato de ver lo que el otro está viendo. O los otros me obligan a ver ciertas cosas que yo nunca hubiera notado. En el fondo, soy un ciego. Me inyectan imágenes por el nervio óptico, pero digeridas y seleccionadas. ¿Quién de nosotros puede ver? Avanzamos en las tinieblas. Yo me veo ver lo que ven Cas y Lihn. Quizá Lihn se vea ver lo que yo y Cas elegimos. Cas se mira mirar lo que Lihn y yo captamos. Quizá... Me sería imposible negar que nuestras seis cuencas están vacías y que muy bien lo que se nos muestra sea un film preparado de antemano. Una serie de imágenes estándar para todos los pasajeros del tren. Dentro de lo posible, cabría creer que esto que me estoy viendo ver es realmente lo que yo veo.

Avanzamos. El último vagón, que para nosotros es el primero, está aparentemente vacío. No hay ruido ni hay ventanas. El aire se ha petrificado y huele a agua vieja. Semioculta por cerdas negras que al crecer del cuero se enredan en su cuerpo, con una esfera de vidrio en la que hay un niño de cera, ella duerme con los ojos abiertos. Unas enormes manos velludas, que surgen de debajo de su silla, la tienen prisionera de los tobillos. Ella deja la esfera sobre un brasero. El niño se derrite. El globo se parte en dos. La cera arde y entonces, bella y pálida, saca de una bolsa pájaros blancos y comienza, sonámbula, a quemarlos. Mientras arden, las aves cantan sin angustia. La música logra hacer dormir a la dormida. Cae a otro mundo, más vago aún que su primer sueño. Empequeñece.

Nuestra meta es llegar hasta la cabeza del tren, conocer al maquinista y, si es posible, desviarlo de su ruta.

Sería bueno poder sustituir cada uno de estos vagones por otra cosa. Por trozos de queso, por carne de langostino, por piel de elefante, por construcciones, por vacíos. Sería bueno quemar al maquinista en el fuego de su caldera. Sería bueno conducir el tren por los cerros y los valles. Hacerlo volar hacia el sol como aquella estampa del Tesoro de la Juventud.

Junto a la puerta del W.C. una señora longilínea cava en el piso o algo la está sorbiendo. Se hunde. Sale un líquido amarillo. El vagón se comienza a inundar. Quiero escapar hacia el segundo carro. La señora longilínea, como un juguete de resorte, salta y cae montada en mi cuello. Se dobla hasta llegar a mi oreja y comienza a susurrar: «Hasta ahora he tenido miedo de utilizarlo. Lo que enseño no tiene forma: se mueve. ¿Comprendes? Algunas personas se han acercado a mí pidiéndome "Saber". No sé nada, pero según las leyes he dado lo que ellos me han permitido dar. Entonces, recibiendo me han odiado, no sé por qué. El secreto hay que guardarlo porque ellos saben solo digerir la Ambrosía-orina...».

Sale un líquido amarillo. De debajo de los asientos emergen materias vestidas con trajes de corte inglés. Masas arcillosas, costras, tumores, todo aquello moviéndose bajo vestidos de gala y abriendo hoyos dentados por donde tragan metros cúbicos de orina.

Se apaga el brasero. La mujer de la esfera saca de su pecho pastillas de alcanfor que hace tragar a los pájaros. Estos se hinchan y sobre su falda depositan un excremento semejante a cera. Con aquello, sus manos pálidas modelan a un niño encinta. Lo coloca en una esfera de vidrio. Sin despertar, vuelve a dormirse, cae por un túnel hacia otro tren distante. Empequeñece como un embudo que estuviera tragándose a sí mismo.

La señora longilínea me aprieta el cuello con sus muslos secos y me susurra en el oído: «Todo es muy móvil y a la vez muy preciso. El aparato digestivo es impersonal, tiene la función de dar el alimento muerto más muerto que nunca a seres que lo comen. Pero nosotros somos distintos, no comemos sino sangre. Aquella clase de sangre que recorre su camino contra la gravedad. Solo vivo el alimento se puede tejer... Ellos han querido tejer con muerte y cada vez me han asesinado un poco. Para comer mi excremento han metido sus hocicos hasta mi intestino. Han esperado en el centro de mi digestión, viendo con impaciencia secretar a las paredes de mi estómago sus ácidos solventes. Yo no puedo decir que no. Desde que María Magdalena traicionó a la Diosa por el Brujo Jesús, las Sagradas Prostitutas cayeron en manos de los funcionarios... Así es traicionar. Así es dar los secretos. Si soy nueve puertas, me abres hasta donde tú tienes llaves. Estoy repetida cada vez diferente detrás de cada puerta».

Aunque las manos velludas le aprietan los tobillos hasta arrancarle trozos de piel, ella desaparece partiéndose en ínfimos pedazos. Lentamente, las manos se retiran hacia la sombra.

Las Formas vestidas nadan hacia nosotros. Parece que nos quieren comer. Parece que se sienten muy solas. Parece que nos necesitan. Parece que odian necesitarnos. Nos muestran tres grandes latas de conserva. Nos invitan a entrar en ellas. Tienen lista la soldadura para encerrarnos y los cantos para luego adorarnos. La señora longilínea salta de mi cuello y se hunde en el piso. Huyo al segundo vagón.

Se trata de sustituir al maquinista, de cambiar la ruta del tren, de ir demoliendo los vagones y todo lo que contienen.

Al abrir la puerta del segundo vagón me encuentro en el primero. Voy saliendo de la ciudad.

Atravesar campos cubiertos con montañas de huesos. Subiendo y bajando por ellos, hundiéndose, escarbando, centenares de niños ciegos cargan aves negras de cartón de treinta metros de largo. Ancianos con piel de hipopótamo tirados al sol, vientre al aire, patalean lentamente, tratando de pararse mientras pasan mujeres harapientas cubriéndose la cabeza con grandes caparazones. Una tras otra, pasan miles de casas con paredes de carne podrida. Ventanas como heridas de cadáver por donde asoman enanos con coronas de espinas. En una azotea alguien vacía una bacinica hacia la calle, cae en el barro una cosa negra que sopla y cava hasta desaparecer. Así, en la cola del tren, en lo último, ir dejando la ciudad.

El tren no va, avanza. No hay punto de llegada. La realidad comienza en su primera rueda. A medida que adelanta, el camino va naciendo. Los rieles crecen a la misma velocidad que él. Pero mi meta es llegar a la cabeza del tren, en donde no hay maquinista: la máquina se dirige a sí misma. Mi tarea es obligarla a obedecerme.

Estoy solo. Dentro de lo posible cabría creer que esto que me estoy viendo ver es realmente lo que yo veo. También pudiera ser que yo fuera una forma sin ojos ni otros sentidos, como el interior de una esfera. Pudiera ser que el tren esté viajando dentro de mí. Me sería imposible negar que estos innumerables vagones no son mi persona. ¿Cómo saber si yo no soy la locomotora de un tren que se come por la cola?

Avanzo. No hay ruidos ni hay ventanas. Las paredes chorrean liquido perfumado. Vuelvo a ver a los Informes. Visten de enfermera. Me ignoran. El perfume oculta un olor a éter y excremento. Me doy cuenta de que defecan sin levantarse, sobre los sillones.

Avanzo por el último vagón. Ella está sentada con una gran araña en la falda. Duerme, pero teje con el hilo que extrae del abdomen de la araña un zodiaco oval.

De vez en cuando escupe hacia sus pies y la saliva cae en la boca de una cabeza cortada igual a ella misma, pero diez veces más grande.

Quiero despertarla. Con mi puño atravieso a la araña y lo saco. La herida se cierra instantáneamente. Le grito: «¡¡EL ZODIACO ES CIRCULAR, NO OVAL!!». Ella despierta de uno de sus sueños a otro sueño. Crece. Despierta a otro sueño dentro del sueño. Crece.

Mi tarea es llegar hasta la máquina y obligarla a reconocerme como maquinista, para luego convertirme yo mismo en el tren.

En el segundo vagón me vuelvo a encontrar con Cas y Lihn. El vagón anterior ha desaparecido. Otra vez estamos en lo último. Un número infinito de carros nos separa de la locomotora. Eso creemos.

Este tren puede tener un solo vagón, este en el que estamos. En lugar de avanzar padeceríamos sus metamorfosis. Este vagón puede ser la misma locomotora y nosotros tres los maquinistas. O no ser tres sino uno, yo que me he multiplicado y he perdido la memoria. De haber perdido la memoria, estoy bien seguro.

Otra vez en el último vagón. Estar al final de esto que quizá avanza y ver retroceder a la ciudad. Ser abandonado por desiertos que en lugar de tierra son una extensa piel de jirafa. De vez en cuando parece retroceder una herida en forma de pozo de donde sale un viento podrido; en esos hoyos, niños paralíticos con las piernas mordidas por aparatos ortopédicos, de bruces, hunden sus lenguas negras.

Fragmentos de ancianos, medio torso, la espalda, una cabeza, un par de brazos, terminan de ser devorados por unas bolas arrugadas que soplan levantando nubes de hueso en polvo. Mujeres adiposas, desnudas, con los pelos de la pelvis saliendo como colas de diez metros por entre sus piernas ofrecen sus lúbricos servicios. Enanos metidos en rocas pequeñas, cavadas para servir de refugio, han perdido la mandíbula inferior. De pie, sobre un tumor paquidérmico, un ciego vacía una bacinica y caen lentamente dos ojos.

No hay tren, no hay maquinista, tampoco hay tiempo. Hay un vagón. Carro muy móvil y muy preciso. Haciéndose y cam-

biando a cada décima de milésima de millonésima de segundo.
Y nosotros tres naciendo y muriendo a cada décima de milésima
de millonésima de segundo. Distintos cada vez. No pudiendo
asegurar que algo permanece a través de este túnel vertiginoso de
vida y muerte. Digo: Yo. Y millones de millares de generaciones
de Yoes han estado diciendo Yo.

Nuestra meta es detener las metamorfosis de este tren. No
somos tres ni somos uno. Este puede ser el primero y no el último de los vagones. Me sería imposible negar que no somos
simplemente un reflejo de otro tren. En esta oscuridad podemos
ser unas paredes que encierran dos largas filas de asientos.

Avanzamos. No hay ventanas. Tampoco hay puertas. En las
sillas hay féretros de cristal llenos de agua: transparentes acua-
rios en donde flotan muertos haciéndonos señas de un obsceno
anémico. A través del vidrio muestran fotos amarillas o tocan un
violín forrado de terciopelo.

Una Forma pasa vestida de tul arrastrando a un niño hidoce-
fálico. En los féretros hay peces de largas cabelleras anidados en
sombreros, ancianos tocando una ocarina de donde sale sangre,
platos sucios, basuras, trozos de cuadros, sillas de inválidos, pe-
didos de socorro, exvotos con imágenes lúbricas y relojes girando alrededor de sus inmóviles manecillas.

En un sillón, dentro de la caja de un violín, un niño abandonado de largos incisivos y cuerpo cubierto de pelaje gris recita una
plegaria: «Padre mío: en esta vieja caja están aún tus calcetines,
aquellos que cubrían tus zapatos para que no hicieran ruido las
suelas cuando tratabas de aplastarme la cabeza. Tanto te debo:
quemaduras, muelas arrancadas y la garra de metal que introdu-
cías por mis ojos para destrozarme la memoria».

Otro niño en una caja con pasteles a medio roer, zapatos de
charol rojo y telas corroídas ya en el momento en que las tejían
declama: «Madre mía: yo protesto por tus senos cerrados con
un timbre de cera, la leche en polvo que no pude mamar y tu
cuerpo gigantesco donde yo me perdía, famélico saltando entre
montañas resbalosas, hacia arriba, quizá hacia tu pelo, cayendo en hondonadas de materna carne, agarrándome a tus vellos
cual de arbustos insidiosos, años trepando mientras me crecía el

bigote, para llegar arriba, hasta tu boca, convertido en un anciano sudoroso y ser mordido, triturado trozo a trozo por tus dientes, grandes y agudos como catedrales góticas».

Avanzamos. No hay ventanas ni puertas. Esto es un túnel. De pie, los ataúdes de cristal con sus aguas y sus muertos flotando, viendo a medias, hablando veladamente, creciéndoles el pelo, conservando algunos tics.

Una caja se quiebra; sobre el suelo salta el muerto como si se ahogara, abre, cierra el hocico, muere a su muerte, se levanta vivo, con la carne agusanada, repentinamente siente la mordedura de los vermes en todo el cuerpo, le duele, grita, le están royendo el cerebro, abre un ataúd vacío, se encierra, orina, llena con agua amarilla la caja de vidrio y se ahoga nuevamente.

He perdido a mis amigos. Avanzo entre las momias. De pronto la mujer calva aparece frente a mí, con ojos pero ciega, con piel pero insensible, con su sangre y también con la mía y por eso mismo hinchada y blanda, por eso mismo ardiente, por eso mismo escarlata. Y me veo seco, sin piel, con los músculos al aire. Y sus ojos son como los míos y me doy cuenta de que solo a mí ve, que solo a mí puede oír, que mi mano la estremece, que todos sus sentidos solamente vibran ante mi presencia. Y me recibe y la beso al mismo tiempo que comienzo a tragar mi sangre. A chorros le sale de la boca siguiendo los latidos de su corazón. Trago y su piel se desprende y como una capa suave comienza a rodearme y a pegárseme. Ahora, sin sangre, despellejada, me mira con amor. Yo quiero acariciarla pero salta sobre ella una jauría de Formas vestidas de tul. Delante de mí la descuartizan y la devoran. Quedan sus ojos, con la misma amorosa mirada. Sé que sufren. Los aplasto.

Caminar solitario por un tren. Haber perdido los amigos. No recordar de dónde vine. No saber qué es lo que busco. Como un coronel degradado, pasar revista a las momias lentamente flotando, lentamente dormidas.

No hay maquinista. No hay tren. Hay un túnel con ruedas viajando lleno de muertos que en lugar de roncar, rezan. De tarde en vez estalla una caja de cristal y el cadáver, ahogándose con el aire, manotea buscando refugio en la borra de retratos de personas elegantes con la cara llena de moscas.

Avanzo, hundiéndome en el barro. Siento en los testículos la ausencia de una mujer que no puedo identificar. Cas y Lihn han desaparecido. Probablemente viajen convertidos en ancianos dentro de un ataúd.

Solitario, en el último vagón, ir saliendo de la ciudad para siempre. Atravesar superficies cristalinas, estructuras aéreas, casas sin interior, manos flotantes cual alfombras. Ciudadanos de rodillas ante huevos gigantescos azotan la cabeza contra sus muros lisos queriendo entrar. Fanáticos golpean hasta resquebrajar un trozo de cáscara gritando con alegría religiosa que no dura: torrentes de clara y yema se desbocan por el hoyo y los sumergen. Sobre esta gelatina navega una bacinica con un falo cortado.

Ver como uno se ve verse y comprender que para comprender hay que volverse ciego. Saber definitivamente que el tren es un callejón sin salida. Que no hay que tratar de desviar de su ruta al maquinista sino a uno mismo. Morir una y otra vez, nunca bastante. Ser el cadáver de un cadáver de cadáveres. Olvidar... Irse volando mientras los carros se hunden.

Ilusión, 4

Un ratón corre por el desierto junto a un camello. Le dice: «¡Mira la nube de polvo que vamos levantando!».

Filósofo

Pasó su vida buscando la solución a un problema que no existía.

Incrédulo

Nunca levantó la vista del suelo. Murió afirmando que las estrellas no existían.

Libertad

Encerraron al águila en una jaula. Sacó las alas por entre los barrotes y, así presa, se alejó volando.

El sapo y la estrella

En esa noche sin luna, el sapo creyó que las estrellas eran luciérnagas. Voraz, subió a la roca más alta y estiró su lengua hacia ellas. Rabió mucho por no poderlas devorar. Al ver el lucero del alba se olvidó de todas las otras estrellas. Al cabo de mirarla un buen rato, tan inmóvil como una escultura de piedra, se puso a llorar. «Mi amada, cuán equivocado estaba: yo te quería comer, ahora con toda mi alma quiero que tú me comas».

Invasión

Se reencarnó en una torre que tenía puertas y ventanas cerradas. Abrió sus puertas y entró lo cerca. Abrió sus ventanas y entró lo lejos.

Entrada

Llegó ante la puerta sagrada. La llave que había encontrado no calzó en la cerradura. En lugar de buscar otra llave, se puso a buscar otra puerta.

Fin

Y cuando despertó se dio cuenta de que comenzaba a soñar.

Renacimiento

Surgió de la tumba con una mirada de loco. Se bañó días enteros para olvidar la pestilencia. Toda su carne volvió a la vida menos la lengua. Le colgaba entre los dientes como una sardina fósil, pero en ella brillaba un punto que era madre de todas las letras.

Conciencia

Cuando el polígono dejó de multiplicar sus lados tratando de convertirse en círculo y aceptó ser lo que esencialmente era, un triángulo, conoció la felicidad.

Terapia

Un psicoanalista ciego se coloca en cada cuenca un espejo. Sus pacientes le dicen: «¡Gracias, doctor, por fin usted nos ve!».

Amor

Un hombre corre por el camino dejando caer de su cara innumerables máscaras. Una mujer lo persigue recogiéndolas y pegándolas, una sobre otra, en su propio rostro.

Actor

Solo se le conocía a través de sus apariciones en las telenovelas. Al terminar sus jornadas abandonaba con disimulo los estudios e iba a sumergirse en el cuarto de una pensión donde no lo reconocía nadie. No tenía amigos ni familiares, ni sentimientos, ni ideas ni deseos. Se sentía existir únicamente en su serie de las siete treinta de la tarde... Un día desapareció. La prensa habló de fuga amorosa, de rapto, de crimen. Para llenar el vacío dejado por su ausencia, se organizaron retrospectivas de sus episodios. Mientras tanto, en la Cruz Roja un desconocido agonizaba sin poder morir. Una señora que filmaba a un pariente accidentado, al verlo por la cámara lo reconoció. Al darse cuenta de que era grabado, el actor pudo por fin expirar. Lo hizo con una gracia sublime. La noticia se comunicó a todas las agencias. Se le dedicaron planas enteras en los periódicos y el disco que registró su deceso mereció ser enterrado en el Mausoleo Nacional dentro de un lujoso ataúd. Su cadáver fue arrojado a la fosa común.

Extravío

Un ciego, con su bastón blanco, en medio del desierto, llora sin poder encontrar su camino porque no hay obstáculos.

Regalo

A un cojo, que sufre por tener una pierna más corta que la otra, un sabio le aconseja: «Deja de odiar tu pierna corta. Identifícate con ella. Entonces, cesando de quejarte, sentirás con alegría que tu pierna larga es un regalo».

Justicia humana

Salió del banco custodiando un saco de dinero. Un asaltante le enterró un cuchillo en la espalda. El guardián se extrajo ese cuchillo y con él mató al bandido. Lo condenaron a envejecer en la cárcel por asesinar a un hombre desarmado.

Pesadilla

Se encontró desnudo en una ciudad estéril, condenado a la vida eterna.

Persecución

Lo venían siguiendo sus huellas. Huyó de ellas hasta caer muerto de fatiga.

Arquitecto, 1

Tomó de las ruinas un ladrillo y lo puso sobre otro. Pensó: «Comienzo a construir un edificio». Rasgó con la uña el muro de un edificio nuevo. Pensó: «Comienzo una demolición».

Responsabilidad

De tanto arrastrarla por el suelo, su sombra se le fue gastando. Lo seguía convertida en un harapo que aullaba como perro herido.

Amargura

Por no poder atraparlas con una trampa para ratones, comenzó a odiar a las águilas.

Lo pequeño

Da un paso, en la inmensidad resuena el extremo voraz del infinito.

Derrama una lágrima, todos los océanos se sienten llenos.

Regala una miga de pan, alimenta a la humanidad presente y futura.

Escribe una palabra, las montañas de libros se convierten en poemas.

Amor ideal

Negó la existencia del sol. En pleno día afirmó que la noche era eterna. Incluso a mediodía andaba por las calles alumbrándose con una linterna. Todos se burlaron de él. Se enamoró de una mujer ciega porque ella consideró que él tenía la razón.

Santas cenizas

Durante largos años vivió imitando a su maestro. Consciente de su falta de autenticidad deseó, para ser por fin él mismo, la muerte de su instructor. Cuando esto sucedió, se sintió perdido. Comenzó a imitarse a sí mismo: un conjunto de ideas, sentimientos, deseos y gestos semejantes a los del guía. Viendo que no podía agregar nada nuevo, decidió suicidarse. Dejó una carta pidiendo que sus cenizas fueran mezcladas con las del maestro. Al abrir la urna donde deberían reposar las sagradas cenizas, la encontraron vacía. Colocaron en su lugar los residuos del discípulo, de quien olvidaron hasta el nombre. Durante siglos esas cenizas, por realizar milagros, fueron veneradas como si fueran las del maestro.

Obligando a recibir

Para ir de su templo al río, un santo recorre cada día, con los pies desnudos, un abrupto camino. Su devoto rey, para protegerle las plantas, ordena colocar una mullida alfombra en ese sendero. Al ver que el santo avanza flotando a diez centímetros del suelo, para hacerlo descender y hollar la felpa le obliga a usar gruesas botas de fierro.

Servicio obligatorio

Con una pierna enyesada, caminaba ayudado por dos muletas. Cuando sus huesos se soldaron, las muletas, inconformes, atacaron al hombre hasta quebrarle otra vez su pierna.

Fábula vegetal

Las hermosas camelias, ávidas de ser visitadas por más abejas que las otras flores, crecían succionando la fuerza de sus raíces. Mientras más se intensificaba el color y el largo de los pétalos, más energía y extensión perdían las raíces. De pronto, estando las flores en el apogeo de su esplendor, la planta se derrumbó estrepitosamente.

Fábula urbana

En el cruce principal de una avenida, junto al poste de las luces de tránsito, creció un árbol. Poco a poco sus ramas fueron ocultando el poste. No se podía saber si parpadeaba la luz roja o la verde. Los automovilistas comenzaron a proceder con gran cautela. Cuando suponían que la roja estaba encendida, se detenían largo rato hasta que decidían que la luz verde los invitaba a seguir. Se creó un ritual relacionado con el sol. A tal color del cielo correspondía tal foco. En los días nublados, los conductores no avanzaban discutiendo acerca de si estaban en alto o en siga. Con el correr del tiempo algunos teóricos declararon que así como crecía el árbol también crecía el poste indicador. Al final alguien postuló que las luces no existían, que solo existía el árbol. La teoría fue aceptada por unanimidad. Los chóferes comenzaron a obedecer al vegetal. Un policía, experto en descifrar el movimiento de las ramas bajo la acción del viento, interpretaba los sigas o los altos. Durante una tormenta, el árbol, calcinado por un rayo, se derrumbó. Inmediatamente los automovilistas destruyeron el poste indicador.

Cristifixión

Tomaron una cruz de madera, la llevaron hacia un hombre que estaba de pie, con los brazos abiertos, en la cima de una montaña, y la clavaron en sus manos, en la cabeza y en sus pies. Fue obligado a soportarla hasta que la humedad, el calor y las polillas la desintegraron. Recogieron el sucio aserrín, lo depositaron en una urna de plata y lo adoraron. El hombre que torturó a la cruz fue condenado al olvido.

Soledad

Producto de una violación, su madre nunca lo acarició. Se deshizo de él depositándolo en un internado. Adulto, sin nunca haber tenido amigos, se enamoró de mujeres inaccesibles. Refugiándose en el alcohol, descubrió la poesía. Convertido en Godofredo Reyes, el bardo más aclamado de su época, vivió en una humilde cabaña junto al basural de la ciudad. Agobiado por la soledad, se suicidó comiendo unas sardinas en avanzado estado de putrefacción.

Cinco siglos más tarde fue inventada una máquina para viajar hacia el pasado. Los viajeros podían «aterrizar» en el año que deseaban, permaneciendo invisibles y sin densidad.

Godofredo Reyes creyó vivir solo. Sin embargo, convertido en una atracción turística, estuvo cada minuto de su existencia rodeado de millares de admiradores venidos del futuro. Los momentos más visitados fueron su parto por cesárea, la escritura de su primer poema en un bar sórdido y su lento devorar de sardinas la noche en que se suicidó.

En el tren

El viajero dormido que parece despierto recibe instrucciones de su periódico, fantasma de papel que le dicta cómo debe ser el mundo. Al cabo de un tiempo las palabras impresas cobran vida y cual piojos hambrientos saltan hacia su cerebro. Con una mano se tapa la boca dejando que dentro de ella sus propias palabras agonicen hasta hacerse polvo. Roído en su interior, poco a poco se convierte en papel. Al final, en el tren, viajan solo palabras sin sentido.

Rey del mundo

Un niño soñó que liberaba a un genio encerrado en una botella. El genio, agradecido, le concedió la realización de un deseo. El pequeño pidió ser rey del mundo. Cuando despertó se encontró sentado en un trono. Comenzó a dar órdenes: «Es triste ver los ríos fluir siempre hacia el mar. Cuando se les antoje podrán navegar contra su propia corriente... Una vez por semana las piedras recibirán prestadas las alas de las aves... El pasto no crecerá solo en la tierra sino también en las lenguas. Las bocas dejarán de insultar para derramar hojas verdes...». Después de dar otras mil órdenes, el niño rey, cansado, se bajó de su trono, lo talló con un cuchillo, lo convirtió en caballo de madera y cabalgó en él hasta atravesar la frontera e internarse en el bosque de los sueños.

Verdad

Los Buscadores de la Verdad, dándose cuenta de que era imposible encontrarla, se convirtieron en Buscadores de la Mentira. A medida que la descubrían y la eliminaban, se iban esfumando. Al desaparecer ellos, brilló la Verdad.

El perro

Se anunció la llegada de un santo. Todo el pueblo se congregó en el camino central para recibir a ese ser extraordinario. Llegó un hombre de apariencia ordinaria sirviendo de lazarillo a un perro ciego.

Perro inútil

En una tienda de animales vio a un perro casi calvo, de cuerpo largo, patas cortas y con una cara tan fea que producía escalofríos. Movido por un impulso incomprensible, compró al repugnante can y se lo llevó a casa. El animal cavó agujeros en el jardín, ensució con sus excrementos las alfombras, ladró en la noche impidiéndole dormir. «¿Por qué compré a este inútil monstruo? ¡No encuentro una explicación!». Lo sacó a dar una vuelta. El desobediente perro se lanzó a correr en medio de la calle. Un automóvil lo atropelló. Se bajó una mujer y se arrodilló frente al animal muerto, derramando abundantes lágrimas. El hombre la tomó entre sus brazos. Los inundó un amor fulminante. No tardaron en contraer matrimonio.

Traje perfecto

En una tienda de antigüedades encontró un traje que le sentaba a la perfección: no se arrugaba, no se gastaba, no acumulaba hedores, le desaparecían las manchas. Se lo puso y ya nunca más se lo quitó. Dormía con él, vestido así se bañaba, lo consideraba su hogar. Al cabo de algunos años su cuerpo empequeñeció. Tanto su cabeza como sus manos desaparecieron dentro del traje. Un día, murió sin que nadie se diera cuenta. Acabó por hacerse polvo. El traje, vacío, continuó sus mismas rutinas: andar sin rumbo por las calles, visitar el supermercado, sentarse en la terraza de un café.

Dos pájaros

En invierno, apenas ve brillar el sol, un pájaro pone sus huevos creyendo que comienza la primavera. Basta que baje la temperatura para que estos se hielen, quedando estériles. Otro pájaro solo pone sus huevos cuando la primavera en verdad ha comenzado.

Engaño

El buey hace agotadores esfuerzos para arrastrar un carro colmado de ladrillos. El carro cruje. La gente, sin reparar en el buey, compadece al carro.

Matemáticas

Un angustiado, no pudiendo soportar que dos más dos fueran cuatro, entró en una secta religiosa donde le revelaron que dos más dos eran cinco. El creer esto lo hizo sentirse feliz e iluminado.

Mal violín

Un hombre rico compra un violín y trata de tocarlo. Solo obtiene desagradables chirridos. Decepcionado, lo regala a un pobre. Este saca del instrumento ruidos maravillosos. Furioso, el rico lo trata de tramposo: ha usado un truco electrónico para hacer creer que ese objeto inútil emite música.

Perseverancia, 1

Cayendo de abismo en abismo alcanzó el pleno cielo.

Arquitecto, 2

Fabricó un sólido y complejo andamio por donde se podía trepar hasta la punta del rascacielos pero no entrar en él.

Lo del otro

Dos hombres se enfrentan en una planicie llena de diamantes.

Uno, con avaricia y orgullo, muestra, cual un trofeo, un diamante igual a los que yacen abandonados en el suelo. El otro, envidioso, se lo arrebata gritando: «¡Este es el que yo quiero, solo este!». Luego saca un arma y desintegra al que considera su enemigo. Apenas tiene la piedra preciosa en sus manos, deja de desearla. Con disgusto la tira, sin darse cuenta de que los innumerables diamantes que yacen en la planicie son todos los que a través de su vida ha ido arrebatando a los otros y luego arrojando lejos de sí.

El cacto y el ave

Con modestia sagrada, el cacto acepta que un pájaro se clave en sus espinas: «Si te desangras en mí, no es culpa mía sino del viento. Tú te dejaste impulsar convirtiéndome en destino. Mientras agonizas atravesado por mis púas, yo te bendigo. Me has permitido existir. Convertiré tu esqueleto en una rosa blanca».

Poeta

Un sapo tragó luciérnagas sin importarle que fueran amargas, hasta que a través de su panza surgió una luz sublime.

Autenticidad

Después de devorar a un santo, el león perdió las ganas de cazar. Quiso vivir comiendo solo frutas y legumbres pero no las pudo digerir. Muriendo de hambre, al encontrarse en la selva frente a otro santo lo devoró ronroneando.

Testarudo

Horadó el fondo del abismo para poder continuar su caída.

Mínimo máximo

Un grano de arena en el azul del mediodía oscurece todo el cielo. Una luciérnaga en la noche oscura ilumina todo el cielo.

Sin ver

Los que despreciaron al escarabajo porque empujaba una bola de excrementos, cuando el insecto murió y con el transcurrir del tiempo la bola se hizo cenizas que se llevó el viento, se dieron cuenta de que contenía un diamante de valor inmenso.

Vitalidad

Aunque el viejo lobo no tenía dientes, mordía con pasión los espejismos.

Lastre

Por tener piedad del gusano que la dio a luz, la mariposa nunca más voló.

Avaro

Un pelícano, contento de haber cazado un pez, retardando el momento de tragarlo, lo guardó en su pico. Pleno de orgullo, olvidó que era su alimento. Pasó el tiempo. Un día, frente a otros pelícanos, exclamó: «¡Miren la maravilla que he engendrado!». Al abrir el pico mostró un nauseabundo pez podrido.

Consuelo

Un callejón sin salida se sentía satisfecho porque tenía muchas entradas.

Entre cuchillos

Un cuchillo impecable pulía sin cesar su filo. Otro cuchillo, oxidado, le preguntó: «¿Por qué te esmeras tanto? Quizá nunca serás empleado». El impecable le respondió: «Mi deber es lograr un filo perfecto. Si me emplean, serviré. Si no me utilizan, me habré servido a mí mismo».

El Combate contra la vida cara

A mi madre le decían «Doña Sara». Tenía una pequeña tienda en un barrio obrero, en Santiago de Chile. Se llamaba El Combate (contra los precios altos). Mostraba, como emblema, a dos bulldogs jalando con los colmillos, cada uno para su santo, una pantaleta que se estiraba irrompible y rozagante. Vendía de todo un poco, desde yerba mate hasta calzoncillos de pierna larga, pasando por filtros amatorios y piojicidas. Un día, a doña Sara le dio por leer un extraño libro: *Obras completas* de Carlos Marx. Comenzó a hablar de obreros rompiendo cadenas y luego exclamó: «¡Voy a ayudar a Pancho!». Pancho, el limpiaventanas, era humilde, servicial, pero borracho. Doña Sara le dio ropas: «¡Tome, Pancho: quítese esos harapos y vístase como un ser humano!». El hombre se veía incómodo pero resplandeciente con ese traje de corte inglés, zapatos, calcetines y sombrero. Sin embargo Pancho desapareció. Volvió una semana después, con los harapos de siempre. ¡Había vendido la ropa nueva para comprar alcohol! Doña Sara lloró tres lagrimones y volvió a vestirlo de pies a cabeza. Pancho volvió a desaparecer para regresar ebrio. Doña Sara se acordó de Marx y, una vez más, le dio ropa. Otra vez el dipsómano desapareció para volver, desnudo, hipando:

«Hic, ¿dónde están mis ropas nuevas?, burp». Doña Sara siguió siendo generosa. Pancho volvió más sucio que nunca. «Hic, ¡exijo mi traje y con pañuelito para el bolsillo!». Esta vez mi madre, estirando un dedo hacia la puerta, exclamó: «¡Fuera! ¡Ya no tendrá más ropa, borrachín recalcitrante!». El hombre se puso furioso, sacando una mano de delante y la otra de atrás, sin pudor de mostrar sus desnudeces, y salió a la calle y a pedradas quebró los vidrios de todas las ventanas de El Combate. Vino la policía y se lo llevó.

A la Cadena Rota

Mi madre cambió el nombre de su tienda El Combate, y su emblema de dos bulldogs jalando una pantaleta, por el de A la Cadena Rota, con un obrero de manos el doble más grandes que su cabeza destrozando anillos de hierro. Es que después de leer a Marx, la señora se había sumergido en Engels, Lenin, Bakunin y Trotsky, oyendo canciones de Violeta Parra. Comenzó a hablar con los clientes: «El capital y las conquistas obreras deben»... El barrio era tan pobre y los trabajadores padecían una incultura tan espesa que las palabras de doña Sara les revelaron un mundo. Cierta tarde llegó una comisión de ellos: «¡Madama, la hemos nombrado reina de la séptima célula revolucionaria!». Doña Sara elevó gozosamente sus brazos y cada sábado comenzó a obsequiar a sus diez súbditos treinta botellas de vino, considerando así cumplida su labor social. «¡Como doña Saruca no hay, horray! ¡Hic, hic!». Pero un día dijeron algo más: «¡Doña Sara, el Partido va a desfilar! ¡Las células de todos los barrios tienen estandarte menos la nuestra!». Mi mamá prometió coserlo. Por entusiasta, decidió fabricar el emblema más lujoso usando terciopelo, raso, pedrerías, lentejuelas, hilos de oro y letras en relieve rellenas de algodón. Trabajó sin descanso. «¡Mi lujosa bandera va a sobresalir entre las otras que serán ordinarias y feas!». ¡Y vino el gran desfile! Los grupos de las diferentes secciones obreras de la ciudad se reunieron en una plaza haciendo agitar, al son de orquestas de circo, sus estandartes rojos. Aunque pobres, el viento les confería tan elegantes movimientos que se convertían en olas de un maravilloso mar de sangre. Pero los partidarios de la séptima célula, con doña Sara al frente, gruñían humillados: el símbolo había quedado tan pesado que ni siquiera un huracán podía hacerlo flamear. Tuvieron que arrastrarlo como ala muerta por el empedrado, porque ni con sus veinte brazos hubieran podido cargarlo todo el trayecto. Nunca más volvieron a visitar a su reina los sábados.

El Octavo Chakra

Doña Sara, mi madre, cansada del barrio obrero y habiendo acumulado un peculio agradable, vendió su tienda A la Cadena Rota y, en una zona céntrica, abrió una boutique, El Octavo Chakra. Es que, decepcionada con Marx y Engels, ahora estaba leyendo sobre yoga tibetano... Se puso a coser los vestidos de la nueva moda, copiados de la tradición oriental. Pasaba ocho horas detrás del mostrador y otras ocho en la pieza de costura. Escasamente le quedaba tiempo para comer y dormir. Las ventas eran exiguas y el dinero ganado apenas daba para vivir. Con gran tristeza se planteó el problema de tener que vender su linda boutique. Como se había hecho amiga de un mendigo que justificaba su pereza diciendo ser inventor de pajaritas de papel y que, tendido confortablemente en la acera, pasaba sus días fabricando esplendorosas rosas con papel de baño, doña Sara decidió consultar con él si vendía o no el local. El pordiosero le contestó: «¡Antes de desprenderte de algo que amas, analiza bien de dónde proviene el mal! ¿El barrio en que estás es desagradable?». «¡No —contestó ella—, por el contrario, es el más hermoso que he conocido!». «¿Los vecinos te molestan?». «¡Se portan muy bien conmigo!». «¿El local te ahoga?». «¡Oh, es grande, claro, perfecto para mis necesidades de espacio!». «¡Entonces, buena mujer, tu problema solo se reduce a que hay algo que te come el tiempo y no te da mucho dinero de ganancia!». «¡Así es!». El mendigo llegó a esta conclusión: «¡Tu enemigo es la venta de vestidos! ¡Tu magnífico local no te ha hecho nada: no te desprendas de él; consérvalo! ¡Lo que debes hacer es cambiar el género del negocio: deja de perder tus noches cosiendo trajes y comienza a vender algo que te consuma menos tiempo y te deje más ganancias!». Y es así como doña Sara no se cambió del lugar que amaba, sino que lo transformó y empezó, con gran éxito, a vender en él frutas y hierbas.

La pieza de costura

Aparte de trabajar detrás del mostrador de El Combate, doña Sara pasaba la mayor parte de su tiempo en la pieza de costura. Era un cuarto pequeño, con una ventana en el techo por donde se veía solo una estrella a la que ella había bautizado como «Esperancita de Dios». Yo me sentaba en el suelo a escucharla hablar mientras pedaleaba incansablemente cosiendo camisas de manta y calzoncillos de piernas largas para obreros. A pesar de lo exiguo del espacio, mi madre había logrado convertirlo en Universo. Allí cada acción cobraba un significado y cada objeto se convertía en símbolo. Si tenía que parchear ropa usada —compravendía vestimentas viejas—, buscaba sacar un pedazo del doblez de otra prenda que tuviera el mismo tiempo de uso: «Mira —me decía—, si pusiera un parche de tela nueva en una superficie vieja, en lugar de remedio estaría pegando un cáncer. La tela joven, menos adaptable, más fuerte, acabaría rajando en mil vetas el sitio donde yo la hubiera colocado. Cuando crezcas y quieras cambiar el mundo, nunca propongas soluciones drásticas que, en lugar de ayudar, terminarán provocando el caos. Quiero que midas y sepas conocer el nivel de resistencia de tus ayudados. No los lleves más lejos de lo que puedan soportar»... Si por casualidad caía una mancha en un traje, lo único que hacía era, con un rincón de la misma ropa, frotar fuertemente allí: «¡Mira cómo desaparece la mancha: la tela se limpia a sí misma! Cuando tengas problemas espirituales, no busques ayudas externas que no harán más que confundirte. Cura tu ser con otra parte de tu mismo ser. Tú eres tu propio médico: no encontrarás otro mejor». Cuando se le enredaba el hilo, soplaba sobre el nudo y lo deshacía: «Soplando tranquilizo al hilo, y el laberinto pierde fuerzas y solito se desenreda. Nunca fuerces sobre los problemas. Guarda la calma y haz lo que puedas. Ellos mismos se solucionarán». Para enhebrar, sostenía firme el hilo sin moverlo, y con el ojo de la aguja atrapaba la punta: «Si tú no puedes encontrar algo, haz que ese algo te encuentre. Si quieres la luz, ponte donde no haya barreras entre el sol y tú. Limpia tu alma para que el fenómeno se manifieste en ti y, por vacío, lo obtendrás».

Doña Sara y el político prófugo

Cuando vivíamos en el barrio obrero y mi mamá se había enamorado de la foto de Carlos Marx, porque era igual a su tío, llegó un grupo de militantes de la séptima célula revolucionaria a pedirle que albergara en nuestra casa-tienda a un «importante político» que andaba prófugo, con la condición de no hacerle preguntas. A las tres de la mañana, en una carreta tirada por un burro, disfrazado de campesino, llegó un señor con anteojos de miope y gran barriga. Penetró como una sombra en la casa. El carretero le pasó un saco lleno de ropa y libros, y se fue. Nadie habló. El señor se quedó parado bajo el foco decorado de excrementos de moscas de la pieza de costura. Doña Sara le indicó nuestro dormitorio, el único del hogar. Ella y yo nos mudamos junto a la máquina de coser donde dormiríamos en un colchón, sobre el suelo. El misterioso personaje nunca habló, nunca levantó la vista de sus libros forrados (¿qué leería?), nunca hizo su cama, nunca barrió, nunca lavó un plato, nunca agradeció con un gesto y comió muchísimo. Los únicos ruidos que emitió fueron veinte toses en la mañana y el estallido nocturno de sus gases, cronométricos, que me indicaban que era hora de dormir. Una vez por semana venía el carretero, le pasaba un paquete y, sin pronunciar palabra, se iba. Doña Sara, pacientemente, lavaba sus calzoncillos, calcetines, pañuelos y camisas, le hacía de comer y aceptaba sonriente las incomodidades que el fantasma le causaba. Una madrugada, el carretero le dijo algo al oído y el hombre se fue con él, sin despedirse de nosotros. ¡Habían pasado seis meses! Lloré de rabia. Mi madre me dijo: «¿Qué sabes tú, niño, lo que le sucede a ese ser? Si se comportó así es que no quería dejar huellas». «¡Pudo haber sido más educado, mamá!». «¡Todos los días hago las mismas cosas por ti y nunca me las agradeces! ¡Has de saber que lo recibí porque eras tú! Un día, cuando crezcas y luches por la libertad, alguien te perseguirá y necesitarás un refugio. Otra madre, entonces, me pagará este favor albergándote a ti, sin preguntar ni pedirte algo. De eso estoy segura porque sé que no soy única en el mundo y que si yo soy capaz de un acto generoso, otro ser humano habrá que haga lo mismo por mi hijo!».

El caballero apestoso

Le fue tan bien a mi mamá con la frutería que comenzó a importar productos exóticos de Bolivia, Perú y la selva del Amazonas. Había una especie de piña que, si no fuera por una campana de vidrio que la aislaba, hubiera llenado el local con su insoportable olor a podrido. No me explicaba cómo podían comprarla. A propósito de ese hedor, recuerdo a un caballero de profundos ojos verdes, piel oscura, muy bien vestido, que comenzó a visitar a Doña Sara. Se sentaban en la trastienda durante la hora de descanso y hablaban quién sabe de qué, porque nunca pude acercarme a él: tenía este señor una enfermedad que lo hacía exudar un olor fétido. Todo lo que tocaba quedaba impregnado. Un día olvidó su lápiz. No me di cuenta y lo cogí para terminar mi tarea. ¡Casi vomito! ¡El repelente aroma me quedó pegado entre el pulgar y el índice un par de horas! Sin embargo mi mamá le dedicaba mucho tiempo recibiéndolo amable y sonriente. Un día, hastiado, le grité: «¡Tienes que expulsarlo de aquí!». Nunca había visto a mi madre tan enojada: se puso roja, me zarandeó un minuto y luego, tomando un cuchillo (me helé), partió en dos el fruto maloliente (¡uf, que alivio!) y me ofreció: «¡Come un pedazo de esta pina silvestre!». «¡No puedo, huele a caca!». Me apretó la nariz sellando las fosas nasales. Abrí la boca para respirar y entonces me introdujo la porción... ¡qué maravilla! ¡Nunca había probado un fruto más dulce, fino, sabroso! Me dieron ganas de comer una docena. «¿Ves? El olfato no es rey. Recibo a ese caballero porque escribe poemas, los más hermosos que he leído en mi vida. Es un alma de selección, un puro, casi santo. No sabes lo que mi ser se reconforta con su arte. Gracias a él he comprendido cuán importante es la belleza. ¿Recuerdas el Evangelio apócrifo, cuando Cristo y sus apóstoles pasan junto a un perro podrido? Mientras los demás se tapan las narices y huyen con asco, Jesús se acerca, mira el cadáver y dice: "¡Tiene hermosos dientes!". En este mundo todos estamos llenos de enfermedades porque la sociedad misma está enferma. Si solo viéramos los defectos, nunca hablaríamos con alguien. Hay que buscar las cualidades de cada ser y olvidar sus taras. ¡Eso es vivir con cortesía!».

El ladrón de plátanos

La Manzana de la Concordia, la frutería de mi mamá, con tantos clientes tuvo que ser ampliada. Para lo cual se sacrificó la trastienda. Como ya no tenía un sitio privado, Doña Sara se sentaba en la puerta, gozando de una mancha de sol y, a manera de almuerzo, bebía yerba mate y comía frutas que no podía vender por demasiado maduras. Una mañana peló un plátano y estaba a punto de morderlo cuando un niño vago, que parecía salvaje, a toda carrera pasó junto a ella y le arrebató, empuñándola, la fruta suave. Ella lo vio huir, miró su reloj y sonrió. Al día siguiente, a la misma hora, Doña Sara, con la mano ligeramente extendida, presentó otro plátano. El niño de nuevo llegó corriendo y se lo arrebató. Desde ese entonces mi madre expuso el alimento para que la fierecilla se lo robara. Le dije: «¿Por qué lo haces? ¡Ese mendigo nunca te lo va a agradecer!».

Muy calmada, me contestó: «Te equivocas en una cosa: no es un mendigo. Si lo fuera, estaría por ahí con la mano estirada gimiendo plañideramente. Tiene su dignidad: la sociedad lo ha maltratado y para él el robo es una especie de justicia. Nos odia a todos. Darle una limosna sería ofenderlo una vez más. Yo no me preocupo por recibir agradecimientos: quiero estar bien conmigo misma y practicar mis creencias, sin afectarme por loas o insultos. Lo único que importa es que ese niño tiene hambre y de alguna manera hay que encontrar la forma de ayudarlo, sin que él lo tome como ayuda». «¡Mira, mamá, creo que tú te imaginas todo esto; ese salvaje nunca ha conocido la dignidad!». Esta vez Doña Sara se puso roja, pero contuvo la cólera. «¡Bien, tienes que aprender, aunque después te duela, porque vas a sentirte muy culpable»... Antes del mediodía, mi madre enrolló, muy delgado, un billete de diez pesos y lo introdujo a lo largo por el eje del plátano, tan bien que no se notaba. Se sentó al sol, bebió la infusión amarga con su bombilla de plata e hizo ademán de comer el fruto. Otra vez apareció el harapiento y se lo arrebató. Pasó una hora. ¡De pronto, cayó en medio del local una piedra haciendo gran ruido! Dimos un salto. El guijarro traía amarrado el billete. Nunca más volvimos a ver al niño.

La intoxicación

Encontré en la playa un gran cangrejo varado. Como tenía hambre me lo comí crudo. Una hora más tarde tuve dolor de estómago y llegué a la casa con el cuerpo hinchado y una fiebre de cuarenta grados. Doña Sara llamó al médico y este dijo que la intoxicación era grave y que tenían que llevarme al hospital. Tocopilla en esos tiempos contaba con diez mil habitantes, un solo doctor y ningún hospital. Los enfermos importantes debían internarse en una clínica de Antofagasta, puerto que quedaba a cien kilómetros de distancia. Partimos en un taxi colectivo. Yo iba desnudo, envuelto en una sábana mojada, sentado en las rodillas de mi madre. Cuando mi alta temperatura secaba el trapo blanco ella vaciaba sobre él una botella de agua mineral. Aparte del chófer iban siete pasajeros más, mirando los cerros áridos o el océano plano, quietos, mudos, sordos. Yo, amenazado por una gran perra negra que deseaba aprisionarme la cabeza entre sus mandíbulas, hubiera querido que esas estatuas de piedra se animaran ahuyentando a la bestia mala para después acariciarme y cantarme canciones de cuna que me hicieran dormir. Pero no, a pesar de mis alaridos continuaban con las narices pegadas al vidrio de su ventanilla. Doña Sara plegó un periódico, fabricó un abanico y lo agitó dulcemente frente a mi cara. «Cálmate, Alejandrito, pronto llegaremos». «¡Mamá, no sé dónde estoy!». «Yo tampoco sé dónde estoy, pero sé que estoy aquí, junto a ti». Su respuesta me calmó unos minutos. La perra negra me amenazó otra vez. «¡Mamá, no sé adónde voy!». «Yo tampoco sé adónde voy, pero sé con quién voy: voy contigo. ¿Tú vas conmigo?». «Sí, mamá». «Entonces, mi niño, vamos mejor que nuestros vecinos. Ellos, por querer estar más lejos, ni siquiera saben que están aquí. Y el chófer, que sabe adónde va, no sabe con quién va». Me reí, respiré mejor, tuve un poco menos de calor. Miré por la ventanilla. ¡Más grande y más feroz, la perra negra corría junto al taxi dando dentelladas a las ruedas! «Nos quiere hacer volcar, mamá. Nunca podremos vencerla». «Es cierto, no podemos vencerla ni evitar sus ataques, pero sabemos cómo resistirlos. Si te escapas, te persigue. Si te das, desaparece porque es tu rechazo el que la crea. Entrégale tu cuerpo, entrégale tu fiebre, entrégale tu miedo». Confiando en Doña Sara, dejé venir al animal y lo vi comerme... Ahora la perra estaba hinchada, la perra tenía fiebre, la perra lanzaba un continuo sollozo. Yo comencé a sentirme bien... Cuando llegamos al hospital no me admitieron porque ya no estaba enfermo.

Revelación

... Y un día se dio cuenta que la felicidad era la que había dado.

Inconforme

—Maestro, ha caído nieve, los tejados están blancos, ¿cuándo dejarán de estarlo?

—¡Cuando los tejados están blancos, están blancos; cuando no están blancos, no están blancos!

El yo

Un espejo, frente a otro, trata de establecer su diferencia. Desesperado, se quiebra.

Reemplazante

Dios, después de crear cielo y tierra, el día y la noche, plantas y animales, al primer hombre y por último a Eva, agotado por el esfuerzo se murió. La serpiente, con ejemplar responsabilidad, ocupó el puesto vacante.

Placer divino

Abraham, afilando el cuchillo, murmuraba: «Sabes que te obedezco, que proclamo tu unicidad, que mi fe no tiene límites... Entonces, ¿para qué necesitas que corte un pedazo de mi sexo? Esa herida circular no agregará nada a nuestra unión... Alguna razón secreta tendrás para pedirme que me circuncide a los noventa y nueve años de edad... ¡Ah, ya comprendo! Quieres que te grabe en el pene para conocer la mayor alegría humana. A través de los hombres judíos tú serás el amante de sus mujeres. Te aportaremos el orgasmo». Estiró su prepucio y con un tajo seguro, pensando con compasión en el aburrimiento divino, lo cortó. Muy pronto Sara sentiría en sus entrañas la presencia de Jehová. Nunca más serían dos.

Comedia ejemplar

Cuando le dijo: «Toma ahora a tu hijo, Isaac, a quien amas, y ofrécelo en holocausto sobre uno de los montes que yo te diré», Abraham se dio cuenta de inmediato de que Dios, en el último segundo, salvaría al muchacho. Jehová no se contradice: le había prometido una inmensa descendencia. ¿Cómo entonces iba a dejar perecer a su hijo único? Se trataba de una comedia que serviría de ejemplo para las naciones futuras... Isaac, que no era tonto, comprendió también el juego y guiñó un ojo hacia su padre, imitando conformarse... Cuando llegaron al lugar indicado, Abraham preparó el altar, ató a Isaac, lo acostó sobre la leña, levantó el cuchillo y, como se lo esperaban, Jehová hizo aparecer un carnero para que fuera sacrificado en lugar del hijo... Mientras descendían hacia el valle, Abraham pensaba: «Y si Él, en verdad, me hubiera exigido el sacrificio, ¿habría yo accedido? ¡Jamás! ¡Si me pidiera tal monstruosidad no podría aceptarlo como Dios!». Isaac también pensaba: «Y si mi padre hubiese querido quitarme la vida, ¿me hubiera yo dejado? ¡De ninguna manera! ¡Un hombre así, sin entrañas, no merecería que yo lo llamara padre!». Sara, viéndolos llegar, se dijo: «¿Y si mi marido hubiera vuelto solo? ¡Los habría borrado a todos de mi memoria, Abraham, Isaac y Jehová, por imbéciles!».

Perseverancia, 2

Desde niño empezó a recopilar sus excrementos. Los empujaba delante de él comprimidos en una bola. Fue a la escuela, a la universidad, desempeñó cargos políticos, se destacó socialmente. Su vida, tranquila, duró noventa años. Nunca cesó de empujar la bola. Los que al comienzo lo criticaron, con el correr de los años lo fueron admirando, como todo el mundo. Cuando murió, las autoridades colocaron la enorme esfera sobre un pedestal de mármol en el patio del Congreso. Ahora los guías muestran con orgullo ese tesoro nacional. Algunos turistas cazan una mosca y se la llevan prendida al pecho como una medalla. El pueblo admira la fuerza de voluntad de aquel prócer que nunca desperdició un gramo de excedente.

Desafío

—Maestro, cada vez que voy a la playa encuentro en la arena un reloj. ¿Usted ha encontrado muchos relojes?

—¡No he encontrado ninguno, pero he perdido muchos!

Solo en la noche

¡Plic! ¡Plic! ¡Plic! El espejo que se deshacía goteando no lo dejaba dormir. Estaba solo en la casa. Sus padres se habían ido al cine. ¡Plic! ¡Plic! ¡Plic! Esas lágrimas viscosas rodaban por el suelo y venían a pegarse en las patas de su cama. Cada una de ellas reflejaba el rostro de un niño aterrado. ¡Plic! ¡Plic! ¡Plic! Los tenedores, los cuchillos, las cucharas, las ollas de aluminio, todos los objetos plateados comenzaron a gotear. Miles de caras torcidas que sumándose a las otras llegaban a lamer sus sábanas. ¡Plic! ¡Plic! ¡Plic! La pieza se estremeció. Sin verla, supo que la luna se disolvía. Sus gotas, una tras otra, estaban cayendo, como elefantes blandos, sobre el techo. ¡Bruum! ¡Bruum! ¡Bruum! El alma, poco a poco, se le fue escurriendo... Cuando llegaron los padres encontraron en la pequeña cama un cuerpo vacío.

Perfección

Una araña decidió perfeccionar sus telas. Las hizo tan resistentes que logró atrapar escarabajos, caracoles y lagartijas. Se dijo: «¡Agrandaré mis redes para cazar también águilas!». Las rapaces veían brillar esas telarañas y, creyendo que eran una presa, se lanzaban contra ellas y las rompían. Queriendo cazar un ave por cualquier medio, olvidó el perfeccionamiento de sus telas, se puso de lomo sobre una roca y movió las patas para llamar la atención. Un águila descendió en picado. Mientras era devorada, la tejedora gritaba: «¡He cazado una! ¡Estoy penetrando en su sangre y en su carne! ¡Me convierto en águila!».

Niños eternos

Juego final: se trata de cerrar puertas y ventanas y quedarse jugando para siempre. El que se va, pierde.

La vía

Al final el peregrino comprendió que él era solo el camino por donde otro iba a llegar.

Accidente temporal

El canto del búho lo despertó sobresaltado. Miró hacia el calendario, esperando que fuera otro día, otro mes, otro año. Hoy tendría que cortarle la cabeza a su padre. Así lo estipulaba el protocolo. Al cumplir veinte años, el hijo del verdugo debía reemplazarlo. La muchedumbre esperaba ansiosa. «Padre, no estoy preparado. Nunca alcanzaré tu perfección». «Ten fe, hijo mío, el Tiempo es un maestro perfecto».

El joven, reteniendo sus lágrimas, alzó el hacha. Sintiendo que el corazón se le desgarraba, dio el golpe. La cabeza cayó en el canasto... La cabeza se elevó del canasto. Se pegó al cuerpo. Desapareció la herida. El joven, reteniendo sus lágrimas, alzó el hacha. Sintiendo que el corazón se le desgarraba, dio el golpe. Al cabo de cortar un millón de veces la misma cabeza, el Tiempo recuperó su transcurso normal. El nuevo verdugo ya estaba preparado.

Piedra arrepentida

Unos niños comenzaron a lanzar piedras para ver quién llegaba más alto. Una de ellas cayó entre las manos del campeón y se deshizo en promesas: «¡Juro que nunca te olvidaré; premiaré tu confianza cuando llegue a la cima!». Apenas sobrepasó a los otros proyectiles, borró de su memoria al lanzador. «¡No le debo nada a nadie: soy hija de mi propia fuerza!». Sin embargo, en medio del triunfo, notó que no iba subiendo como antes. Trató de darse impulso, pero no pudo evitar detenerse. En ese segundo pensó: «Debo reconocerlo, ya no puedo ir más alto. Pero estoy arriba de todos. ¡Aquí permaneceré para siempre!». La gravedad, implacable, la hizo caer. Fue a estrellarse contra el polvo. Los niños buscaron otras piedras. «¡Por favor, no me abandonen! ¡Vuélvanme a lanzar, mi agradecimiento será eterno!». ¿Quién iba a oírla? ¿Quién iba a darle importancia? Un guijarro, menos ambicioso, que cayó junto a ella, le dijo burlón: «Si eras tan fuerte, ¿por qué ahora no saltas tú sola hacia el cielo?».

El ligón

Había logrado obtener una cita con la ganadora del concurso de poesía. Salió a desayunar en el café de la esquina. Una mendiga embarazada lo empujó con su panza, estirando la mano. La borró de su mente para imaginar el sexo de la poetisa: estrecho y de labios rosados. Tomó el autobús y durante el trayecto intentó escribir un poema de amor, pero los alaridos de un trío de ciegos se lo impidió. En la Plaza de los Héroes, militares mutilados presentaban la gorra solicitando dinero. Allí estaba ella vestida de verde pálido. Un desfile de cesantes invadió la calle. La arrastró hacia el hotel. Su sexo era ancho y de labios negros. Pudo penetrarla. Gimieron quince minutos sin prestar atención al tableteo de las ametralladoras. Cayeron dormidos. Al despertar, ella sacó un libro de la cartera y estampó su firma. Él se lo pagó al precio de venta en librería. Se despidieron con un beso breve. Caminó por la avenida central perseguido por un hombre tronco al que confundió con un perro. Pasaron camiones llenos de cadáveres. Llegó al café, abrió un periódico y examinó con hambre las piernas de una campeona de salto largo, mientras ejércitos de enmascarados comenzaban a incendiar la ciudad.

En serie

Jehová, mientras Adán dormía, de lo más profundo de sus sueños le extrajo el alma y formó con ella una mujer. Adán, al despertar, conoció la felicidad del amor... que duró un solo día, porque en la noche ella quiso regresar a su cuna, los sueños del hombre.

En la mañana, al abrir los ojos y no encontrarla, Adán conoció el sufrimiento del amor. Sin cesar pensó en ella y rogó a Dios que se la devolviera. Una vez más cayó en un sueño profundo. Amaneció Eva a su costado. Volvió la felicidad... que duró un solo día.

Desde entonces Jehová se vio obligado, para evitar la desgracia del hombre, a recrearle cada noche una mujer.

Memoria

Las civilizaciones se han esfumado, mas las ratas corren por el desierto dejando huellas que reproducen un antiguo laberinto.

Jaula

Aunque sus barrotes eran de oro, sentía que sin pájaro no valía nada.

Arqueólogo, 2

Para extraer el Fénix enterrado, abrió una fosa en forma de estrella.

Poeta ciego

Con los ojos sumergidos en lo negro finjo que insulto a las estrellas, pero ningún perro parece creerme, me devoran alegres como si mi cuerpo fuera un hueso dulce.

Llegar a ser

—Maestro, ¿qué debo hacer para llegar a ser lo que soy?
—¡Aprende a morir!

El tesoro de la sombra

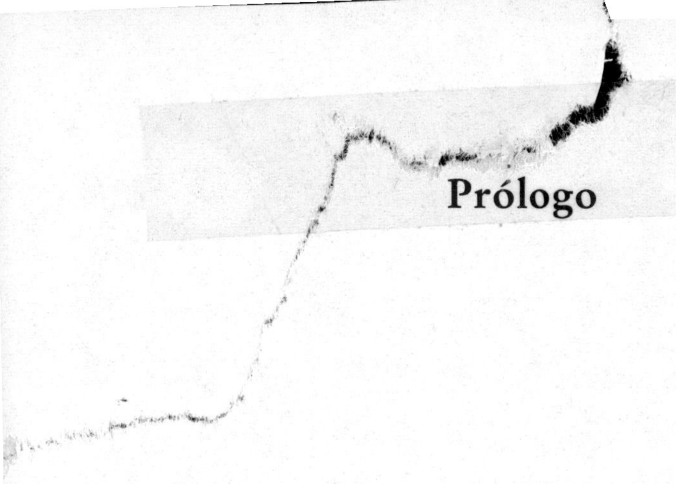

Prólogo

Un mercader, antes de morir, hace esculpir su cuerpo en bronce y deja dicho en su testamento: «Encontrarán un tesoro enterrado donde cae la sombra de mi estatua». Durante todo el año y a todas horas sus hijos cavan la tierra. Pero la sombra indica siempre puntos distintos a medida que el sol recorre el cielo. La búsqueda es infructuosa hasta que un día, exactamente a las doce, un servidor astuto abre a martillazos el pedestal y encuentra el tesoro... Inspirados por esta historia hemos tratado de expresarnos con la mayor brevedad.

El conocimiento

Estaba en un desierto. Miró a la derecha y un árbol surgió a su izquierda. Giró la cabeza hacia la izquierda; el árbol desapareció para crecer a su derecha. Ojeó hacia atrás, el árbol apareció delante. Atisbó hacia delante, el árbol brotó atrás. Cerró los ojos para ver si lo llevaba dentro. Se convirtió en ese árbol.

La visión del elegido

«Y apareció Jehová a Abram...». Abram vio a Dios. Es decir no vio nada más de lo que veía de ordinario. Solo que se dio cuenta de que eso que veía —paisaje, animales y gente— era en realidad Dios.

El vidente

Todos los días, a las doce, cae del cielo una piedra y le pega en la cabeza. Ha terminado por creer que él mismo produce el fenómeno porque, faltando sesenta segundos para mediodía, dice: «Ordeno que en un minuto más caiga una piedra del cielo y me parta la cabeza».

Teoría equivocada

Un filósofo que no podía caminar porque pisaba su barba, se cortó los pies.

Ideal loco

Un arquero quiso cazar a la luna. Noche tras noche, sin descansar, lanzó sus flechas hacia el astro. Los vecinos comenzaron a burlarse de él. Inmutable, siguió lanzando sus flechas. Nunca cazó a la luna, pero se convirtió en el mejor arquero del mundo.

Método piramidal

Empaquetó excrementos, buscó incautos y los convenció de comprar ese producto para que lo vendieran dando a sus futuros clientes las mismas razones con que él los había persuadido. Este sistema creó innumerables revendedores hasta que la insalubridad del producto provocó una peste que los exterminó a todos.

Inteligencia

Lo condenaron a la horca. Pidió que le regalaran un par de botas de plomo.

Deseo concedido

Dijo: «Dios, haz que nada tenga que no sea mío...». ¡Y se esfumó!

Velorio

La caja de un muerto se quejaba amargamente: «¡No es fácil

ser ataúd: quien nos hace no nos quiere, quien nos compra no nos usa y quien nos usa nunca nos ve!».

Último suspiro

Que la muerte sea mi perra.

La ruptura

... Y después de verla por última vez se dio cuenta de que la había visto por primera vez.

El encuentro

Temprano, en la mañana, vio venir algo a lo lejos. Primero pensó que era un animal feroz; después, que era un hombre, con seguridad un asesino. A medida que el extraño se le fue acercando creyó ver a un paisano, a un amigo, a su hermano, hasta que al final, a mediodía, se dio cuenta de que era su propia sombra.

La libertad

El árbol decidió viajar. Cuando logró desprenderse de la tierra, se dio cuenta de que sus ramas eran raíces celestes.

Sorpresa

Esa noche el ladrón estaba feliz. La casa oscura no tenía guardián. Forzó la puerta, entró en ella y llenó su saco de tesoros. Se fue corriendo sin mirar hacia atrás. Cuando estuvo a salvo, volvió la cabeza... para darse cuenta de que había robado en su propia casa.

El más allá

De pronto, mientras pataleaba, se dio cuenta de que su ataúd era un huevo.

La última odisea

Partieron en busca de la Verdad. Encontraron a quien los estaba soñando.

Arte marcial

Una vez le preguntaron a un guerrero invencible por qué se paseaba por las calles con un aire tan humilde. Mostró una mano extendida y contestó: «Mis dedos son cinco señores. Estos cinco señores se inclinan ante mí». Fue cerrando la mano hasta convertirla en un puño. «Mientras más humildes se hacen, más fuerza me dan».

El arquero

Una y otra vez el cuerpo del arquero es atravesado por flechas. Se da cuenta de su verdadera identidad: él es la presa.

El tesoro

Posee, guardado en una fortaleza sin ventanas, un inmenso tesoro. Muy de tarde en tarde lo va a visitar. Con una pequeña lámpara entra en uno de los numerosos cuartos oscuros llenos de objetos preciosos para iluminar solo un par de ellos. Se va satisfecho murmurando: «Hoy me he enriquecido».

Delirio de persecución

Un insensato no cesaba de quejarse porque lo venían siguiendo sus huellas. En lugar de quedarse quieto, huyó hasta caer muerto de fatiga.

Delirio de grandeza

Un yesero carga un Cristo para llevarlo a una iglesia. Ve que a su paso por la calle los ciudadanos se prosternan. Cree que es un homenaje dedicado a su persona. Se siente divino. Quiebra la escultura y abre los brazos. No comprende por qué lo apedrean.

Adán, poeta

Quiso decir «fuego», le salió una llamarada por la boca. Con terror dijo «abejas», vomitó un enjambre. Ya más cauteloso murmuró «trigo», la lengua se le cubrió de semillas. Estuvo tentado de decir diamantes, perlas, oro, pero aquello se le mezcló con tarántulas, tigres, excremento. Después de horas de mudez, concretando sus ensueños, exclamó «¡Eva!». Le vino un dolor atroz a las mandíbulas, la boca se le fue abriendo de más en más. Mientras una cabeza provista de abundante cabellera comenzaba a surgir partiéndole los dientes, fue perdiendo la respiración y luego la conciencia. El cuerpo de la hermosa mujer, formada con los huesos y la carne de aquel primer hombre, surgió de la piel vacía.

El perezoso

Sabiendo que había nacido para originar una mariposa, mientras sus congéneres se encerraban en laboriosos y oscuros capullos, el gusano se puso a saltar lo más alto que pudo, creyendo así echar alas con más facilidad.

Génesis

De efecto en efecto, Dios logró al fin producir una causa, que de inmediato le arrebató su sitio.

Calidad y cantidad

No se enamoró de ella, sino de su sombra. La iba a visitar al alba, cuando su amada era más larga.

El perfume de los ojos

Las abejas no cesaban de perseguirlo intentando, al parecer, picarle los ojos. El enjambre volaba alrededor de sus párpados que, durante el ataque, él mantenía firmemente cerrados. «¡Estoy enfermo, mis ojos secretan una substancia que las atrae!», se dijo y fue a ver a un viejo oculista. El sabio lo examinó con gran sorpresa. «¡En lugar de globos oculares tienes flores! ¡Son dos rosas blancas!». «¿Entonces, las abejas no quieren enterrarme su aguijón?». «No, muchacho. Solo quieren beber el néctar de tus lágrimas». «¿Hay un remedio para esto?». «¡Cesa de creerte enfermo! ¡Ve a perfumar el mundo con tu mirada!».

Fiesta inesperada

El cadáver decapitado lanzó fuegos artificiales por el orificio de su cuello.

Sueños de grandeza

Demoraron siglos en construir una catedral. Cuando la terminaron creyeron que dentro de ella iban a encontrar a Dios. Lo buscaron infructuosamente para al final darse cuenta de que

Él no estaba en la forma del santuario sino en las piedras de sus muros. Abandonaron la colosal construcción y comenzaron a adorar un guijarro.

Ser y parecer

Aquella sombra trabajó esforzadamente la mayor parte de su vida, privándose de lujos y placeres. Al fin reunió la suma que necesitaba para comprarse un cuerpo de carne y hueso. Con gran orgullo se lo pegó en los pies y lo obligó a hacer todo tipo de actividades inútiles solo para lucir su posesión ante las demás sombras que, cansadas de manejar tantos años sus cuerpos, los movían siguiendo un diagrama de gestos banales y fáciles de ejecutar.

De profundis

La puñalada no lo hirió a él sino a su sombra. Venciendo el deseo de replegarse, ella lo siguió, transida de dolor, por todo el mundo. Pero, habiendo perdido agilidad, entrabó sus pasos. Él, con una cruel sacudida, desprendió a su fiel seguidora, para alejarse secundado por una nueva. La vieja sombra, abandonada en un rincón, se fue encogiendo alrededor de la dolorosa cicatriz, que poco a poco se convirtió en una perla.

Peligros de la enseñanza

El Buda, frente a sus reverentes discípulos, predicaba con los pies apoyados sobre un tigre dormido. De pronto la bestia abrió los ojos. Entonces el Buda, siendo solo el sueño del animal, se disolvió. El goloso tigre devoró a todos los monjes.

El cielo de los otros

En una tarde gris de otoño volaba una mosca azul sintiéndose todo el cielo. ¡Cuánto se burlaron las otras de la vanidosa! Ella, avergonzada, se escondió en la basura. Sin embargo, cuando vino la noche, su pequeño cuerpo se llenó de estrellas.

El verdadero milagro

Un hombre se vistió de Cristo, trepó a un árbol y llamó a gritos a los habitantes de la aldea anunciándoles que era hijo de Dios y que iba a hacer milagros. «Saltaré desde aquí para volar como un águila». Brincó, cayó al suelo y se rompió una costilla. Los aldeanos lo insultaron, tratándolo de impostor. Este, alzándose con trabajo, les dijo: «Si ustedes tuvieran fe en mí, volaría». Le respondieron: «Primero vuela, luego creeremos en ti...». Un loro que pasaba por allí escuchó la discusión. Dijo: «Aunque nadie tiene fe en mí, yo vuelo. Y a pesar de que vuelo, nadie cree en mí...». Pero los aldeanos, preocupados de apedrear al Cristo, no le prestaron atención.

Peregrino interior

Se despidió de sí, llorando... Él mismo fue a recibirse al final del camino.

El engaño

Cuando se dio cuenta de que su mujer vagaba en los sueños de otro, con la llave ganzúa de la costumbre comenzó a penetrar en su cuerpo como un ladrón.

Happy end

Cuando le llega el momento de morir, va a perderse entre la multitud en fiesta para que, sin que nadie se dé cuenta, los pies de las parejas que danzan lo sepulten en el barro.

Ojos que no ven...

Un insensato, viendo a un hombre santo caminar en la noche alumbrando con gran dificultad el camino para no matar a las hormigas que lo atravesaban, le dijo: «¡Oh, virtuoso varón, yo puedo solucionar tu problema: apaga tu vela, marcha en la oscuridad y ya no tendrás remordimientos!».

Crimen pasional

Cuando su amada huyó con otro, una herida profunda se le abrió en el cuerpo, del cuello al ombligo. Resistió el dolor hasta que la lesión cicatrizó. La mujer, arrepentida, regresó a su lado. Él se arrancó la cicatriz y con ella, convertida en espada, le cortó la cabeza.

El investigador

Desde que tiene uso de razón, comiendo y durmiendo apenas, no cesa de papelear en los archivos. Sabe que sus ancestros han perdido un documento que explica el sentido de la vida. Muere sin encontrarlo y sin haber vivido.

Amor loco

Se inmoló en una hoguera para que, sin él, ella por fin pudiera ser.

El virus

Santa Madre de Dios, cúrame a este niño. Anda siempre por el aire, nunca quiere tocar tierra. Flota en la casa como un globo, lo que es molesto para las visitas porque en cualquier momento puede orinarles el sombrero o mancharles la ropa con algo peor. Hace milagros idiotas: multiplica las arañas y las ratas. Además huele a rayos porque es imposible bañarlo: no quiere entrar en el agua e insiste en quedarse de pie sobre su superficie. Ayer volvió a la vida a un pollo asado. Sin plumas ni cabeza, ahora anda por ahí tropezando entre los muebles, perseguido por los gatos. ¡Hazlo normal, Virgen adorada, para que ya no le devuelva la vista a tanto hombre lúbrico! Esos que fueron ciegos pegan sus nuevos ojos saltones a los vidrios de mi ventana, dándose placeres manuales cuando en la noche me quito las enaguas. También, al quejarnos de la sequía, nos hizo llover sobre las salinas. Y lo que es peor, Madre inmaculada, durante la comunión convirtió las hostias en chorizo para que alimentaran a los patipelados. ¡Por favor cúralo, Virgencita buena, límpiamelo del virus de la santidad!

La libertad

El hombre libre tenía junto a su camino mil otros caminos. Aunque podía elegir cualquiera de ellos, no lo hizo. Siguió por donde iba.

Un filósofo

Se pasea en la noche con un reflector de cinco mil vatios tratando de captar el enigma de la sombra.

Suicidio fallido

Cansado de la vida, el inmortal se cortó las venas. A pesar de vaciarse de todo el plasma, no murió. Ahora, dondequiera que vaya, lo sigue su sangre como una sombra roja.

La solución perfecta

La fábrica lanzaba un humo pestilente que impregnaba toda la aldea. Los habitantes, cansados de soportar el hedor, invadieron la carretera nacional enarbolando letreros de protesta. Las autoridades se vieron obligadas a escucharlos, pero trasladar esa industria o clausurarla, como ellos exigían, ocasionaría al Gobierno una pérdida enorme. El ministro de Economía encontró la solución perfecta: mediante una simple operación en la nariz de cada aldeano hizo que se les eliminara el sentido del olfato.

La nota suprema

Una cantante de ópera trató inútilmente de emitir la nota musical más hermosa. Fueron tan grandes sus esfuerzos que el corazón le estalló. Más tarde su cadáver produjo un coro de gusanos que entonaron con toda facilidad la nota buscada.

Problema-solución

—Maestro, ¿cómo cambiar? ¡Me gustaría hacer siempre lo mismo!
—¡Necio, siempre haces lo mismo: no cesas de cambiar!

El regreso

Famélico, encontró unos huesos resecos. Desesperado por el hambre, se lanzó sobre ellos y comenzó a chuparlos. Succionó días y noches sin que nunca la médula se agotara. Ahíto, quiso frotarse el vientre, pero no lo encontró. Se dio cuenta de que él era el espíritu de un muerto y esos huesos su propio esqueleto.

Mala suerte

Caminando por la selva se topa con un león dormido. Poniéndose de rodillas ante él, murmura: «Por favor, no me comas». La bestia sigue roncando. Esta vez grita: «¡Por favor, no me comaaaas!». El animal no se da por enterado. Temblando, le abre las mandíbulas y acerca su cara a los colmillos para volver a gritar el ruego. Inútil. La fiera no despierta. Histérico, comienza a darle patadas en el trasero: «¡No me comas! ¡No me comas! ¡No me comas!». El león despierta, salta sobre él y, furioso, comienza a devorarlo. El hombre se queja: «¡Qué mala suerte tengo!».

Pesadilla

El viejo sabio se despertó lanzando un alarido. Había soñado que la realidad era real.

Psicomagia

Durante veintiocho días llevó en la vagina el retrato de su padre. Lo extrajo en el momento de sus reglas. El cilindro parecía un habano rojo. Lo envió por correo a su madre con un mensaje de tres palabras: «Te lo devuelvo».

Poseído

El hombre que se sentía deshabitado acabó por darse cuenta de que estaba habitado por un hombre que se sentía deshabitado.

La última semilla

El suelo estaba cubierto por una capa de plástico gris que se extendía desde la cima de las montañas hasta el fondo de los mares. Un día, en un baúl olvidado durante siglos, un ciudadano encontró una semilla, la última que quedaba en el planeta. Corrió por las calles lisas para mostrarla como si fuera una lámpara. Las computadoras dieron la alarma. Un robot gigante detectó al exaltado y, en pocos segundos, estuvo junto a él para levantar una bota de varias toneladas y aplastarlo. El cuerpo, hecho papilla, atravesó la capa protectora y se hundió en la tierra. Carros especiales cubrieron el agujero escupiendo plástico gris y el hormiguero volvió a su actividad incesante. Sin embargo, entre los restos del hombre, bajo la superficie fría, germinó la semilla. Pronto la tierra se llenó de raíces. Poderosos vegetales, en una invasión incontrolable, hicieron estallar la cáscara e invadieron las ciudades. Los hombres recuperaron la memoria.

Un cobarde

Para esconderse de su enemigo caminó toda su vida detrás de él.

Cuento de hadas

Una rana que lleva una corona en la cabeza le dice a un señor: «Béseme, por favor». El señor piensa: «Este animal está encantado. Puede convertirse en una hermosa princesa, heredera de un reino. Nos casaremos y seré rico». Besa a la rana. Al instante mismo se encuentra convertido en un sapo viscoso. La rana exclama, feliz: «¡Amor mío, hace tanto tiempo que estabas encantado, pero al fin te pude salvar!».

Inversamente proporcional

Un señor utiliza sus energías en coleccionar objetos. Otro decide eliminar los que tiene. Cuando no le quedan objetos materiales, comienza a eliminar movimientos, ideas, recuerdos, sentimientos, que considera innecesarios. Llega a una inmovilidad completa. El coleccionista lo recoge para colocarlo en un gran armario entre sus otros objetos.

Nadie sabe para quién trabaja

A Abdul le dijeron que en un oasis del desierto iba a caer un rayo que iluminaría a quien estuviera allí. Abdul se sentó a esperar. Pasaron las horas, los días, los meses, los años, hasta que, desesperado, exclamó: «¡Fui un idiota! ¡Era mentira! ¡Aquí jamás caerá un rayo!». Montó en su camello y regresó a la ciudad. Un paria se sentó a comer las sobras que Abdul había dejado y en ese momento cayó el rayo y lo iluminó.

El fugitivo

Cuando se le acercó el enorme tiburón blanco, escapó nadando. «¡Socorro, me quiere devorar!». Desde ese día, cada vez que el pescador se lanzó al mar para buscar sus ostras, el animal lo persiguió. Y así durante años, en todos los sitios, a cualquier hora. El pescador envejeció. Una mañana, mientras buceaba, se le acercó nuevamente el monstruo. El anciano gastó sus últimas fuerzas en la huida. Agonizante, viendo que no podía llegar a la playa, flotó de espaldas en el agua. El tiburón acercó su horrendo hocico, sacó la lengua y le depositó en el pecho un anillo de oro con una gran perla. Antes de irse le dijo: «El rey del mar, porque nunca mataste una bestia marina inútilmente, me envió para que te entregara este objeto mágico. Podrás pedirle todo lo que desees y te lo concederá. Lástima que no hayas querido recibirlo antes».

Unidad de medida

Un bailarín cojo abrió una academia de danza. Allí obligó a sus alumnos a amarrarse una pierna, replegándola hacia la espalda, so pretexto de que el baile bípedo era asqueroso.

Amor filial

«Tú eres mío y si quiero yo te rompo», le decía su madre. Cuando ella murió, él sintió un golpe en el pecho, su cuerpo de muñeco cayó al suelo hecho pedazos y se encontró solo, convertido en un caballero de cincuenta años.

El bufón

—Maestro, lo más bello que hay en el mundo es la diferencia. Por eso creo que Dios se desespera: todo es igual a él.
—Para su felicidad estás tú que no te le pareces en nada.

La jaula

Quiso avanzar, tropezó con una pared invisible. Quiso retroceder, le pasó lo mismo. Palpó arriba, abajo, a los costados: estaba encerrado en una jaula de cristal. Dio golpes sin perder nunca las esperanzas, insistió una y otra vez en el mismo sitio, hasta que sintió un crujido y pudo atravesar la superficie fría con el puño. Se abrió paso y, por fin, salió al exterior. Avanzó feliz, sonriente, libre, pero se dio un frentazo contra una pared invisible. ¡Estaba dentro de una jaula mayor! Pensó, consolándose: «¡Por lo menos es más grande y está creciendo! ¡Crecerá tanto que un día desaparecerá!». Pero la jaula no crecía: el señor iba empequeñeciendo.

Dentrofuera

Iba atravesando el desierto. No sabía si el cuerpo que lo llevaba era suyo. No necesitaba darle órdenes: avanzaba en línea recta, dando pasos regulares, siempre con el mismo ritmo. La extensión de arena llegaba hasta el horizonte. Sentía la garganta reseca y la lengua hinchada, pero ese dolor no era suyo. Se había despertado bruscamente dentro de un organismo ajeno que marchaba desnudo por el desierto. Quizá durmiéndose otra vez lograría escapar. Trató. Imposible. Quiso que los pasos cesaran. Tampoco pudo. Luchó por concentrarse en un solo átomo para tocar cada vez menos aquella prisión de carne. Así lo hizo. Al cabo de recorrer innumerables kilómetros, el cuerpo estornudó. Salió disparado por la nariz. Millares de millones de metros cúbicos de arena lo tragaron. Ahora, su cárcel era ese desierto infinito, plano, sin plantas ni animales, con un solo cuerpo humano recorriéndolo en línea recta.

Conservador

Insistía en empaquetar un elefante vivo, pero el paquidermo rompía siempre el papel. Cuando le sugerían matar al animal, objetaba que así se pudriría y él deseaba guardar el paquete toda su vida.

Ausencia

—Maestro, ¿dónde está Dios?
—Aquí mismo.
—¿Dónde está el paraíso?
—Aquí mismo.
—¿Y el infierno?
—Aquí mismo. Todo está aquí mismo. El presente, el pasado, el futuro, están aquí mismo. Aquí está la vida y aquí está la muerte. Es aquí donde los contrarios se confunden.

—¿Y yo dónde estoy?

—Tú eres el único que no está aquí.

Propiedad privada

El niño tiene en las manos un vaso con agua que no quiere dar. «¡Es mía!», dice. Su abuelo, que trae una gran jarra llena del precioso líquido, le sonríe: «Préstame tu vaso». «Bueno, pero devuélvemelo rápido». El viejo vacía el contenido del vaso en su jarra y la pone frente al nieto: «Si me dices cuál agua de esta agua es la tuya, te la puedes llevar».

Nostalgia

Porque retrocedía creía volver, pero en realidad estaba avanzando de espaldas.

El prisionero

Trató de construirse una cárcel, se le agrietaron los muros, se le derrumbó el techo, se le quebraron los barrotes. Quiso esposarse las muñecas, la cerradura se oxidó, el metal se hizo polvo. Se amarró con cuerdas, estas se pudrieron. Sin embargo, luchando inútilmente por mantener en pie los escombros, gritaba: «¡La libertad no existe!».

Las arañas sin memoria

Nadie sabe por qué las arañas olvidaron cómo construir sus telas. Se pusieron muy activas, sus patas se fortificaron y aprendieron a cavar habitaciones bajo la tierra. Pero esa vida oscura no les correspondía. Sentían una inexplicable comezón en las patas y hacían sin cesar gestos de urdir. Comenzaron a fabricar telas que no eran redondas, ni pegajosas, ni transparentes, ni servían para cazar insectos y con orgullo las llamaron Arcanas. Fueron acumulándolas en museos, luego en templos. De pronto una araña recuperó la memoria y se puso a tejer, en un rincón del túnel central, una tela redonda, pegajosa, transparente. Las otras arañas armaron un gran escándalo, destruyeron esa «aberración» y encarcelaron a la ciudadana por haber osado ensuciar la ciudad.

Gran ego

Era un gurú tenaz: cada vez que moría se reencarnaba en su propio cadáver.

La segunda visita

Extrajo palomas del sombrero de copa sin ser prestidigitador. Al nuevo Mesías, para que no lo asesinaran, le era imposible existir sin hacer milagros, se había disfrazado de mago circense. El público aceptaba que transformara el agua en vino y multiplicara peces y panes, porque creía que eran trucos.

Pareja ideal

Érase una mujer que vivía disfrazada de mujer y un hombre que vivía disfrazado de hombre. Cuando se encontraron creyeron esa comedia y formaron pareja. El hombre falso y la mujer falsa, haciendo esfuerzos tremendos, alcanzaron una modorra que llamaron felicidad. El hombre y la mujer verdaderos nunca llegaron a conocerse.

Las reliquias

Murió el santo y no se pudrió. Le cortaron un pie, la lengua, le extrajeron el páncreas y varios huesos, para enviar esas reliquias a diversos templos. El cadáver comenzó a sollozar, interminablemente. Se hizo tan intenso ese lamento que los sermones y las misas ya no pudieron oírse. Se vieron obligados a ir de iglesia en iglesia para tratar de recuperar los pedazos. Lo que originó verdaderas batallas porque los feligreses se negaron a devolver tan venerados restos. El páncreas, en medio de una pelea, cayó al suelo y fue devorado por los perros. El cadáver imputrescible no se pudo completar. Así mutilado siguió lamentándose. Lo amordazaron, pero sus intensos murmullos hicieron temblar los muros. Acabaron vistiéndolo de diablo y colocándolo a la entrada del templo, encadenado bajo el dominante pie de una Virgen de piedra. Los creyentes, al entrar, le lanzaban insultos y basuras.

El secreto del vino

La tierra tragó la sangre de Abel, la guardó en sus entrañas y, después del diluvio, produjo con ella la vid. Noé fabricó el vino y al beberlo asimiló el secreto de la víctima. En su borrachera descubrió el placer de la muerte, que es la caricia de Dios.

Paciente

Un hombre, perfectamente sano, comenzó a tener miedo de atrapar una enfermedad en los brazos. Fue a visitar a un doctor. Este, tras largos exámenes, concluyó: «¡Lo único que puedo hacer para que nunca se contaminen es cortarlos!». Así lo hizo. El manco, tiempo después, empezó a tener miedo de enfermarse de las piernas. El médico sugirió otra vez, como método preventivo, la amputación. Convertido en hombre tronco, con un terror tremendo de atrapar un mal en las vísceras, volvió al consultorio. El cirujano le cortó la cabeza, la conectó a una máquina llena de órganos artificiales e incineró el resto de su cuerpo. Así, sin temor de atrapar enfermedades, se sintió feliz... Hasta que un día el médico lo escuchó llorar. Al preguntarle por la causa de su pena, la cabeza respondió: «¡Tengo ganas de revolcarme desnudo en la hierba!».

El espía

A dondequiera que fuese, ahí estaba él. Se cansó de que Dios lo estuviera siempre vigilando. Necesitaba tener un poco de vida privada. ¿Cómo? «Me voy a ir haciendo transparente, hasta que ya no me pueda ver». Cesó de pensar, de sentir, de recordar... ¡Inútil! Allí estaba Él, siempre, mirándolo. Llegó a la conclusión de que la única vida privada que podía tener era la de no ser. Desapareció. Dios también.

Cría perros...

Carmen y Juan formaban un matrimonio bondadoso, sin hijos, amante de los animales. Una tarde fría, un perro se acercó a pedirles comida. Se apiadaron de él y le dieron albergue. Llegaron tres más. También los recogieron. Fueron adoptando a todos los perros vagos que pasaban por allí. Llegaron a tener cien. Sus amigos dejaron de visitarlos porque las reuniones, con tanto animal apelotonado, se hacían incómodas. Juan y Carmen gastaron todo su dinero en el alimento canino. Tuvieron que pedir prestado para dar de comer a esas bestias que no cesaban de reproducirse. Un buen día la pareja, llena de deudas, se encontró con que no tenía comida ni para ella ni para la jauría. Ayunaron. Los perros, hambrientos y furiosos, devoraron al matrimonio.

¿Madre hay una sola?

El hijo de la esquizofrénica tuvo siete madres.

El leño no hace al dueño

Llueve a cántaros. Un perro vagabundo, temblando de hambre y frío, se cobija en un portal. Un granjero llega corriendo de una bodega cercana con los brazos cargados de leña seca. Da un puntapié en la puerta. Su mujer abre y lo deja entrar. El can observa la escena. Cree comprender algo. Se precipita hacia la bodega, coge un leño, vuelve arrastrando ese trofeo y golpea la puerta con sus patas delanteras. ¡Sale la mujer, le arrebata el madero y lo corre a escobazos!

El restaurante de los cuervos

Los cuervos decidieron abrir un restaurante para vender lo que más les gustaba, queso. Construyeron una enramada, tallaron a picotazos platos de madera, les robaron leche a las vacas y graznaron anunciando el merendero. El lugar se atascó de animales que salivaban esperando el queso. En la cocina los cuervos cuajaron, batieron, estrujaron, colaron, hasta obtener la preciosa masa. ¡Todos quisieron probarla! El saboreo consumió media producción. Lo restante lo dividieron en porciones iguales para que cada cual la entregara al parroquiano que le tocaba servir. Entre la cocina y el comedor no pudieron dejar de engullir un pedazo y otro y otro más. Al final depositaron en los finos manteles solo platos vacíos. Los clientes, hambreados, destrozaron el local.

La fe

En una playa lejana, un indígena vivía de la pesca. Cansado de su miserable soledad, llenó un canasto de erizos y fue a venderlos al pueblo más cercano. Caminó tantas horas que llegó cuando ya no quedaban clientes en el mercado. Agotado por el esfuerzo, se durmió junto a su canasto. Lo despertó un hombre moreno, muy bien vestido, ofreciéndole una moneda de plata por su carga. Lo acompañaba una extraña mujer de larga cabellera verde. «¡Amigo, raro es el cabello de tu compañera!». «¡Más extraño es su corazón, también verde!». «¿Dónde nacen hembras tan maravillosas?». «En la caverna de los brujos, detrás de esas montañas. El que se casa con una de ellas alcanza como yo el amor y la prosperidad». «¡Yo también encontraré una mujer así!...». Y el indígena se fue a escalar las montañas. Buscó la gruta durante años pero nunca la encontró. Decepcionado, volvió a su playa para vivir desnudo entre las rocas. Un día vio a una mujer bajar del cerro. ¡Tenía la cabellera verde! «Me envían los brujos porque has dejado todo por mí. Te pertenezco». Él gruñó: «El color de tu pelo no es real, te lo has pintado. ¡Seguro que tu corazón es rojo! ¡Voy a desenmascararte!». Y le hundió su cuchillo entre los senos para abrir un surco y extraerle el corazón. ¡Era verde! Gritó: «¡He recuperado la fe! ¡Me harás conocer el amor y alcanzar la prosperidad!». Pero ya era tarde, la mujer estaba muerta.

Nadie sabe para qué trabaja

La puerta estaba cerrada con siete candados. Le parecía imposible abrirla. Le costó un triunfo fabricar la primera llave. Por una voluntad extraña, por idealismo, por angustia, por lo que fuere, siguió buscando las siguientes llaves y con trabajos que pudieron minarle la salud abrió las cerraduras restantes. Reunió sus últimas fuerzas y empujó la puerta. Ella se abrió dejando surgir un río de llaves que se lo llevó dando tumbos en su corriente.

La atención

A Abdul le dijeron que mirara fijo el cielo porque, por un solo instante, una puerta iba a abrirse y el que la viera podría entrar al paraíso. Abdul levantó la cabeza y esperó con los ojos bien abiertos. Al cabo de tres horas, fatigado, bajó un segundo los párpados. En ese preciso momento la puerta se abrió, y se cerró.

Abdul regresó a la ciudad convencido de que le habían contado patrañas.

El fin de un noble oficio

En aquel reino lejano los faquires hipnotizaban cobras y haciéndolas danzar se ganaban la vida. El príncipe, niño imprudente, trató de imitarlos, pero los reptiles lo picaron, quitándole la vida. El rey ordenó ahorcar a todos los faquires.

Sospechas

—Ella puede engañarme, maestro. Tengo celos.
—Lo que pasa es que temes que otro le dé a tu mujer lo que tú no puedes darle.

El imposible encuentro

Si corre tras la luna, ella se escapa. Si huye de la luna, ella lo persigue. Si se detiene y la mira de frente, ella es él, pero él no es ella.

Vanidad

Desde un avión alguien dejó caer un puñado de semillas sobre la cima de una montaña. Al crecer, las plantas se felicitaron: «¡Cuán buenas trepadoras somos! ¡Miren hasta dónde hemos llegado!».

Encuentros

Fue rápido, alcanzó a la Muerte. Fue lento, la Muerte lo alcanzó. Caminó normal, se dio cuenta de que él era la Muerte.

El inmortal

Viajó por todo el mundo, leyó, estudió, rezó, cambió sus programaciones mentales, experimentó fórmulas alquímicas, hasta que al fin obtuvo lo que tanto quería: la inmortalidad física. «¡El Tiempo me otorgará su sabiduría, las generaciones futuras me admirarán, seré dueño del planeta!». Fueron pasando los siglos. La humanidad continuó su evolución: los cuerpos se estiraron, las mandíbulas se estrecharon, los cráneos aumentaron de tamaño, los huesos perdieron peso y los omóplatos se convirtieron en alas. El inmortal vagaba pegado al suelo, provocando muecas de asco en la humanidad volante.

La ley

Porque un ciego intenta ver es asesinado a bastonazos por otros ciegos.

Pretensión

Una radio transmitía música, pensando: «¡Qué gran compositora soy!». De pronto un gato se puso a jugar con el cordón y lo desenchufó. La máquina suspiró, quejumbrosa: «¡Estoy idiota, no puedo crear nada!».

En la trampa

Después de haber triunfado en todo el mundo, volvió a su aldea natal, un rincón perdido entre la cordillera y el mar. La casa de madera donde había vivido sesenta años antes estaba intacta. La compró para poder demolerla. Las tablas, como si fueran de acero, resistieron el impacto de picos y mazas. Ni las palas mecánicas, ni la gran bola de acero, ni la dinamita obtuvieron el derrumbe. Ahí se quedó, inmaculada, de pie, cada vez más sólida y brillante, idéntica a la hermana gemela que él llevaba adherida en la memoria. El cosmos lo estaba llamando, pero la raíz, testaruda, no permitía ser segada. Resignado, abrió la puerta y entró en la morada. En el dormitorio estaba su madre desvistiendo el cadáver de su padre. «¡Más vale tarde que nunca! ¡Rápido, ponte su traje, querido!». A medida que él se vistió, el muerto se fue esfumando. Sintió el calor agradable de la sangre recorrer sus venas. Todo era perfecto. Lamentó saber que, así encerrado para siempre, nunca más volvería a ver el cielo y las estrellas, pero en pocos segundos olvidó y se sentó a ordenar su colección de sellos postales mientras la gran mujer pintaba canturreando sus largas uñas frente al espejo que solo reflejaba las diez manchas rojas, borrando el resto del cuerpo.

Las metamorfosis

Vivía con una gran oruga blanca. Dentro de ella se estaba formando su mujer. Él la esperaba, paciente. La larva, mientras tanto, le devoraba los libros, sus papeles, sus discos, su ropa. Cuando quería hablar, pegaba el hocico a su boca y le tragaba las palabras con las mismas ansias con que un niño succiona la leche materna. Por fin el gran vientre comenzó a partirse. La oruga chilló como un perro herido y corrió a refugiarse bajo la cama. Al cabo de violentas sacudidas surgió del capullo una mujer perfecta, luminosa, independiente. Con sus alas irisadas revoloteó por el dormitorio, posó breve sus labios sobre los del hombre, depositándole una saliva azucarada, y huyó por la ventana para perderse entre las estrellas. Arrastrando los pies, él se paseó por la casa. Abrazado a la larva vacía gimió durante horas, hasta que al fin se metió dentro y esperó allí, agazapado, rogando que le crecieran dos alas para lanzarse hacia el cielo y volar hasta encontrarla.

Compensación

En medio de una tremenda tempestad, un barco zozobró cerca de la costa. Un hombre quiso lanzarse a salvar a los náufragos, pero sus compañeros se lo impidieron para evitar que el mar embravecido también lo devorara. Tiempo más tarde estalló otra tormenta. Nuestro hombre, sin que nadie lo viera, se lanzó entre las olas gigantescas, luchó durante horas y al fin, al borde del agotamiento, alcanzó la playa, feliz de haber, por fin, salvado a alguien.

Piedad indiscreta

Mientras el niño ciego bebía la leche, su madre exclamó: «¡Pobre, nunca sabrá que es blanca!». Al oírla, el pequeño se puso a llorar y desde entonces la leche cesó de alimentarlo. Mamó sin cesar, pero murió de hambre.

El desarraigado

Soñó que en el sueño se tendía a dormir y soñaba que se tendía a dormir y soñaba... Así innumerables veces... Luchó con desesperación por regresar a la realidad. Se despertó en el sueño anterior. Volvió a luchar. Se encontró en la misma situación. Fue despertando una y otra vez sin lograr llegar al primer sueño. Perdió la esperanza. No se tendió a dormir sino que salió del cuarto de hotel y se sumergió en la ciudad para realizar cualquier vida. Total, de pronto volvería a despertarse perdiéndolo todo.

Necessitas caret lege

Un cocodrilo gigante se había apoderado de los pantanos, sembrando el pánico. Dos cuervos comentaban: «¡Se comió a nuestro compadre coyote, a nuestra prima lechuza, a nuestro amigo lince! ¡Es un despreciable criminal!». Al anochecer, mientras el saurio dormía con la panza repleta, un ratón vio a los cuervos picotear entre las mandíbulas del monstruo los pedacitos de carne que le quedaban entre los dientes.

Un feliz acontecimiento

Nació el niño. La abuela lo pidió prestado para frotárselo por las piernas porque tenía dolores reumáticos. La madre lo sentó en el peinador y usó sus ojos como espejo. El abuelo se lo llevó al fútbol obligándolo a dar chillidos de bocina cuando su equipo metía un gol. Las tías le dieron píldoras para dormir y lo colocaron en la canasta del niño Jesús, quietecito, entre corderos y otros monigotes de yeso. El hermano mayor lo llevó al consultorio y, alentado por el psicoanalista, comenzó a insultarlo y darle cachetes hasta que se sintió aliviado. Mientras tanto, el padre, al que habían encerrado en la casucha del perro, musitaba el nombre completo de su hijo, al que la familia había reducido a una sílaba repetida dos veces.

El técnico

Al ser consultado por unos campesinos que sentían sus tierras amenazadas por una represa que se estaba cuarteando, un técnico les aconsejó que taparan las grietas con pedazos de suela. Cuando la catastrófica inundación se produjo, el especialista aclaró que él era solo técnico en la fabricación de zapatos.

Karma

El arquero, haciendo un esfuerzo grandioso, tensó la cuerda del arco y lanzó su última flecha. La vio alejarse y perderse en el horizonte. Esperó, inmóvil, hasta que vino a clavársele en la espalda.

El enfermo y la bruja

—No te preocupes, hijo querido. He venido del manantial con la varilla mágica en mano. Allí encontré al Ser Supremo. Él me dijo: «¡Vas a curarlo!».
—Estoy muerto. No puedes...
—Los muertos se curan naciendo otra vez, mi niño.

El símbolo

—Maestro, he analizado su traje: cada prenda tiene un profundo significado. Pero hay un detalle que no he podido interpretar. ¿Qué significa su cinturón?
—Significa que los pantalones no se me caen.

Amarras

—¡Maestro, no sé lo que yo haría sin mí!
—Serías maestro.

Prueba de amor

—Deja demostrarte que te amo. ¡Pídeme lo que quieras!
—Dame tu vida.
—¡Pam!
—¡Mentiroso, me has dejado sola, no me amabas!

Confusión

Sin darse cuenta de que estaba afuera se aferraba a los barrotes de la ventana, gritándoles a los carceleros que dormían dentro: «¡Déjenme salir!».

Rivales

El loro y el mono se acusaban mutuamente, con desprecio, de imitar al hombre.

Persecución

Un insensato se quejaba porque no lo seguían sus huellas. Sin cesar las buscó hasta morir de fatiga.

Catástrofe

Salió corriendo a la calle, lanzando gritos que erizaron el cabello de los transeúntes: «¡Socorro! ¡Mi espejo se muere!».

Los piratas

Al no encontrar un tesoro dentro del cofre se fueron decepcionados... sin darse cuenta de que ese cofre vacío era el tesoro.

El devorador de corazones

Cuando llegó la noche sintió otra vez el hambre: solo podía digerir los corazones humanos. Se agazapó en una esquina y esperó febril que alguien pasara por ahí. Se acercó un señor elegante. De un certero cuchillazo le abrió el pecho y le extrajo el corazón. Comenzó a hincarle el diente. Por las venas cortadas emanó un olor fétido y se asomaron gusanos. Escupió asqueado y cambió de esquina... Esta vez pasó una mujer. La hoja del puñal atravesó su pecho sedoso sin encontrar resistencia. Arrancó la hermosa víscera, pero cuando la mordió, casi se rompió los dientes, tan dura era. Corrió hambreado por las calles. Tropezó con un caballero adiposo. Le extrajo un corazón tan grande como una sandía. Con la boca llena de saliva le dio un mordisco. La bola se desinfló lanzando un silbido acuoso para colgar de sus dientes convertida en un pellejo frío... Le dolieron las tripas, respiró con ahogo y cayó sentado en el quicio de una puerta. Junto a él, tapado por periódicos, vio dormir a un niño. No vaciló un instante: le robó el corazón y saboreó lentamente ese manjar exquisito. Lo embargó una paz infinita. Vio al pequeño mendigo como un ángel abatido y conoció por primera vez la piedad. Se dio un corte profundo, extrajo su propio corazón y lo depositó en el pecho vacío del niño para cerrarlo con una caricia. Lo vio alejarse dando pasos tan ágiles que parecían danza. Apoyó la espalda en el muro y poco a poco se fue deslizando hasta caer en el cemento... Nunca más tendría hambre.

Historia de «amor»

La tortuga aprendió a ronronear, se desprendió de su caparazón y fue a pedirle caricias a una mujer ciega, haciéndose pasar por gato.

El milagro y el loro

En las montañas de una región arruinada por la sequía, encerrado en su castillo, vivía un cabalista que era capaz de transformar la tierra seca en agua. Los labriegos sedientos enviaron al hierbatero de la aldea para que convenciera al sabio de comunicarles aquel secreto. El pobre hombre, cuando golpeó el portón cerrado de la fortaleza, fue ahuyentado con chorros de aceite hirviendo. Un viejo loro, animal favorito del cabalista, escapó y fue a posarse en un hombro de la víctima, repitiendo las palabras mágicas que había oído durante años. El hierbatero regresó feliz a la aldea, reunió a los rústicos, cogió un puñado de tierra seca y, recitando las extrañas fórmulas, lo convirtió en agua. Todos aplaudieron maravillados; luego le preguntaron: «¿Cómo es ese maestro misterioso?». A lo que él respondió: «No lo conozco, aprendí con su loro». La multitud estalló en una rechifla. ¡Era imposible aprender algo serio de un pajarraco! Fue tratado de estafador y expulsado del pueblo a pedradas.

Amor maternal

Como tengo ganas de cuidarte, enférmate para que yo sea feliz.

El gran lama

Me habían cortado en trozos. Los grandes buitres se alimentaban con mi carne. Yo estaba decidido a renacer. Elegí la mujer precisa y me incrusté en sus entrañas. Evidentemente cambié el destino del feto. El espíritu que se preparaba a nacer era más ignorante que yo: no se pudo defender y lo expulsé de la matriz. Lo sentí deshacerse para siempre en la eternidad. Bruscamente recordé los tres mil asesinatos de mis precedentes tres mil reencarnaciones.

La tempocleta

En el año 2563 un grupo de financieros se reunió para tratar un fabuloso negocio. «Nuestros científicos han inventado una máquina económica, en forma de bicicleta, que permite viajar al futuro, sin poder regresar, dando un salto de mil años. Todos los viajeros llegarán a la misma hora, el mismo día, el mismo mes, el mismo año». Lanzaron una campaña de publicidad mundial. «¡Cómprese una tempocleta! ¡En diez siglos más no habrá guerras ni enfermedades ni será necesario trabajar! ¡Los continentes estarán convertidos en jardines! ¡Se habrá descubierto la vida eterna!». La máquina entusiasmó al planeta y, siendo tan barata, ningún ciudadano se privó de comprarla. ¡Dieron el pedaleo descrito en el manual y en un segundo estuvieron en el año 3563!

Encontraron un mundo devorado por las malezas y poblado solo por hormigas, ratas y monos. Comprendieron, demasiado tarde, la triste verdad: como nadie se quedó y el planeta estuvo abandonado durante diez siglos, todo se había convertido en ruinas.

Alumno activo

—¡Maestro, busco pero no encuentro!

—¡Cesa de buscar y provoca las condiciones adecuadas para recibir!

El imitador

Un hombre comienza a perder la vista. Antes de entrar en la sombra memoriza todo lo que hay en su pieza. Estudia los textos, las ilustraciones y la ubicación de los libros en la biblioteca. Cuando ya está ciego, invita gente y haciéndose el que ve les muestra su cuarto. Ofrece sillas, abre tomos, lee en voz alta, describe grabados, fabrica cócteles. Su simulación es perfecta, pero olvida encender la luz y sus visitas asisten a esa comedia en la oscuridad.

El ocaso de un poeta

Su propia sombra se lanzó contra él, convertida en látigo. Las palabras, sin querer salir, aferradas como arañas, se le acumularon en la garganta. El cráneo se le abrió semejante a un observatorio astronómico y el cerebro huyó hacia el cielo desplegando sus circunvoluciones hasta parecer una alfombra que se hizo barca de buitres. La sangre se le escurrió por la planta de los pies y caminó desnudo dejando huellas rojas. La ciudad, que había dormido cuatrocientos años, despertó y comenzó a perseguirlo. Huyó a las montañas: las laderas vomitaron casas. Atravesó ríos: con sus patas nerviosas los puentes unieron las orillas sepultando al agua.

Se ocultó en los bosques: largos yataganes, las avenidas entraron en la espesura. La piel se le escurrió como un abrigo viejo y pronto la dejó amarrada a un palo, flameando al viento convertida en bandera. Así, expuestos a la intemperie, sus músculos y vísceras despertaron la gula de los tábanos. Hecho solo un paquete de huesos, se dijo: «Mi situación no puede ser más triste. Tengo que reconocer que algo anda mal». Pero unos segundos después encogió los hombros y se fue a beber otra botella de vino.

La libertad

Rompió todas las amarras para poder, por fin, atarse bien a las cosas.

El creador

El pelícano guardó en su pico un pez, retardando sensualmente la delicia de tragarlo. Lo conservó tanto tiempo que olvidó que el animal era un alimento que él había cazado. Comenzó a creer que su pico era un vientre y el pescado un hijo suyo. Un día, frente a otros pelícanos, dijo con orgullo: «¡Miren la maravilla que he engendrado!», y escupió una masa informe cubierta de gusanos.

Diálogo familiar

—Crece, hijo mío.
—Disminuye, padre mío.

Impaciencia

—Maestro, este sitio no vale nada, es un desierto.
—¡No, está sembrado!

Dar y recibir

—Maestro, solo podemos dar lo que llevamos dentro. ¿Tengo razón?

—Nadie puede dar solo aquello que lleva dentro. El pedido del otro lo insemina. El don se crea entre dos.

Querer y poder

—¡Qué susto, maestro, esa persona me quiere dañar!

—No temas a los que te quieren dañar, sino a los que pueden dañarte.

Impresiones subjetivas

Un indio estaba sentado en la calle junto a un avestruz. Una señora curiosa se detuvo frente a ellos, acariciando a su perro faldero. Este le ladró al plumífero: «¡Si yo tuviera esas patas ridículas me escondería!». El indio, que conocía el lenguaje de los animales, le dijo: «Se ve que tienes buen gusto. Conozco un lugar donde hay miles de perras en celo. ¿Quieres ir con nosotros?». El faldero respondió: «Me escaparé y vendré a buscarlos». A la hora convenida llegó moviendo su cola. El indio recitó tres palabras y, de pronto, se encontraron en un desierto. Con su dueño montado en el lomo, el avestruz avanzó a grandes zancadas. El can los siguió como pudo. Al cabo de horas, agotado, muerto de sed, exclamó: «¡Alto!». El indio se detuvo: «No entiendo por qué estás tan cansado». El perro miró con envidia al avestruz. «¡Ah, comprendo, es porque no tienes esas patas ridículas!». Gimió el cuadrúpedo: «¡Ahora me doy cuenta de cuán bellas son! ¡No me avergonzaría de poseer unas iguales!». El indio hizo un gesto y el can se vio con cuatro patas de avestruz. ¡Saltó contento! ¡Galopó orgulloso por las dunas! El indio hizo un gesto y el animal apareció ante su ama que, asqueada, tomó un palo y lo expulsó de la casa. Cuando todo el pueblo se hubo burlado del engendro, el indio deshizo el encantamiento.

Venganza

Cientos de gusanos treparon por el tronco de los árboles para secretar hilos hasta formar capullos que, al llegar la primavera, se abrieron eyectando mariposas. Un pollo observó con envidia ese fenómeno. Dejó de jugar con sus compañeros y anheló también tener alas para volar de flor en flor. «Si esos bichos asquerosos pueden transformarse en seres bellos, ¿por qué no yo?». Recogió pedazos de tela, hilachas, fibras secas, cáñamo. Trepó a un olmo, se envolvió en su material y, protegido por una rama, comenzó a dormir, esperando convertirse en mariposa. Pasó el tiempo. Torturado por la sed y el hambre, despertó. Rompió los estambres a picotazos: no era ni una mariposa ni un pollo, se había transformado en gallo. Decepcionado, regresó al gallinero. Sus compañeros, correteando el día entero bajo el sol, bien alimentados, cacareaban como campeones, buscando pelea. Él, pálido, mal nutrido, no pudo hacerles frente. Fue picoteado y despreciado. Culpó a las mariposas de todos sus males y corrió hacia el bosque, decidido a destruir cada capullo que encontrara.

La estrella caída

Un violento remezón sacudió el cielo. Una estrella se desprendió y fue a caer en las profundidades del océano. A pesar del agua, como su explosión interna era incesante, continuó brillando. Los peces, por primera vez, pudieron verse tal cual eran y eso no les gustó. La comparación con el astro era inevitable: al lado de su inmenso resplandor se sintieron minúsculos. Llenos de envidia, tragaron lodo y lo vomitaron sobre la extranjera para cubrirla de una capa espesa que ocultó su centelleo. La estrella comenzó a despreciarse a sí misma puesto que su razón de existir era alumbrar el camino de los otros. Huyó a esconderse en una cueva. Poco a poco fueron llegando animales repulsivos que se pegaron a ella tomándola por una roca. Pareció pasar una eternidad hasta que una criatura, cubierta de escamas negras, entró en el refugio, descubrió su centro y lanzó un rayo tan intenso que ahuyentó a los parásitos. «¿Quién eres, ser increíble, que puedes subsistir en este infierno conservando tu luminosidad?», preguntó el pobre lucero. «¡Soy una estrella como tú! El remezón celeste me lanzó también al mar, donde me di cuenta de que si mostraba mi esplendor, en lugar de ayudar, crearía enemigos. Si deseaba hacer el bien tenía que disfrazarlo... ¡Ven conmigo! ¡No creas que porque te rechazan no vales! ¡Te rechazan porque no te conocen! ¿Si no hay conocimiento cómo puede haber amor?».

Monjes

—Si los dos rezamos con igual fervor, ¿por qué tú siempre estás contento y yo no?

—Es que tú siempre rezas para pedir algo, en cambio yo solo lo hago para agradecer lo que me han dado.

La deuda

Mi padre se quedó ciego cuando yo estaba en el vientre de mi madre. Al enviudar me convirtió en su lazarillo. Vivimos de la mendicidad. En estas épocas de crisis recibimos pocas limosnas. Andamos por un barrio tenebroso, hace frío, mi padre gime de hambre. «No te preocupes», le digo, «comeremos». Sacudo el polvo de nuestros abrigos y entramos en un restaurante chino. Nos sirven varios platos que devoramos con delicia. Le digo al servidor: «No tenemos con qué pagar». «¿Está seguro?», me responde sonriente y lanza un silbido que imita al ruiseñor. Llegan dos enormes chinos que me atan a la silla. Mi padre me murmura al oído: «Perdóname». El servidor sale y luego vuelve trayendo un frasco y una cucharilla de marfil. Mostrándome los dos ojos que están en el interior de la redoma me dice con dulzura: «No te preocupes, muchacho, me pagarás en la misma forma que lo hizo tu padre». Y me hunde la cucharilla en las cuencas. «Un día, para saldar definitivamente la deuda, tendrás que traerme a tu hijo».

El profeta inculto

El salón de baile, por haber soportado sin cesar reuniones de gran envergadura, tenía los cimientos gastados. Emitía, de vez en cuando, un crujido que ningún convidado deseaba tomar en cuenta: la idea de derrumbe les parecía pecado y la expulsaban de sus mentes. Un albañil que pasaba por ahí se dio cuenta del problema. Como no lo dejaron entrar, escribió en un papel: «¡Kuidado, ba a kaerse el zalón!», y lanzó su advertencia por una ventana. Los danzantes recogieron el mensaje y estallaron en carcajadas: «¡Escribe cuidado con ka! ¡Va con be larga! ¡Kaerse por caerse! ¡Y salón con zeta! ¡Ja, ja, este necio tiene mala ortografía...!». De pronto cedieron las vigas y el techo cayó sobre amos y criados. El albañil, antes de continuar su camino, con una barra de tiza, escribió en un pedazo de muro: «¡Ze loz adbertí!».

La verdad

Creía obtener respuestas cuando en realidad avanzaba golpeando puertas cerradas que retrocedían.

Nunca es bastante

Estaba el cojo mendigando sentado en los escalones de la Ópera. Pasó por allí un santo, le tocó las piernas y estas se enderezaron. Al comienzo su alegría fue grande, pero al cabo de unos minutos se llenó de ira: «¡Beato miserable! ¿Por qué no me hizo primer bailarín de la Ópera?». Se sentó de nuevo a mendigar, esta vez imitando la cojera.

El sabio

A dondequiera que va, llega como extranjero, es la novedad. Los habitantes curiosos se le acercan creyendo que trae respuestas. Pero él solamente pregunta. Pregunta tanto que lo consideran sabio y aceptan esas interrogaciones como respuestas.

El doble

Un hombre, idéntico a él, invadió sus posesiones y conquistó a sus familiares, devolviéndoles la salud y la prosperidad. Rechazado por todos, recuperó la memoria. Ese «doble» era el dueño legítimo y él, un miserable usurpador.

Lo mío es mío

Dios les envió una lluvia de estrellas de oro. La pareja se puso a discutir sobre quién de ellos había provocado el milagro. Furiosos, se arrojaron las estrellas a la cara. Él perdió media nariz y ella un ojo.

El ahorro

Frente al monasterio se instaló un mercader. Puso en una mesa un montón de cubos con filamentos y proclamó: «¡Hoy, gran barata de gragrofos! ¡Compre uno antes de que se acaben!». Un monje dejó de rezar y corrió hacia el vendedor. «¿Cuánto cuestan?». «Cien pesos». «¡Lástima, tengo solo ochenta!». «¡No importa, le rebajo los veinte que le faltan...!». El religioso compró su gragrofo y dando baileteos fue a mostrarlo al padre superior. «¡Hermano, ahorré veinte pesos!». El viejo lo miró con piedad: «¡No! ¡Perdiste ochenta, porque los gragrofos no sirven para nada!».

Las moscas

El maestro va vestido con un traje miserable. El posible discípulo le pregunta: «¿Por qué anda andrajoso?». El maestro contesta: «Porque soy muy humilde». «Si fuera tan humilde no lo mostraría», dice despreciativo el discípulo y se va en busca de otro maestro, sin darse cuenta de que el sabio humilde se ha disfrazado de «humilde» para que los posibles discípulos lo dejen tranquilo.

El árbol impaciente

En medio del invierno, un árbol se dice: «¿Por qué debo esperar a que venga el verano para dar mis frutos? ¡Hoy mismo quiero florecer!». Sacude la nieve que lo cubre, estira sus raíces hacia yacimientos cálidos, deja subir una savia formada con dolor, vomita hojas, flores y por fin pare naranjas, gritando: «¡He triunfado: mis frutos brillan como soles!». Una superficie blanca, glacial, cubre la tierra. «¡Aquí estoy, comed mis naranjas tiernas!». Es invierno, todos los animales duermen, hay silencio. Los dorados frutos se pudren... Viene la primavera. Un nuevo sol hace temblar la tierra bajo la caricia de sus rayos. Sin esfuerzo, los árboles florecen, los pájaros devoran sus frutos y dejan caer las semillas. Aparecen nuevos brotes que enriquecen al bosque lujurioso... Tirado en el légamo, como un gran gusano negro, el naranjo impaciente es devorado por las hormigas.

El mal mendigo

Le dio un pan al que se quejaba de hambre.

Este le dijo, lastimero: «¿Y ahora con qué me lo voy a comer?». ¡Le quitó el pan!

Menos

—Maestro, ¿qué es triunfar?
—Es aprender a fracasar.

La revelación

—Sea lo que sea aquello que hayas vivido y por muy innumerables ancestros que tuvieres debes saber que esto es solamente el comienzo.

Hombrear

—Maestro, ¿cuándo seré fuerte?
—Cuando aprendas a no dañar.

Lección

—¡Maestro, he aprendido a romper vasos!
—¡Hay infinitas formas de romper un vaso, pero una sola de hacerlo!

Ignorancia

—Maestro, me siento solo.
—Es que no sabes estar contigo mismo.

Koan

—Maestro, me es imposible decir si este vaso está medio vacío o medio lleno. ¿Qué hacer?
—¡Rompe el vaso!

Intercambio

—Maestro, ¿cuándo llegaré a la perfección?

—Cuando dar se te haga tan importante como recibir.

La meta

—Tengo miedo de no poder llegar.

—No te preocupes de «llegar», sino de «avanzar». Ir avanzando es estar llegando.

Invulnerabilidad

—Maestro, ¿qué debo hacer para que el fuego no me queme?

—¡Conviértete en el fuego!

Adivinanza

—Cuando el monje sale, los sapos entran en el templo. ¿Cuándo entran los sapos en el templo?

—¡Muy fácil, maestro: los sapos entran en el templo cuando el monje sale!

—¡Necio!

—Pero usted mismo me lo dijo: cuando el monje sale los sapos entran...

—¡Torpe!

—¡Entran cuando tienen calor y buscan la sombra!

—¡Tramposo!

—¡Entran cuando el monje olvida cerrar la puerta!

—¡Iluso!

—¡Entran cuando saben que allí dentro se pueden iluminar!

—¡Intelectual, aprende a morir!

—¡Los sapos nunca entran en el templo porque el monje no lo abandona jamás!

—¡Eso!

Infarto

—Maestro, ese hombre luchó con todas sus fuerzas por obtener su jubilación. ¿Por qué cuando la consiguió se murió?

—Porque luchó con todas sus fuerzas para obtener lo que no deseaba.

Un artista

—Si eres un gran pianista y te cortan las manos, ¿qué haces?

—Me convierto en un bailarín.

—¿Y si te cortan las piernas?

—Me dedico a cantar ópera.

—¿Y si te arrancan la lengua?

—Tomo entre los dientes un pincel y dibujo.

—¿Y si te matan?

—Con mi piel hacen un tambor; con mis huesos, flautas y con mis tripas, cuerdas de violín.

El poder

Obligaba a recibir para tener la sensación de que daba.

Don Juan

El prestidigitador dejaba abandonada en cada ciudad a una mujer cortada en dos, que con el torso penaba sus cuitas de amor, sin darse cuenta de que el trozo inferior de su cuerpo era violado por los payasos.

La verdadera santa

El gran templo, visitado por millares de peregrinos, estaba construido alrededor de una tumba donde yacía una difunta milagrosa. Omar, el guardián, un viudo que había sido el primero en descubrir los poderes del sepulcro, era propietario del lugar. Vivía respetado, gozando gracias a las limosnas de una sólida prosperidad. Su hijo único, Zayd, se enamoró de una prostituta y la puso encinta. El joven y su amante, maldecidos por Omar y perseguidos por los fieles, huyeron hasta que, no pudiendo resistir el esfuerzo, la mujer murió. El muchacho, desesperado, la enterró y se sentó a llorar junto a la tumba. Un beduino que pasaba por allí le dejó agua, queso y encendió una veladora frente al montículo de piedras. Pasaron otros nómades dejando ofrendas. Se corrió la voz de que allí había una muerta milagrosa. Poco a poco los creyentes levantaron un templo y Zayd, como guardián, fue respetado y alcanzó la prosperidad. Un día su padre lo vino a visitar. La fama de la tumba milagrosa había llegado hasta él. «Hijo mío, perdóname. Tengo que revelarte un vergonzoso secreto: tu madre era una prostituta a la que amé con locura. Murió al parirte. La enterré y lloré con tal devoción delante de su sepultura que los viajeros creyeron que era una santa. Estoy muy enfermo, condenado a morir, solo un milagro podría salvarme, pero, como sé que la mía es un fraude, te pido que me dejes rogarle a la tuya. ¡Ella sí me salvará!». El hijo, sin decir una palabra, llevó a su padre junto al sepulcro. El viejo encendió una vela, rezó con toda su alma, depositó una cuantiosa ofrenda y regresó, curado de la enfermedad, para seguir sirviendo a los creyentes de su falsa santa.

Las mil caras del hombre invisible

El hombre invisible se fabricaba máscaras. Las tenía de todas las expresiones: amor, celos, orgullo, duda, dolor. Antes de salir a la calle las ensayaba frente al espejo. Con la máscara de poder se sentía capaz de dirigir multitudes, con la máscara de seducción pondría a las mujeres a sus pies... Queriendo aparentar el mayor número de matices acumuló novecientas noventa y nueve caretas. Para la número mil decidió moldearse una de risa loca. La boca, mostrando enormes dientes, le llegaba de un lóbulo al otro. Cuando la tuvo terminada salió a pasearse con ella puesta. La gente, contagiada por esa grotesca expresión, se puso a reír a carcajadas. Cansado de tanto escándalo volvió a su casa y quiso quitársela: no pudo. ¡Se le había pegado a la piel! Tiró de ella, la rasguñó, le dio tajos, martillazos, inútil. Rabió, aulló, amenazó, lloró, imploró, inútil. La falsa risa ocultó su desesperación. Desfalleciendo de hambre salió a pedir ayuda. Los ciudadanos, sin darse cuenta de que sus gestos eran de angustia, volvieron a carcajearse. Regresó tristemente aceptando morir en estado de inanición con esa cara de alegría. Al cesar de esforzarse en retirar la mueca se puso a pensar por qué le había sucedido aquello. De pronto comprendió. Con energía renovada destrozó las novecientas noventa y nueve máscaras anteriores. Cuando no quedó una sola entera, la carátula risueña se le desprendió de la piel como un pez muerto. El hombre invisible, desde entonces, aceptó vivir sin cara.

Educaciones

Una señora rica le enseña a su hijo lo feo que es ser sucio. Una señora pobre le enseña a su hijo lo bello que es ser limpio.

Secretos de familia

Se tragó vivos a sus dos hijos, pero no pudo digerirlos. Pegando la oreja a su panza de embarazada, el viejo escuchaba los insultos de los dos prisioneros: «Estaremos aquí para siempre, devorando lo que comes y absorbiendo lo que bebes. Te envenenaremos con nuestros excrementos». Trató de vomitarlos, pero ellos se aferraron de sus tripas y poco a poco lo fueron consumiendo. Murió convertido en un paquete de pellejo y huesos.

Los tragados, siempre dentro, comenzaron a pelear por esos restos. Uno ahorcó al otro, se apoderó de la piel y llenándola por completo fue al dormitorio de su madre, que dormía con las piernas abiertas. Le excretó el cadáver de su hermano, vociferando para despertarla: «¡Toma, vieja asquerosa, aquí tienes a tu preferido!». La mujer se le echó encima, rogándole que la poseyera. «¡Tienes que hacerlo, por algo eres mi marido!». Él le dejó caer a los pies la piel de su padre y huyó con terror pánico de ser tragado otra vez.

Acreedores

Juntaba cráneos humanos. Tenía noventa y nueve, colocados sobre pedestales de mármol negro: una calavera por cada año que había vivido. Murió centenario, pidiendo que lo enterraran junto con su colección. Así se hizo. Sus numerosos hijos tuvieron que montar guardia, día y noche, frente a la tumba para alejar a los esqueletos descabezados que acudían de todas partes exigiendo, con insistentes tronidos de huesos, la devolución de su cráneo.

El salvador

Su madre olvidó sobre la cama una pequeña toalla con sangre menstrual. La mancha rojoscura formaba una cruz. «Es el amuleto con que mamá fabrica los niños», pensó el chico, y se colocó entre las piernas la toalla mágica. Corrió a encerrarse en el escusado. Se quedó allí sentado, esperando, hasta que le dolió el estómago. Cerró los ojos y expulsó algo denso. «La cruz lo hizo». Tiró de la cadena sin querer ver lo que el chorro se llevaba. Escondió el amuleto debajo de los soldados de plomo. Esa tarde, en la iglesia, murmuró al oído de la Virgen: «Ya conozco el secreto... Ahora, tú y yo, vamos a llenar el mundo de Cristos».

Buscando lo esencial

Un escritor demora diez años en terminar una novela. Luego decide eliminar de ella todo lo superfluo. Trabaja otros diez años, al cabo de los cuales solo le queda la palabra COCODRILO.

El laberinto inundado

Se encontró irremediablemente perdido en un laberinto que tenía el piso lleno de agua. Al verse reflejado en ese espejo líquido, pensó: «A mí me va mal, pero a mi reflejo le va peor. Si yo no salgo, él tampoco lo hará». Aquel pequeño consuelo pudo alegrarlo. «¡Además es más débil! ¡Si le lanzo esta piedra, se disolverá!». Con una risa cruel arrojó su proyectil. Esperó que el reflejo se deformara. Este, intacto, lo observó desde la superficie. Sintió una intensa vibración, las paredes se llenaron de ondulaciones, su cuerpo explotó en un cardumen de manchas enloquecidas. Antes de perderse en la nada, pudo darse cuenta de que su mundo había sido una ilusión acuática y de que, en realidad, el reflejo era él.

Anomancia

Dándose cuenta de que los repliegues del ano eran tan personales como las líneas de la mano, inventó una nueva técnica adivinatoria. Sentaba al consultante, con las nalgas desnudas, en una fotocopiadora. La imagen anal así obtenida la inscribía dentro de un círculo zodiacal. Hacía entonces una lectura del futuro extremadamente precisa. En las arrugas más profundas podía ver el pasado.

Noche de bodas

Ella se quitó la peluca, entonces él se quitó el bisoñé. Ella se quitó un ojo de vidrio, entonces él se quitó otro. Ella se despegó una oreja de caucho, él también se despegó una. Ella se sacó la dentadura superior, él se sacó la dentadura inferior. Ella se desatornilló el brazo y la pierna izquierdos, él el brazo y la pierna derechos. Dando pequeños saltos, se ayudaron a caer en la cama. Allí, pegados el uno al otro, sintieron que, gracias a su gran amor, formaban un solo ser.

El premio

—Te concedo un solo deseo. Piensa bien y pide lo que quieras.

—Que ese deseo sea yo el que pueda concederlo y que seas tú quien lo pida.

Narcisa y la bestia

Ningún pretendiente era lo suficientemente hermoso para ella. Una noche un poeta de aspecto horrible se pegó un espejo en la cara y fue a declamar ante su balcón. La bella descorrió la cortina a regañadientes. No escuchó el delicado poema pero vio su imagen en la máscara plateada. «Eres el hombre que he estado esperando. Tu belleza me subyuga. Llévame contigo, por favor», le rogó. «Solo si sacrificas tus ojos te hago mía», le respondió él. La virgen, sin vacilar, hundió las uñas en sus pupilas. El monstruo se despegó el espejo de la cara y pudo por fin besarla.

El Cimbrín

El Cimbrín es un pajarillo gris, habitante de las grandes ciudades, que fabrica su nido en el parachoques de los automóviles mezclando barro con gasolina. Pájaro antisocial, abandona a la hembra después de fecundarla y sus hijos se alejan del nido tan pronto como rompen el cascarón. A causa de su desagradable color gris, nuestro Cimbrín es atacado por las otras aves. No habría sobrevivido si no fuera porque posee una sola pluma azul. El pajarillo, sin darse cuenta de que esa pluma es chica, se comporta como si todo animal la viese y envidiase. Emplea la mayor parte de su tiempo en lavarla, mostrarla y admirarla. Para habitar escoge autos de lujo, picotea a los perros bravos haciéndolos huir, roba el alimento a otras aves, goza con su soledad. En cierto periodo de su vida, la única pluma bella comienza a perder los filamentos. El pájaro frota sus ojos contra el parachoques. A medida que el tiempo pasa la caída acelera y el Cimbrín hace gestos bruscos, el movimiento de sus patas y alas aumenta, canta cada vez más fuerte, llegando, en algunos casos, a opacar el sonido de la bocina. La pluma azul se convierte en un eje óseo. El Cimbrín deja de comer, se oculta en su nido, cierra la única abertura y espera... El nido, reseco por falta de cuidado, se desprende del parachoques y es aplastado por el vehículo que lo albergara.

La frontera

Con el pecho cubierto de medallas regresó el viejo soldado. Arrastrando su pierna ortopédica dejó una larga línea en la tierra. Esa huella iba dividiendo el mundo en dos. Un lado estéril que rápidamente se convertía en desierto y un lado fértil poblado de bosques, flores exuberantes y aves multicolores... El viejo soldado, con el pecho cubierto de medallas, se perdió en el horizonte. Poco a poco el viento y la lluvia borraron esa huella. El mundo recuperó su unidad.

El ladrón de voces

Después de que los policías se llevaron a su hombre, con la consigna de hacerlo desaparecer para siempre, mi madre perdió, junto con la alegría de vivir, la voz. Como un pájaro mudo se paseaba de una pieza a la otra sin querer salir a la calle. Yo, a los ocho años, tenía uno de esos poderes mágicos que los niños guardan como riguroso secreto entre ellos. Mediante una esponja de mar, que aplicaba en la boca de los adultos dormidos, podía robarles la voz.

Salí en el momento más oscuro de la noche y me introduje por la ventana en una casa de donde emergían profundos ronquidos. Era una muchacha obrera que, junto al montón de uniformes caquis que había tenido que coser, respiraba con la boca abierta, convertida en piedra. Le introduje la esponja en la boca y le extraje la voz. Cayó en mis manos un pajarillo invisible aleteando angustiado como si añorara un nido protector. Lo encerré en mi caja para galletas y corrí hacia mi madre. Por suerte ella también dormía con la boca abierta. Estrujé la esponja en su garganta y el pajarillo, con frenesí desesperado, se pegó en sus cuerdas vocales.

Cuando mi madre despertó, una voz, tan aguda que rompió un vaso de vidrio, se escurrió como un hilo metálico de sus labios. «¡No quiero vivir, no, no quiero!». Esa frase se repitió incesante, por más que ella se tapó la boca para impedir su paso. Estallaron los otros vasos, los vidrios de la ventana, un florero, los focos de treinta vatios y el único espejo, pequeñísimo, que mi madre conservaba en un rincón del baño. Esperé a que se durmiera, se la extraje y corrí a devolver el avecilla deprimente.

En la estación de trenes vi tendido en un banco, abatido por la borrachera, cubierto por papeles de diario que celebraban un triunfo militar contra los anarquistas, a un ferrocarrilero cesante. Le apreté las narices para que abriera la boca y le robé un largo ectoplasma que por breves momentos se pareció a un gato montés.

Mi madre, en la mañana, comenzó a amenazar con gritos roncos: «¡Pacos asesinos, los voy a matar a todos y también al bellaco que los manda!». Por primera vez en un año, abrió los postigos y comenzó a lanzar hacia la calle imprecaciones en contra del glorioso ejército nacional. Los vecinos, aterrados, pasaban de largo haciéndose los sordos. Yo moví una mano empuñada con el dedo gordo estirado hacia mi boca para hacerles creer que mi madre había bebido más de la cuenta. Una yerbatera, temiendo que llegaran los carabineros, le dio a mamá una infusión que la hizo dormir en pocos minutos. Le extraje el gato furioso y lo devolví a su aguardentosa guarida.

¿Qué hacer entonces? ¿Qué voz robar para abrir las puertas de ese corazón clausurado? La urgencia me condujo al riesgo. Me introduje por una claraboya del lupanar. Un caballero encogido como león sobre una señora a medio vestir daba frenéticos caderazos. Con los ojos cerrados, él, rugiendo de verdad, y ella, imitando alaridos de placer, no se dieron cuenta de mi presencia. Aproveché la gran abertura de los labios pintarrajeados para extraer una voz que salió parecida a una enorme ostra. Apenas la injerté en la garganta de mi madre, esta se despertó y en enaguas como estaba salió corriendo a la calle para golpear en las puertas vecinas gimiendo: «¿Qué es una mujer sin su hombre? ¿Conocen los canallas que me lo desaparecieron ese atroz vacío que llevo entre las piernas? ¡Ardo, me ahogo, me convierto en un molusco!». Me la devolvieron amordazada y encordada como una larva. Me desesperé, tanto deseaba que la alegría volviera a reinar en nuestro hogar. ¿Acaso yo no le bastaba? Apenas llegaba del colegio barría los pequeños cuartos, hacía de comer, salía al centro a mendigar, volvía siempre con un poco de dinero y, además, a causa de la buena circulación de mi sangre, podía dormir con ella acurrucado junto a su fría panza como una bolsa de agua caliente. ¡No, yo no le bastaba!

Decidí, como último recurso, robarle la voz al cura. Era un flaco fanático, siempre enojado porque por culpa de los comunistas, aparte de unas viejas empolvadas, ya casi nadie iba a su parroquia. Lo encontré disimulando una siesta sentado en el confesionario. Pude hurtarle un fluido oscuro semejante a un zapato. Con cierta repugnancia lo introduje en la garganta de mi madre. Ella se puso de pie sobre la cama, alzó los puños hacia el techo y comenzó a insultar a nuestro buen Dios lanzando una y otra vez, como rencorosos puñales, las dos mismas palabras: «¡Viejo injusto!».

Temiendo que el Señor, ofendido, enviara a los milicos para que también a ella la desaparecieran, le devolví su zapato al cura. ¿Qué otra cosa podía hacer? ¡Extraje mi propia voz! Surgió como una viborita y se enroscó temblando entre mis dedos. Sentí que una araña sorda y negra se anidaba en mis cuerdas vocales.

Mi madre se despertó con una sonrisa de niña, limpió la casa, hizo de comer, jugó a las muñecas y habló y habló y habló alegremente durante años. Nunca se dio cuenta de que yo estaba mudo.

El cura-monasterio

No tengo sotana. Vivo dentro de un tarro en el patio del convento. Los monjes me lanzan un pedazo de pan. A veces dentro del pan hay queso. El domingo, antes de que lleguen las visitas, me hacen salir del tarro para que vaya a esconderme al bosque. No me alejo mucho. Me subo a un cerro y vigilo. Sé que el monasterio tiene los cimientos podridos. Por eso no debo cejar. Si detengo mis esfuerzos y dejo de contraer los músculos del vientre, comenzaré a desplomarme por el campanario. Tictac, son las dos.

Cuando llegué era un simple cura. Un día comenzó a trizárseme un ladrillo. Salí del tarro, medio sonámbulo, me dirigí a uno de los muros, enyesé la quebradura y se me alivió el dolor.

Luego empecé a sentir las murallas. Una plaga de ratones cavando galerías me hizo sufrir con sus mordiscos antes de que llegara a acostumbrarme. Aún toso. También me molestó el peso de tanto crucifijo y los clavos de aquellos cuadros con ángeles, enterrándose en mi estuco cual alfileres en la médula de los dientes. No podía comer el pan: me acostumbré.

La torre y los cimientos vinieron después. Sentir las campanas agitándose dentro del hígado fue una felicidad que pudo únicamente ser destruida por la carcoma que devoraba mis cimientos.

Comprendí mi labor: día y noche debería velar para no desmoronarme. Que mi campanario, que mis paredes, que mis pisos no se sumerjan en el abismo depende de mi resistencia. Contraigo el vientre. Yo soy el cura-monasterio. Debo luchar.

Los monjes dicen que no soy cura. Cuando les digo que me duele un vitral, se ríen. Cómo explicarles que sé exactamente el número de pasos que dan sobre mis baldosas. Explicarles que siento debajo de mis costillas sus vueltas y revueltas bajo las sábanas. No me creen. Ayer bebí cuatro litros de vino. Salieron al patio dándose golpes en el pecho y gritando: «¡Temblor de tierra!». Al que se ríe más, le dejé caer una cornisa en la tonsura.

Ellos piensan que el monasterio es eterno. Yo sé que voy a morir. No estoy loco: yo no digo que soy el monasterio. (Me refiero a su materia). Soy la conciencia de él. Al mismo tiempo existo como hombre. No es complicado. No tiene nada de raro. Si me embriago, el monasterio tiembla. Si el viento atraviesa las ventanas, me dan escalofríos. Mis colegas tratan de salvar sus almas. Yo lucho para que los cimientos podridos no se derrumben.

El ruido de sus plegarias me produce grietas. Les he propuesto que recen pensando. Han cantado más fuerte. justo debajo, hay una trizadura que hará hundirse el altar. El dolor lo tengo en un riñón. Son ellos los que me están destruyendo con tanto moscardoneo, tanto crucifijo, tantos cuadros, tanta agitación bajo las sábanas. Son ellos los que me alimentan mal. Son ellos los que mañana me derrumbarán.

Es domingo. Ha venido con su hermoso uniforme militar el presidente de la República, seguido por veinte caballeros de la aristocracia y muchos soldados. Estoy más enfermo que nunca. Se han puesto trajes de gala. Parecen vestidos como para un baile. Ya no doy más. ¿Por qué no me tocó ser cura-volantín o cura-hierba? Habría sido delicioso sentir el aire puro de la altura agitando mi simple papel de color o la tierra dulce apretando, tibia, mis raíces.

No tengo dudas sobre lo que soy. No obstante, experimento el deseo de probar, a ellos y a mí, tangiblemente, que soy el monasterio. Aquí hay algo que está mal. Uno: si no me decido a relajar el vientre, jamás caerán las murallas y nunca podré tener la prueba. Dos: si me decido a dar el mortífero paso, a costa de la destrucción tendré esa prueba. (Soy hermoso; bajo la lluvia mis tejas brillan como escamas de salmón). ¿Pero si las murallas, a pesar de mi acto, no cayeran?

No dejaría de ser lo que soy. Probablemente no sea aquel monasterio sino otro idéntico que puede estar en cualquier parte. Además, ¿es necesario que exista un monasterio «real»? Me basta saber que si dejo de contraer los músculos del vientre, yo, yo mismo me elimino.

¡Arde, bruja, arde!

La monja estaba siendo quemada viva. Un mendigo, acosado por el frío, había llegado a la iglesia pidiendo albergue. Porque no tenía con qué hacer un fuego para calentarlo, la monja quemó una Virgen de madera. Ahora el abad, viejo reseco a quien nadie había visto sonreír, la quemaba a ella, acusándola de comunista sacrílega. Ardió la pira, ardió su cuerpo, ardió su cuerpo, ardió su cuerpo, ardió su cuerpo, pasaron las horas, los días, tres semanas, y la carne siguió echando llamas sin consumirse. Las noches de la aldea ya no eran oscuras, los gallos no cesaban de cantar, los vecinos no podían dormir. Formaron filas, se pasaron baldes llenos con agua para empaparla, el incendio no cesó. Así, lanzando lenguas de fuego, la arrojaron a un pozo que colmaron con arena. De ese profundo sepulcro emergió un calor intenso que atrajo moscas, arañas y víboras. Decidieron desenterrarla. La encontraron aún en llamas y además viva. Le rogaron que dejara de arder. Sin decir una palabra caminó hacia la iglesia, bajó del púlpito al abad y lo estrechó contra su pecho. «¡Entra en Su corazón!». Cuando el viejo se consumió sin dejar cenizas, ella dejó de arder. Tomó una escoba y, como de costumbre, se puso a barrer el piso. Los aldeanos le llevaron pedazos de leña temiendo que algún otro mendigo llegara a pedirle albergue.

Eugenia

No hay artes mayores ni menores. Cada obrero debe hacer un arte de su oficio. ¡Soy un artista! Maquillar muertos no es fácil: primero, el maquillaje debe ser imperceptible; segundo, tiene que dar un aspecto de salud y optimismo; tercero, reproducir exactamente los rasgos del cliente... A veces el material llega en mala condición. Color y carácter deben ser restaurados mediante datos que proporcionan familiares y amigos; datos siempre contradictorios. No obstante, yo cumplo mi tarea. Allí donde hay frío y deformación, pongo forma y color. No confío, como otros mediocres de mi oficio, en ojos de parientes, velados por lágrimas o miedo. ¡Soy un artista!... En pocos minutos más se podrá decir «era».

Otro en mi lugar, estaría contento. Creería haber llegado a la cúspide. No es para menos: encerrado en el Congreso, trabajo sobre el cadáver del «Inmortal». Afuera, un millón de camisas verdes esperan que abra la puerta para desfilar junto al «dormido». Ellos no saben. Yo sé.

Ayer, doce curas vestidos de civil me llamaron a la Gran Sede. En una oficina, luego que hube hecho toda clase de juramentos respecto a mi silencio, me revelaron el secreto. Ellos eran el cerebro y el «Inmortal» su marioneta... Es preciso que los camisas verdes sigan creyendo en la supervivencia del jefe. Mi labor es maquillarlo hasta que se vea lo más viviente posible y repetir cada día mi obra de arte sin que nadie se entere. «¡Es fundamental para la causa el mito de la resurrección!», me han dicho. Tengo mi fortuna asegurada. Debería estar contento; no lo estoy. Cuando abra las puertas, firmaré mi condena. También la condena de esta falsa doctrina.

Nunca pude encontrar esposa a causa de mi oficio. Dicen que el olor a muerto emana de mis dedos. De vez en cuando, alguna depravada me busca para besarme las manos. Los pobres me desprecian porque realizo mi obra sobre rostros de ricos. No tienen razón. El rostro de un pobre, vivo o muerto, es casi lo mismo; a veces tienen una expresión más reposada dentro del ataúd que la que tenían en vida. Con los clientes de primera clase la cosa cambia: me traen el material disfrazado con fracs, uniformes, medallas, anillos, bandas, cruces, pecheras y me piden mucho color, mucho optimismo. Cuando quito esas cáscaras para dar el baño de rigor, del bulto imponente que ponen a mi disposición queda entre mis manos un miserable cuerpecito con las más feas expresiones de terror, maldad, orgullo o avaricia. Ellos sí tienen necesidad de mi arte. Y debo trabajar horas para hacer de sus caras algo decente.

No tengo, por lo tanto, hijos ni amigos; y un oficio como el mío hace amar la vida. Era una tristeza insoportable... De pronto, huyendo de los camisas verdes, llegó Eugenia. La escondí. No la encontraron. Su padre había sido contrario al «Inmortal». El líder, luego de asesinarlo, estaba exterminando a toda la familia.

Eugenia tenía siete años y una mirada tan triste como la mía. A partir de aquel momento, la consideré mi hija.

Ella fue feliz conmigo. Yo fui feliz con ella... Me ayudaba a maquillar. Si nos tocaba trabajo un domingo, luego de terminada la tarea, hablábamos como payasos e improvisábamos absurdos diálogos a propósito del muerto, en voz baja para que no nos oyeran los deudos. Un chiste que hacía reír mucho a Eugenia era que colocáramos al difunto sentado en el ataúd, que yo me pusiera detrás, pasara los brazos por debajo de sus axilas y lo hiciera gesticular un discurso sobre el tiempo.

Dos años estuvimos juntos. Le enseñé mis secretos. Nadie sabe que ella —es un prodigio para alguien de su edad— maquilló al cardenal Barata. Trabajo le costó hacer, de la atroz mueca de escepticismo y desprecio, una sonrisa beatífica... La mirada triste de Eugenia no cambió nunca. Sin embargo, su sonrisa, aún después de que los camisas verdes la mancillaran, resplandecía como el sol. No soy poeta: afirmo que su sonrisa era para mí como el sol. Pero el «Inmortal» no se apiadaba del sol ni del universo entero. Recuerdo que dijo: «Si Dios baja a la Tierra y su nariz no me gusta, a Dios mismo lo mando fusilar».

Delatar, ¿qué impulsa al hombre a este acto? Ni lucro, ni envidia, ni venganza, ni espíritu de justicia. Creo que la delación es un instinto. Y el amor, ¿por qué nos conduce al riesgo? ¿Acaso la felicidad no puede encontrarse sino junto al peligro mortal? Al final salía con Eugenia durante el día, íbamos al trabajo cantando, asistíamos a los desfiles con antorchas, jugábamos a la rayuela frente a los cuarteles de camisas verdes... Fue normal: nos delataron.

Reconozco que el líder era un genio teatral. Me llamaron por teléfono. «Dos clientes... Viejo matrimonio... Entierro de lujo... El rostro del caballero para usted... El de la dama para su ayudante...». Llegamos a la dirección indicada. Un lacayo, demasiado altivo para su oficio, se alejó con Eugenia dejándome en una pieza. No había cadáver. Solo un féretro vacío para niño... Quise abrir la puerta. Estaba encerrado. Oí risas obscenas y ruido de botas. Esperé... Cuando me lanzaron el cuerpo de Eugenia gritando «¡Es tu turno!», no quise comprender. Realicé sobre su carita el maquillaje de payaso que siempre me pedía y la deposité en el pequeño ataúd.

Encerrado en el Congreso, trabajo sobre el «Inmortal». Afuera un millón de camisas verdes esperan que abra la puerta. Mi obra está terminada... Firmaré mi condena de muerte. También la condena de esta falsa doctrina:

—¡Entren, camisas verdes, vean!

El perro de Ptosis

Ptosis se sintió orgulloso y tenía por qué estarlo: después de pacientes estudios había descubierto lo que luego se llamó el perro de Ptosis. Descubrir algo nuevo en el sagrado filme *Noches de amor en Bombay* era prácticamente imposible.

El pueblo de Lexgopol, único sobreviviente de las guerras prehistóricas, había eliminado la imaginación (fuente de todo mal) desde hacía muchos milenios. Por medio de lobotomías generales fue suprimido el instinto del juego. Se produjo una raza burocrática capaz de vivir sin nostalgia de cambios o aventuras.

Siguieron pasando los años. Cuando el general supremo preguntó por qué el suicidio diezmaba al noventa y cinco por ciento de la población, se le explicó que aquello era una especie de equilibrio nervioso, ya que jugar constituía un aspecto esencial de la conducta humana. Entonces el mandatario dio la orden de restaurar lo lúdico. Pero todos los juegos, obras de teatro, libros, filmes, habían sido borrados de la memoria colectiva y de la realidad. Así como al hombre prehistórico le era imposible razonar, le era imposible al lexgopolita crear cualquier cosa. La imaginación estaba perdida para siempre.

Fue un acontecimiento salvador cuando de las sumergidas bodegas de un trasatlántico de la época bárbara se extrajo un proyector de cine perfectamente conservado y la cinta *Noches de amor en Bombay*, hablada en inglés antiguo. La única posibilidad de entretenimiento estaba en aquella tira de celuloide.

El filme se proyectó precedido por una ceremonia militar y científica que, al cabo de bien calculados minutos, se hizo religiosa. Se escribieron centenares de tratados sobre la psicología y los trajes de los actores, el maquillaje, el decorado, las características de los personajes, el giro idiomático arcaico, el tipo de gestos. Cuando no quedó ninguno de esos temas por agotar, se estudió la personalidad de cada anónimo figurante, se hicieron recuentos de objetos, se inventariaron los cuchillos y tenedores que aparecían en la escena del claro de luna y a cada uno se le bautizó con un nombre distinto, se calculó la medida de las prendas y de los calzados.

Cada vez que se catalogaba una nueva cosa, los ciudadanos acudían otra vez al templo óptico para observarla detenidamente. «¡Hoy, presentación de un ave blanca que vuela en el ángulo superior derecho!». Al llegar al paso del pájaro, se detenía la película, se pronunciaban discursos y hablaban los sacerdotes cinéfilos. A veces se catalogaba con su correspondiente número una mancha del celuloide. Esta se reproducía y adornaba el salón principal de los ayuntamientos. Luego pasaba a engrosar las páginas de la *Gran Enciclopedia de Noches de amor en Bombay*. Se celebraban concursos. (Podían participar solo individuos capaces de disertar acerca de un mínimo de cincuenta mil detalles). Al cabo de tantos años de búsquedas, cada milímetro cuadrado estaba inscrito y había dado origen a salmos, ensayos y toda clase de exégesis. Esto redujo el suicidio colectivo a una cantidad normal.

Ptosis era un ciudadano de grandes ambiciones. Estaba decidido a pasar a la posteridad. Durante diez horas diarias en el espacio de treinta años observó el filme. Pudo por fin ver, por entre las rendijas de un canasto de mimbre que aparecía en el fondo del mercado, los movimientos de un cuerpo opaco. Logró reconstruir su forma y demostró que era la de un perro. Profundizó el estudio y catalogó la raza canina. Un fox terrier escondido ahí por su dueño, un extra que, según lo demostró Ptosis, era el mendigo bautizado como «Aparición de relleno en el milímetro veinte por ciento seis del mercado».

El orgullo embargó a Ptosis. Se le condecoró en el búnker presidencial, se le obsequió un retrato del general en tres dimensiones y recibió el homenaje carnal de cientos de ciudadanas... Hasta que Kmosis, tan ambicioso como Ptosis, logró demostrar que ese perro era solo la sombra del figurante «El fumador de marihuana» del milímetro doscientos tres por quince.

Se borró a Ptosis de los tratados, se demolió su estatua y se hizo irrisión de su nombre. De este lamentable hecho nació una frase muy usada por los ciudadanos para prevenir esfuerzos vanos: «¡No vayamos a descubrir un perro de Ptosis!».

La idea

Antes de que la idea apareciera, yo creía ser feliz. Trabajaba en Investigaciones. Filas de conspiradores, con toda seguridad comunistas, a quienes no distinguía por los rostros sino por las tarjetas de identificación que les colgaban del cuello, esperaban llegar a mí. ¡Blandiendo un punzón eléctrico y una pistola negra, yo era la obligada meta!

Siempre me esmeré en reventar lentamente cada testículo o pezón, aunque para ello tuviese que retardar varias horas el avance de la fila. Por amor a mi oficio, adquirí técnicas que me permitieron obtener confesiones semejantes a poemas. Secretamente alimentaba yo la creencia de que el Supremo estaba enterado de mi habilidad y que, al término de cada jornada, se reunía con su Estado Mayor para admirar las fotografías de mis obras de arte. (Para abrir un tórax de tal manera que semeje una magnolia roja, se necesita un buen gusto extremo). Estaba orgulloso. Eso era antes. Ahora estoy vomitando.

La cosa empezó por mi culpa: hacer desaparecer a un fulano se me había hecho rutinario. Con el apoyo del Alto Mando, mandaba borrar su acta de nacimiento y todos los demás documentos oficiales, amén de su cuenta bancaria, su registro telefónico, etcétera. Esto parece complicado pero era relativamente simple. Bastaba un telefonazo para poner en marcha la red desaparecedora y en menos de cuarenta y ocho horas el criptocomunista se esfumaba. Bueno, le quedaba el molesto cuerpo. Yo mismo, en cómodos fines de semana, cuando podía ausentarme de la capital en forma discreta, los liberaba casi a todos de esa carne ya carente de significado social. Un hombre sin papeles es un fantasma. A veces era en el desierto, otras en playas deshabitadas o en bosques del sur. Mejor no amontonarlos en promiscuas fosas comunes. Un desaparecido no puede formar grupos, tiene que irse al agujero, solo, sin encontrar ojos que al verlo lo definan.

Ellos mismos tenían que cavar su fosa. Es curioso cómo cada uno abría un hoyo diferente: a veces eran rectangulares; otras, a causa de que les temblaban las manos, informes. Los había profundos y grandes, como si fueran a contener una vaca, o tan pequeños que me veía obligado a cortar al muerto en dos para que cupiera. Es curioso: los que ejercían una profesión intelectual cavaban fosas de muy poco fondo.

No hay mucha diferencia entre la muerte de un conejo y la de un hombre; basta un golpe en la nuca y se acaba la comedia. Bueno, el golpe no lo daba con mis puños sino con un bate de béisbol, por higiene. Luego los cubría con piedras y tierra, punto. ¡Desaparecidos para siempre!

Sí, borrar a un fulano se me había hecho rutinario. Pero este día de verano, en Investigaciones, la cola de tantos inculpados para caber en la sala debe formar una espiral. El aire se vicia. Apenas puedo introducirles las ratas hambrientas en el ano. Por el interior del pantalón, a causa de mi vientre sudado, se desliza la pistola. Me inclino para recogerla. ¡Sucede aquello que causa mi perdición: acude una idea!

Fue como si un sol inoportuno surgiera en mi cabeza iluminando recuerdos, órdenes inscritas, antiguas creencias. Al erguirme, sentí que mi calavera era un cofre relleno con diamantes venenosos. Esa sensación me produjo tal disgusto, que oculté mis ojos con gafas oscuras por temor de que alguien descubriera lo que llevaba incrustado en el cerebro. Al lado de aquella idea, mi pretérito se presentó como un magma nauseabundo; a pesar de todos mis esfuerzos me fui avergonzando de mis mediocres conceptos y, al fin, encontré ridícula mi pasión por hacer desaparecer ciudadanos en forma perfecta.

«He sido de una abominable debilidad; debo fortalecerme. ¡Así como tuve esta idea, la puedo eliminar!».

Solicité un largo permiso al Comité de Tortura. Me fue concedido con una facilidad que no dejó de herir mi orgullo. (Sobre todo cuando supe que colocaban en mi puesto a un burdo ex boxeador.) Semanas estuve encerrado forzando mi cerebro. Me incliné innumerables veces. Me tendí de espaldas en la cama mirando el techo o boca abajo con la cabeza colgando al borde del somier. Nada sucedía. Fracasaron las mojadas en el ceño con agua caliente, el golpearme el mentón con un puño, azotar mi nuca con un zapato.

Dentro de mí, la idea brillaba como una tarántula incandescente. Me di cuenta de que había algo ajeno queriéndome utilizar como instrumento.

«Ella no ha sido creada por mí. Cuando me incliné, vino de otra parte a mi cerebro para anidarse en su centro hasta destruir mi vida. ¡Impediré que surja de mi boca! ¡He de olvidarla!».

Meses estuve tratando. Comí poco; me sumergí en los cinematógrafos; participé en desfiles religiosos y políticos; memoricé la nueva Constitución; recurrí al alcohol, a la morfina, al embrutecimiento sexual. Vanos esfuerzos: ¡olvidé hasta mi nombre, pero la idea no perdió su nitidez!

Como último recurso pensé en degollarme. Sin embargo, la duda me retuvo. ¿Era ese el medio de eliminarla? ¿Y si después de que yo muriera el exboxeador, torpe, dejaba caer cualquier cosa, las pinzas muerde-senos, por ejemplo? Al recoger mi cuerpo, los empleados de la funeraria se inclinarían. Catorce veces por semana, un hombre baja la frente al atar y desatar los cordones de sus zapatos. ¡Todo el mundo inclina la cabeza varias veces al día, por diferentes motivos! ¿Quién me aseguraba que, una vez libre de mí, la idea no aparecería en otro cráneo?

Guardé la navaja.

«Tengo la sensación de que juega conmigo. La única manera de eliminar esta cosa monstruosa es hacer lo que tan bien sé hacer: desaparecerme».

Seguí todo el ritual: di el telefonazo maestro y la red se puso en acción. En menos de cuarenta y ocho horas me convertí en un don nadie. Al sábado siguiente tomé el automóvil y me fui a una playa abandonada llena de algas. Allí, desnudo, dejé surgir mi asco. Después de unas tremendas arcadas vomité los huesos del pie derecho; luego los del otro pie, seguidos por los fémures, la osamenta púbica, la columna vertebral que surgió como un gusano blanco, las costillas, los brazos, el cráneo, en fin, mi esqueleto entero. Convertido en un montón informe, vomité las tripas, el estómago y las otras vísceras. Luego fueron los músculos, la grasa, las arterias y venas, los nervios, y por último, como una gran hoja muerta, la piel. No quedó boca ni nada. Miento: quedó palpitando entre las algas, como un pez que agoniza, la maldita idea.

Aliviado, entré en el mundo de los desaparecidos. Lo encontré vacío. Al esfumarme yo, ellos, saliendo del olvido, comenzaron a aparecer.

Maestro inútil

Caminó por esa ciudad en la que todos los habitantes se apresuraban a entrar temprano en sus casas para que no los sorprendiera el toque de queda. Tenía infinitas respuestas, pero no encontró a nadie que quisiera hacerle una pregunta.

Campo de concentración

El prisionero estira sus dedos y con trazos digitales forma un laberinto por donde su alma vaga buscando una salida.

Después de la guerra

El último ser humano vivo lanzó la última paletada de tierra sobre el último muerto. En ese instante mismo supo que era inmortal, porque la muerte solo existe en la mirada del otro.

El paso del ganso

Gracias a Dios no nací pobre. Mi familia me ha enseñado a despreciar a esos rotos que no nos dejan comer en una terraza de los cafés del centro sin tratar, haciendo indignas muecas de tristeza con sus caras simiescas, de que les regalemos la costilla que está en nuestro plato. Mi padre, vestido de impecable gris, camisa blanca y corbata discreta, tiene la decencia de mantener siempre una billetera llena y, por lo mismo, un espíritu satisfecho. Las proporciones de su cuerpo proclaman sin innecesaria ostentación la calidad de su cuna. Su cabeza cabe exactamente ocho veces en la altura de su cuerpo. Sus ojos están en la exacta mitad de su cabeza. Su costado derecho es idéntico al costado izquierdo. Si con una sierra se lo dividiera a lo largo, esos trozos serían idénticos.

El 18 de septiembre, nuestra Fiesta Patria, con su voz ni muy aguda ni muy grave, mi padre me dijo:

—Si somos lo que somos y tenemos lo que tenemos es porque nos hemos rodeado de empleados que saben defendernos. Te llevaré al hemiciclo del parque marcial para que veas desfilar a nuestro glorioso ejército.

Protegido por la sombra de un quiosco, allí estaba el Presidente rodeado por sus ministros; él y ellos, perfectamente simétricos. Los soldados, en bloques compactos, filas de veinte de ancho por cuarenta de fondo, cubiertos con cascos en forma de hongo y máscaras de Mickey Mouse, al llegar frente a la tribuna comenzaron a levantar sus piernas a la altura del ombligo para luego depositarlas en la tierra con enérgicos zapatazos. Disimulando una sonrisa de orgullo —toda expresión facial le estaba prohibida—, mi padre musitó: «¡No lo olvides nunca, hijo mío, ese es el paso del ganso!». «¡Suena como una lluvia de balazos, me da miedo! ¿Para qué les sirve?». «¡Aparte de asustar a los piojentos, les sirve para matar a las hormigas!». «¿Pero qué les han hecho las pobres?». «Pues... ¡existir en su camino!».

Por primera vez —a pesar de que yo no tenía nada que ver con las hormigas: mi madre, cada vez que veía una fila de esas obrerillas, por lo general en la cocina, tomaba el lanzallamas doméstico y, reteniendo su furia para murmurar un frío «¡Ladronas!», las convertía en cenizas, sin que en mi corazón estallara una tormenta—, navegó por mi sangre un dolor extraño al que después identifiqué como «piedad».

Soltando la bien formada mano de mi padre, con dedos de largo regular y uñas que lucían una perfecta y blanca medialuna, pasé por entre las botas de los carabineros, salté las barreras, corrí hacia la pista y, en medio de ella, elevé mis brazos hacia el bloque de soldados.

—¡No levanten las piernas tan alto! ¡No castiguen así el suelo! ¡Piensen en las pobres hormigas! ¡Avancen sobre la punta de los pies! ¡Esquívenlas! ¡Son hormiguitas chilenas! ¡Son nuestras compatriotas!

¿Qué podían hacer esos nobles esbirros? ¿Frenar de golpe para hacerse embestir por el bloque que los seguía? ¿Ponerse a caer como palos de boliche? Por otra parte, ¿podía el presidente ordenar que su ejército se detuviera, aceptando que un niño era más importante que todas las armas? Optaron por la única solución posible: no verme. Los zapatazos, en su impetuoso avance, llovieron sobre mi cuerpo.

El desfile duró una hora. Cuando el mandatario, sus ministros, los cinco mil soldados y el numeroso público se alejaron del parque, yo quedé en el camino de tierra, convertido en una mancha rojiza, plano como un lenguado. Mi padre, que por vergüenza se había ocultado tras el tronco de un árbol, me recogió y, llevándome oculto, enrollado en el interior de su paraguas, regresó a nuestra casa, en el barrio alto, esperando cruzar las murallas sin que los guardianes, o sus perros, se dieran cuenta de que iba acompañado de un hijo tan indigno.

La cabeza de mi madre también cabía exactamente ocho veces en la altura de su cuerpo, así como también su costado derecho era idéntico al costado izquierdo... Al verme extendido sobre la mesa, poco distinto de un mantel, con su voz ni muy grave ni muy aguda dijo:

—El niño ha cometido una grave imprudencia. Es preciso que los vecinos no se enteren. Vamos al frigorífico.

Acostados sobre mesas de mármol, cien cuerpos simétricos, perfectamente iguales, esperaban mi decisión.

—Previendo el futuro, gracias a nuestra fortuna, felizmente hemos reunido un muestrario completo para que no te quejes, como un hijo de piojentos, de haber desaparecido a la primera destrucción sin que te haya sido ofrecida la oportunidad de elegir...

Los examiné uno a uno; los medí, los observé de lejos y de cerca, por delante y por detrás, me hice espejo de su expresión única; dudé. Mis progenitores comenzaron a resfriarse. Los cuerpos simétricos de mis cuatro abuelos irrumpieron en el frigorífico.

—Es preciso decidirse, sapito aplastado. Si continúas así, nos dará una pulmonía.

—¡Elijo mi propio cuerpo, en el estado en que esté!

—¡No puede ser! —susurró mi madre.

—¡No puede ser! —susurró la madre de mi madre.

—¡No puede ser! —susurraron los otros tres abuelos.

—Piensa, hijo mío, que todo el mundo dirá que no tenemos los medios de proporcionarte un cuerpo simétrico —tartamudeó mi padre, muy a su pesar.

—Si se te da la posibilidad de tener un organismo nuevo cada vez que destroces el anterior, agregando a la obligatoria solución el gusto de la libre elección, tienes el deber moral de aprovechar la oportunidad. ¿No te das cuenta de que la familia haría el ridículo si en Vida Social aparecieras tú, entre nuestros cuerpos decentes, como una hamburguesa pisada por un elefante? —recitaron todos, sustituyendo los lamentos por opacos estornudos.

Mi madre se desmayó.

—¡Basta de hipocresías, denme el cuerpo ideal que me tienen reservado!

La familia contuvo un suspiro de alivio.

Abrieron una heladera de lujo. Envuelto en papel dorado había un cuerpo regular, con una cabeza que cabía exactamente ocho veces en su altura, con ojos en la exacta mitad de la cabeza, con el costado izquierdo idéntico al derecho.

Me despojé lentamente de mi cuerpo plano y me puse el nuevo.

La familia me bendijo:

—Que Dios multiplique el dinero que posees. Que encuentres la esposa-espejo que te conviene.

—Gracias —contesté con una voz ni muy aguda ni muy grave.

La vida continúa con su habitual monotonía. Nos levantamos a la misma hora, comemos juntos sin hacer ruidos con la boca, acumulamos los cheques que nos envían los aterrados locatarios, apagamos las luces a una hora conveniente y dormimos conectados al computador onírico que disuelve las pesadillas. Todos dicen ser felices, menos yo. Constantemente resuenan en mis oídos los zapatazos del paso del ganso. Escondido bajo las sábanas y mordiendo la almohada, trato de apagar los sollozos. «¡Pobres hormigas!».

Ilusión equina

Un gran guerrero domó a un caballo salvaje y montado en él conquistó ciudades, países, continentes. Al fallecer su amo, el animal anunció con gran orgullo: «¡Yo continuaré la conquista!», y se lanzó al ataque. ¡Lo mataron en pocos segundos y dieron su carne a los perros!

¡Muera la luna!

El supremo dictador tuvo un mal sueño.

Convertido en ratón, temprano en la mañana, observando su sombra, se sentía inmenso. Royendo paredes de cemento, violaba despensas para devorar kilos de queso; trepaba hasta las terrazas donde lo esperaban sabrosas frutas puestas a secar; ahuyentaba palomas no desdeñando devorar sus raciones de alpiste. Sin embargo, poco a poco iba perdiendo la seguridad y a mediodía, durante un instante, chillaba aterrado creyendo que el cielo iba a caerle encima. Luego, milímetro por milímetro, la confianza en su propio poder aumentaba. Más feroz que nunca, asolaba graneros, fecundaba hembras, perseguía a machos más débiles, hasta que el sol naufragaba en el horizonte. Al quedarse sin sombra, se daba cuenta de que era muy poco, que apenas existía. Queriendo acercarse a la luna, para que su luz le diera extensión, se lanzaba hacia el fondo de un pozo. Perecía ahogado.

Dando resuellos roncos, se despertó furioso. De inmediato ordenó lanzar un cohete que desintegrara a la luna.

La vendedora de lámparas y narices

En aquella ciudad ninguna casa tenía ventanas. Las habitaciones eran cubos negros. No se conocía la luz. En las calles corrían ríos de tinieblas porque la atmósfera contaminada formaba un escudo impenetrable a las caricias del sol. Los habitantes de ese mundo no tenían nariz. Sintiéndose felices, habitaban en la sombra solo preocupados de trabajar para llenar su estómago y satisfacer sus deseos sexuales... Un buen día apareció una anciana que gritaba: «¡Vendo una lámpara y una nariz!». Un ciudadano que por allí pasaba se sintió atraído hacia la extraña mujer: sus ojos relumbraban en la negrura como dos luciérnagas. Compró la lámpara y la nariz. Cuando quiso pagar, la anciana se negó a recibir el dinero. El hombre regresó rápidamente al cubículo. Apenas cerró la puerta, un insoportable olor se le metió por las fosas nasales para zaherir su cerebro. Encendió la lámpara. Lo que él creía una pieza hermosa, limpia, tranquila, era un nido de arañas, basura, alimentos podridos, muebles apolillados, capas de grasa, excrementos de rata. ¡No pudo permanecer en ese asqueroso lugar! Recorrió las calles hasta encontrar a la vieja. «Bruja, ¿qué hizo con mi elegante mansión? Antes yo vivía bien, como todo el mundo, pero apenas me puse su nariz y encendí la lámpara, esos dos objetos cambiaron mi mundo. ¿Por qué tanta maldad?». La señora respondió: «¡Tu mundo no fue cambiado: es así! Antes no te dabas cuenta y creías estar bien en un sitio que tarde o temprano te hubiera destruido. Cuando se adquieren nuevos órganos y se hace la luz, sufrimos porque nos vemos como somos realmente y no como imaginamos ser. Ahora que sabes cuál es tu realidad, debes abrir ventanas, matar parásitos, limpiar paredes, desinfectar el lugar y serás feliz. ¡Entonces dale la lámpara y la nariz a otro ciudadano, como lo hice yo!».

El héroe y el idiota

El tirano masacraba poblaciones enteras. Los que lograban escapar se hacían guerrilleros. Entre ellos se encontraba un hombre que era incapaz de manejar un arma y se dedicaba a la cocina. Un día encontraron en una aldea devastada a un niño moribundo. Como no tenía padres, decidieron abandonarlo allí. El inepto se opuso y quiso adoptarlo. La criatura sobrevivió y fue creciendo. El cocinero le enseñó lo único que sabía hacer: cocinar. Siempre junto al fogón, el muchacho veía a los otros jóvenes aprender con sus padres el manejo de las armas. Acabó por insultar al ignorante: «¡Idiota, mira lo que has hecho conmigo: tengo fuerzas para derrocar a diez tiranos y aquí estoy removiendo el cucharón de tu insulsa sopa! ¡Me das vergüenza!». Y partió en busca de otros guerrilleros. Aprendió a combatir. Llegó a ser jefe. Unió los grupos dispersos. Atacó al tirano y lo decapitó. Vino la paz y junto con ella una epidemia. Al mando de su poderosa armada, recorrió el país quemando las aldeas infectadas. En una de ellas, entre los numerosos cadáveres, gemía un bebé. Nadie quiso acercarse a él por miedo a la peste. De pronto un anciano haraposo saltó por entre las llamas, corrió hacia el niño, se mordió un brazo y lo alimentó con su sangre. El héroe reconoció al idiota de su infancia. Se arrodilló ante él y, por primera vez, lo llamó padre.

El último ogro

Por más que dormitaba junto a la chimenea, vestido con el uniforme de gala, cubierto por la capa de desfile, la colcha verdina y el espeso estandarte de su sección de tortura, pasaba frío los inviernos. Le habían dado un apartamento frente al retén de carabineros para que los vecinos, que se negaban a creer que la vejez lo hubiera fatigado, no temieran por sus niños. El techo bajo de esa construcción moderna lo hacía marchar encorvado. Los centenares de jamones que engrosaban las paredes solo le dejaban un estrecho sendero que iba del sillón reforzado hasta su inmensa cama. Una larga carta del ministro de Guerra al Ministerio de Salud Pública, explicando el gran peligro que era mantenerlo en ayunas, le consiguió el alimento solicitado. Cada jamón —devoraba uno diario— salvaba a un niño. En agradecimiento por ese favor permitía que, de diez a once de la mañana, conducidos por sacerdotes y oficiales, lo visitaran grupos de escolares que le ofrecían, tímidos pero fascinados, algunos chocolates. Él los aceptaba para disimular la saliva que le llenaba la boca ante la fragancia de esas carnes tiernas... Así, insatisfecho, el resto del día le era insoportablemente largo. La música no podía servirle de consuelo porque, por más que se esmerara en hacer gestos delicados, sus grandes manos destrozaban violines y teclados. Ni pensar, con ese hipócrita Gobierno Democrático, que lo dejaran divertirse descuartizando a un reo político. Su gran compañía podrían haber sido los libros, pero, por vergüenza de solicitar unos lentes enormes, ocultó su miopía. Cuando los cadetes de la Escuela Militar iban a observarlo, tomaba la Biblia y, con una sonrisa beata, fingía leer, como si esa actividad sustituyera ampliamente la ausencia de la ogresa que le hubiera podido ayudar a construir una agradable familia de verdugos.

La noche anterior a la visita anual del presidente y la primera dama —venían a otorgarle un medallón de plástico imitación de oro como premio por una virtud que los psicólogos oficiales habían bautizado «ovejidad conquistada»—, tuvo un mal sueño. Se vio vestido de san Cristóbal devorando a una niña de cinco años. Le comió todo, menos los dedos de las manos y los pies. A cada una de esas veinte extremidades la escondió dentro de un jamón. Murmuró una frase: «Con la esperanza de alivio, no se siente el padecer». Se despertó salivando. Miró sus racimos de jamones y se puso a llorar,

Cuando llegó el presidente con su comitiva, no pudo levantarse del sillón. Solamente lanzó, como saludo, un gruñido, pequeño para él, ensordecedor para los visitantes. Esto hizo que la primera dama, a la que correspondía el honor de colgar del enorme cuello el medallón, se le acercara temblando de pies a cabeza. El intenso olor a adrenalina, los ojos demasiado abiertos y los vellos erizados de la señora, despertaron en el ogro una voracidad que creía para siempre sepultada. La tomó por los brazos y en un santiamén se los arrancó. Luego, de una tarascada, le cortó la cabeza y la trituró. La comitiva, lanzando al suelo al presidente, pasó sobre su cuerpo tratando de llegar a la puerta. El ogro los cosechó como si fuesen uvas de un apetitoso racimo. Le bastó menos de un cuarto de hora para comérselos a todos. Después de relamerse y eructar satisfecho, se dio cuenta de lo que había hecho. Mil sirenas ulularon en su cerebro y todos los condicionamientos pacíficos le patearon el alma. «¡He dejado al país sin gobierno! ¡Qué atrocidad!». Llorando lágrimas del tamaño de una paloma, comenzó a lanzar por la ventana sus jamones. Cuando las paredes quedaron desnudas y abajo el ejército, saliendo de la sorpresa, apuntaba hacia él todas sus armas, recogió los trajes desgarrados y los zapatos de sus víctimas y salió a la calle. Cayó de rodillas, rompiendo los adoquines. Sus lamentos hicieron vibrar los edificios. La multitud y los soldados, sin atreverse a hacer un gesto ni pronunciar una palabra, observaron su doloroso y sincero arrepentimiento. Un general comenzó a dar la orden de fusilarlo. El vicepresidente que, por fumar un cigarrillo, no había entrado con el séquito presidencial al apartamento del ogro, lo interrumpió: «¡Alto! Este hombre no es un criminal, es un justiciero. Ahora puedo revelar que el difunto presidente estaba robando el oro del país, enviándolo en sacos llenos, acompañados de la primera dama, por vía diplomática, a una cuenta bancaria en Suiza. Como el alto mando recae ahora en mis manos, nombro a don Virgilio González Vargas (ese es su nombre, si no me equivoco) verdugo nacional. ¡Todos aquellos políticos que se aparten del democrático sendero, serán devorados por nuestro patriótico ciudadano!».

Hasta los ciento diez años, sin necesitar jamones, bien alimentado, gordo como una montaña, el ogro vivió una vida apacible recibiendo, a cada apetitosa ejecución, los aplausos del país. Murió en su inmensa cama haciendo el saludo militar. Lo enterraron con el largo ataúd cubierto por la bandera nacional... Al día siguiente de su deceso, estalló el caos en toda la República.

La bolita

Por exigencias del protocolo, un rey que tiranizaba sin piedad al pueblo tenía que salir de su fortaleza en una carroza de oro, recorrer la avenida Central hasta el parque en donde lo esperaba su ejército, y rendir honores a la bandera. Tanto era el descontento que su régimen rapaz había sembrado, que el tirano temía por su vida. Sus secuaces tomaron todas las precauciones imaginables: el mandatario fue cubierto con una malla de acero; la carroza, rodeada por lanceros montados a caballo; el camino, bordeado por espadachines para impedir que el pueblo se acercara al carruaje dorado. En los techos y ventanas se distribuyeron miles de arqueros prestos a lanzar sus flechas al menor gesto sospechoso. Cerraron las vías de acceso y solo dejaron entrar ciudadanos que habían sido celosamente registrados. Para rematar estas cautelas, colocaron escudos en la carroza y un techo de acero... ¡Comenzó el desfile! La multitud, aterrada, no osaba mover un dedo. Un anciano que estornudó fue atravesado por cien flechas... El hijo de un guardián, sentado junto a su padre, jugaba a las canicas mientras este vigilaba a los espectadores. El niño, al ver ese imponente y amenazador carruaje, se asustó tanto que dejó caer una de sus bolitas. Esta rodó por entre los cascos de los caballos y fue a dar justo debajo de una rueda que, al pasar sobre ella, rebotó y salió de su eje provocando que el carro se volcara y que el tirano pereciera aplastado bajo el peso de sus blindajes.

El piojo del coronel

Un piojo, muy humilde, solo conocía la aridez de la cabellera de un soldado raso. No se quejaba de su suerte —sus antepasados, durante generaciones, habían vivido en esos páramos— y, conociendo solo pelo apestoso, era incapaz de aspirar a un sitio mejor. Quiso el destino que el coronel pasara revista a la sudorosa tropa. El piojo, emocionado, levanta una de sus patas delanteras para él también hacer el saludo militar; entonces un viento repentino lo sacó de su hediente albergue y fue a depositarlo en la cabeza del coronel. El insecto se llenó de orgullo. «¡La armada está bajo nuestro mando!», exclamó. Y una cálida sensación de poder embargó su corazón. Desde ese día despreció a sus congéneres. Es más, rogó al cielo que su jefe los exterminara por sucios y feos. Aferrado a la fragante cabellera, se sintió dueño del mundo, obedecido por todos. De pronto estalló un motín y los soldados, con lanzallamas, quemaron al coronel. El piojo, a pesar de gritar innumerables veces «¡Soy inocente!», murió tan achicharrado como la cabeza que lo albergaba.

El león y el burro

Por unanimidad, el león fue nombrado emperador de la selva. Al comienzo el digno cargo lo llenó de orgullo, pero a los pocos días se angustió. En todos los claros y rincones estallaban crueles batallas. Nadie podía caminar con seguridad por los senderos. Al caer el sol, los animales se encerraban temblando en sus madrigueras. Muchas especies habían dominado el secreto del fuego y mantenían brasas ardientes dispuestas a quemar la selva si fuera preciso, aunque la mayor parte de sus habitantes pereciera... El emperador llamó al burro, su primer ministro. Lloró amargamente junto a una de sus largas orejas.

—¡Mi fiel colaborador, nunca tendré fuerzas para solucionar tan enorme problema! ¡Vamos hacia la destrucción!

El burro, con gran esfuerzo, pensó y luego dijo:

—Querido amo, si usted no llega a resolver un problema inmenso, trate por lo menos de resolver un problema pequeño, que esté al alcance de sus fuerzas. ¿Puede ordenar la selva entera?

—¡No!

—Trate entonces de ordenar el área en la que usted vive.

—¡No puedo —contestó el león— porque hay tantas envidias en mi corte que no logro organizar un ejército!

—¡Entonces, ordene su corte!

—¡Imposible! ¡Hay tales disputas en mi propia familia que no tengo tiempo de pensar en otras cosas!

—¡Entonces, oh Majestad, solucione los problemas de su familia!

—¡No puedo, pedazo de burro, porque yo mismo me debato entre las ansias de servir a mi pueblo y el deseo voraz de comérmelo! —Y la fiera saltó sobre su primer ministro. El burro, mientras era devorado, pensó: «Esto me pasa por tratar de mejorar al león antes que a mí mismo».

Íntima tarea

Un señor quiere limpiar, con una tarjeta de visita, la abertura trasera de su elefante. Apenas comienza la íntima tarea, se da cuenta de que la exigua cartulina es insuficiente porque el arrugado círculo exige más bien la página doble de un periódico. Careciendo de tanto papel o no queriendo buscarlo, el caballero decide coser la salida hasta dejarla del tamaño de una moneda de cinco centavos. Entonces con toda facilidad realiza la limpieza... El intestino del paquidermo, carente de escape apropiado, acumula materias pestilentes que, al fermentar, hacen estallar al animal entero. Uno de los trozos aplasta al señor y el resto de ellos ensucia e infecta la noble casa.

El minibar

Cuarto de hotel: una puerta con muchas cerraduras, una cama, una silla, un minibar. Se abre la puerta, entra un botones, pequeño, casi anciano, cubierto de pecas, cargando una maleta. La deposita en la silla y se inmoviliza. Entra el cliente: un viajero cubierto con un abrigo lleno de polvo de cuyo cuello levantado emerge un rostro tan común que es imposible describirlo y mucho menos memorizarlo. El botones estira su única mano. La palma está manchada con sangre, al parecer, de pollo. El viajero le deposita una moneda. El manco, a falta de cola, agita sus nalgas. Balbucea:

—Gracias, señor. Apenas salga yo, cierre las chapas. Son automáticas, permanecerán cerradas toda la noche hasta las siete de la mañana. Como usted no podrá salir, debajo de la cama tiene una bacinica. No intente telefonear, los alquimistas enemigos han cortado las líneas. Si observa estas instrucciones, dormirá tranquilo, fuera de todo peligro. Buenas noches, señor.

El viajero, con una voz que parece venir de años anteriores, le responde:

—Gracias, muchacho, buenas noches.

El botones sale. El viajero, desparramando pequeñas nubes de polvo a cada gesto, cierra las chapas. Surge de cada una de ellas una corta marcha militar. Luego, silencio. Un silencio rancio, pútrido, que parece enrollado en vendas. El viajero verifica si puede abrir otra vez las chapas: le resulta imposible hacerlo. Lanza un resuello con ecos de cofre agujereado que pretende ser de satisfacción. Abre su maleta, saca una botella de licor en forma de pierna femenina, un vaso de metal fabricado con el culo de un obús y se sirve una porción. Bebe, hace una mueca, como si le picara la lengua. Deja colgar entre sus labios el apéndice seco en el que se aferran algunas recalcitrantes costras de barro. Se dirige hacia el minibar e intenta abrirlo. No puede.

—¡Mierda! ¡Se equivocaron de llave!

Levanta el teléfono que está junto a la cama. No funciona. Lo sacude, lo golpea. Se detiene. Habla para sí mismo, con una voz desprovista del menor vestigio de ternura.

—¡Idiota, ya te dijeron que las líneas estaban cortadas!

Va hacia la puerta. Intenta abrirla. No puede. Se exaspera. Patea las jambas. Se detiene.

—¡Cretino, ya te dijeron que ibas a estar encerrado hasta mañana!

Se sienta en la cama. Bebe otro trago. Tiene escalofríos que al sacudir el abrigo lo sumergen en un halo de polvo.

—¡Puaj, sin hielo, sin soda, vomitivo, insoportable!

Levanta el colchón, sacude la cabeza para eludir el hedor a sudores enmohecidos y extrae una tabla del catre. Va al minibar y comienza a tratar de abrir la puerta usando la tabla como palanca. La madera se quiebra. Desesperado, con gestos de vieja nerviosa, busca bajo la cama y saca la bacinica. Forcejea con el asa y logra abrir, entre risas de triunfo, el minibar.

De inmediato, saliendo del interior del mueble, surge el ulular atronador de una sirena de alarma. El viajero, aterrado, cierra la puerta del minibar. Esta se abre inmediatamente y el aullido metálico aumenta. Golpes violentos remecen los muros. La voz de alguien que habla por megáfono se agrega al ulular de la sirena.

—¡No intente huir! ¡Abra inmediatamente o disparamos!

—¡Lo siento, no puedo: las chapas no funcionan en la noche!

—¡Deje de resistir! ¡No mienta! ¡Abra!

—¡Ya se lo dije: no puedooo!

Una violenta explosión abre un agujero en la puerta. Tres policías armados con ametralladoras, corazas y cascos, irrumpen en la pieza.

—¡Arriba las manos, ladrón! ¡Un movimiento sospechoso y le volamos la tapa de sus hediondos sesos!

El primer esbirro hunde el cañón de su arma en la boca del viajero. El segundo se coloca guantes de cirujano, introduce las manos en el minibar y detiene la bocina. El tercero huele la bacinica. Ningún olor a orina o excremento. ¡Sospechoso!

—¡Sacrílego, usted ha forzado la puerta de un sagrado minibar! ¡Grave..., muy grave!

—Amigos, nunca quise forzar nada. Me dieron una llave equivocada...

Los policías empurpuran a punta de cachetadas las lívidas mejillas del viajero.

—¡Monstruo, no somos tus amigos! ¡No te servirá de nada mentir!

Llaman por sus teléfonos portátiles.

—¡Traigan inmediatamente la lista del *stock*! ¡Veremos qué tan cuantioso ha sido el robo!

De inmediato entra el botones agitando una lista escrita un largo pergamino. Se arrodilla ante el minibar y, después de persignarse, examina el contenido contando en voz alta. Esa voz es semejante a la de un muñeco de ventrílocuo.

—Tres sodas, correcto... Un jugo de tomate, otro de mango, otro de manzana, correcto... Dos paquetes de almendras saladas, correcto... Pequeñas botellas de coñac, tequila, gin, vodka, correcto... Los artículos de consumo, intactos... Pero... ¡Oh, oooh, ooooh! ¡El muy canalla! ¡Falta lo principal: la piedra filosofal, el disolvente universal y el elixir de larga vida! ¡Nada menos que los tres productos alquímicos!

El viajero transpira. Las gotas, al descender por su frente terrosa, dejan surcos oscuros. Esas líneas hacen que el rostro semeje estar bajo barrotes.

—Señores, aquí hay una confusión. La alquimia no me interesa para nada. Yo quería beber un whisky con soda, eso es todo.

—¡Su excusa no es válida! ¡Todos los ciudadanos tienen el deber de conocer de memoria el código alquímico! ¡Nadie puede alegar ignorancia de ese texto! ¡Decir «La alquimia no me interesa para nada» es declarar, con todo cinismo, ser un traidor!

Los policías se ensañan con el viajero dándole culatazos en el vientre, en la espalda, en los costados, en la cabeza. La sangre que escupe pinta mariposas granates en su abrigo.

—¿Qué hizo con la piedra? ¿Qué hizo con el disolvente? ¿Qué hizo con el elixir?

Un dolor desesperado convierte los lamentos del viajero en aullidos iracundos. Se despoja del abrigo. Su cuerpo aparece cubierto por una túnica semejante a la que luce Jesucristo en los cromos populares.

—¡Perros de mierda, la maldita piedra, el maldito disolvente y el maldito elixir, los famosos tres productos alquímicos, me los tragué!

Los policías y el botones sienten que el piso se les transforma en pantano. Se tambalean como borrachos.

—¡Ah, no! ¡No es posible!

—¡Lo repito, cabrones, me los tragué! ¡Rómpanme los huesos, rájenme el vientre, pinten de rojo este inmundo cuarto con mi sangre! ¡Miserables lacayos, ejerzan su impotente autoridad sobre mi cuerpo!

El viajero, fuera de sí, con el éxtasis que provoca el dolor que sobrepasa los límites de la sensibilidad, avanza hacia los policías abriendo los brazos como si fueran alas de ángel. Estos, con extraño terror, retroceden. El botones, dando garridos de loro, escapa del cuarto. El iluminado se aferra a un uniforme. Los militares, lanzando alaridos de espanto, lo rechazan con el cañón de sus ametralladoras.

—¡No nos toques, maldito! ¡La piedra que tragaste te otorga el don de transformar los lobos en ovejas! ¡No cambies nuestra ferocidad en caridad, el destino de la patria reposa sobre el odio! ¡Si somos metal vil es por una necesidad estatal, no cometas el error de hacernos oro! ¡Socorrooo!

Los policías intentan huir. El viajero, con una sonrisa almibarada, se interpone entre ellos y la puerta para abrazarlos y acariciarlos. Los tres brutos respiran con la boca abierta, como si se ahogaran, y luchan débilmente, entre terror y placer, por liberarse de tales muestras de incongruente afecto.

—No resistan... Entréguense... Después de la mutación viene la santa disolución...

—Mmmm... Aaah... Pero... ¡Cuidado!... No nos demos al placer... El disolvente universal borrará nuestros nombres, nuestra historia personal... Al perder la memoria nos convertiremos en niños buenos... Dejaremos de servir a la Patria otorgándole nuestro odio... Los millones de falsos alquimistas que se acumulan en las fronteras nos invadirán para hacer de cada hogar un asqueroso horno... ¡No es posible!... Mmmm... Aaah...

Extrayendo con un esfuerzo supremo una energía dolorosa de las ideas implantadas por el deber, los policías sacuden la cabeza, se dan puñetazos en las mejillas hasta ensangrentarlas, se desprenden del viajero y se refugian, acezando con la lengua afuera, en el rincón más oscuro del cuarto. Pronto olvidan su debilidad e intrigan entre ellos.

—¡Monstruo seductor! Es nuestro deber hacerle vomitar la piedra, el disolvente y el elixir...

Los tres, con el tronco inclinado en ángulo recto y la nariz queriendo ser arpón, se lanzan hacia el viajero. Este, con un gesto imperioso, los detiene. Caen de rodillas, temblando como perros a los que el amo amenaza golpear. Gimen pidiendo perdón. La sonrisa almibarada se transforma en una mueca de implacable cólera.

—¡En castigo por su asquerosa rebelión, ahora mismo, aquí mismo, van a realizar la Gran Obra Alquímica!

—¡Oooh, nooo!

—¡Oooh, sííí! ¡Van a salir inmediatamente del magma infecto de sus egos inferiores y van a llegar a la Conciencia Suprema!

—¡Por favor, todo menos eso! ¡Con las cosas eternas no se juega! ¡La Conciencia Suprema no es nuestra: si la despertamos, nos hará estallar el cerebro! ¡Piedad!

—¡Basta ya! ¡Comiencen su toma de conciencia o los disuelvo!

El viajero estira un dedo índice y hace un gesto amenazador.

Los policías chillan y se apelotonan tratando de incrustarse los unos en los otros. Hablan lloriqueando:

—Somos seres complejos y desorientados que no logran saber de dónde vienen, quiénes son, ni a dónde van... Rara vez conseguimos pensar claramente: las emociones y los instintos nos dominan, desconocemos qué es lo que vale la pena en la vida... Quisiéramos llegar a ser superiores a los demás y conocer las verdades que ellos ignoran. Pero ¿cómo hacerlo? ¿Cómo ponernos en contacto con nuestro propio espíritu para que su fuerza penetre en aquello que llamamos «mi persona»?

—¡Miserables coyotes, después de que se liberen de todas las definiciones, incorporarán la Conciencia Suprema en sus mentes, persuadiéndola mediante la oración! ¡Vamos, cesen de lloriquear y arrojen fuera de sus cerebros malolientes todo lo superfluo!

Los tres policías, con los ojos globulosos, sin pestañear, gritan envalentonados, como si respondieran a las órdenes de un general:

—¡Fuera mi nombre! ¡Fuera mi edad! ¡Fuera mi nacionalidad! ¡Fuera mi definición sexual! ¡Fuera mis ideas! ¡Fuera mis sentimientos! ¡Fuera la tiranía de mi cuerpo! ¡Ven a mí, Conciencia Eterna que me habita! ¡Piensa con mi cerebro! ¡Siente con mi corazón! ¡Vibra con mis instintos! ¡Dirige mis manos! ¡Apodérate de mi voluntad para que ya no esté al servicio de las pasiones! ¡Habla por mi boca! ¡Habla por mi boca! ¡HABLA POR MI BOCA!

Los policías han caído en trance. Moviéndose como zombis se agrupan alrededor del viajero que, igual que ellos, está con los ojos en blanco. Mientras que de la garganta del extranjero surge una voz profunda e inhumana, los militares mueven los labios silabeando sus frases como si esas palabras les surgieran del alma.

—Yo soy el dueño y señor de tu cerebro. Puedo existir en tu espacio personal o proyectarme mediante tu conciencia a diferentes dimensiones. Por permitirme poseerte has dejado de ser un cadáver animado solo por los impulsos animales, te has convertido en un real ser humano, dirigido en todo por mí, que soy tu esencia imperecedera. Gracias por darme el control y permitir que me manifieste a través de tu cerebro. Yo puedo hacer que por fin el Verbo sea creador de materia. Por ejemplo, voy a decir «¡Fuego!» y todo arderá... ¡Que arda todo! ¡Fuego!

En ese preciso momento, por un milagro o por una avería en la central eléctrica, las luces de la pieza viran al rojo. De la bacinica surge una enorme llama y un humo espeso... El viajero ríe lanzando carcajadas malignas. Los policías, saliendo bruscamente de su trance, aterrados, temblorosos, se pegan a las paredes, arañándolas como si quisieran trepar por ellas.

—¡Noo! ¡El fuegofinal! ¡La gehena! ¡La diabólica llamaalquímica que pretende purificarlo todo! ¡Socorro!

En el fundillo de sus pantalones aparece un sol café. Orines anaranjados y densos les corren por las piernas. La palidez de sus rostros se hace verdosa. Es tal su terror que ya casi no pueden respirar.

De pronto entra el botones con un casco de bombero, un impermeable de caucho y un balde lleno de agua. Tranquilo, vacía el líquido en la bacinica. Las luces recuperan su albor. Cesa la llama. Con su voz de muñeco de ventrílocuo, proclama:

—¡El incendio ha sido dominado!

Recuperando el aliento, los policías se arrojan sobre el manco, lo arrastran hasta el rincón oscuro y lo cubren con sus cuerpos.

—¡Por nuestra santa madre puta, cuidado, botones! ¡La piedra filosofal que yace en su estómago le ha dado el omnipoder de la Conciencia Suprema! ¡Si dice «cucarachas», moriremos aplastados por millares de esos deprimentes bichos!

El viajero se agita amenazador dibujando con sus manos laberintos en el aire.

—¡Eso es, carroñas con uniforme, digo «puercos»! ¡Puercos! ¡Quiero aquí una manada de puercos, con sus pezuñas, sus cerdas, sus trompas, sus colas en tirabuzón, sus chillidos de ángel lúbrico!

Los policías, cubriendo más que nunca al botones, se ponen a temblar hasta parecer un montón de gelatina.

—¡Socorro! ¡Cuídate de la invasión de santos puercos, ha dicho el nuevo Evangelio! «¡El alimento preferido del santo puerco es la carne de policía!». ¡Auxilio, severa junta Suprafederal, ven a rescatarnos!

Por la boca del viajero surge una espesa espuma. La venas de su cuello, de tan hinchadas, parecen a punto de estallar. Su voz se torna aguda como un interminable alfiler.

—¡Puercos! ¡Quiero puueercooos!

El botones, abriéndose paso entre el aterrado montón, sonríe insidioso, estira los dedos de su mano y se abanica.

—¡Pamplinas, camaradas! ¡Este impostor no se ha tragado nada! ¡Lo único que ha hecho aparecer son los piojos que tiene en su cabeza! La verdad es que nos hemos equivocado de habitación. Los tesoros alquímicos están depositados en el minibar del cuarto vecino.

Como si aquello lo protegiera, el viajero se apresura a enfundarse otra vez en su polvoriento abrigo.

—¡Falso! ¡Yo me los tragué! ¡La prueba: dije «Fuego» y ardió la bacinica!

El pequeño manco se alza sobre la punta de los pies y proporciona un despreciativo palmetazo en la frente del cliente.

—Borracho imbécil, por aquí abundan las luciérnagas... Tus meados están llenos de tanto alcohol, que la chispa de una de ellas los inflamó. En cuanto a ustedes, crédulos policías, no pierdan aquí más tiempo. Hay un cliente encerrado en el cuarto vecino. Puede ser un espía de los cabalistas...

Se escucha resonar la sirena de alarma de otro minibar. El botones se mesa los cabellos.

—¡Oh, pasó lo que tanto temíamos: un hijo de mala virgen ha violado nuestro minibar! ¡Rápido, vayan y echen abajo la puerta antes de que se trague los sagrados objetos alquímicos!

Tropezando con el viajero y lanzándolo al suelo, los policías, seguidos por el botones, salen corriendo. Se les oye patear una puerta y derrumbarla. El hombre se levanta, sacude su abrigo produciendo una nube de polvo que se extiende hasta empañar todo el cuarto, va a sentarse en la cama. Mira con fijeza su mano izquierda abierta. Dice con solemnidad:

—¡Rosa!

Espera inútilmente que en su palma aparezca una rosa. Llena de aire sus pulmones y grita:

—¡Rosaaa!

Nada sucede. Grita más fuerte aún, repetidas veces, «¡Rosa!», hasta que, exhausto, se tiende de bruces en la cama. Con la cabeza hundida en la almohada llora como un niño. Mientras sus desgarradores lamentos se disuelven en la nube de polvo, una rosa comienza a crecer en la bacinica. El tallo se eleva lentamente. La raquítica luz del cuarto, como atraída por un imán, se concentra en la flor. En la penumbra, el viajero sigue llorando.

Lágrimas de oro

Cuando el extraordinario y feliz fenómeno se produjo, cada miembro de la familia expuso una creencia diferente acerca de su origen. Según doña Luisa, la madre, fue a causa de una libélula dorada que picó al niño en la frente; según don Luis, el padre, el pequeño tragó unas semillas de membrillo radiactivo; según la abuela, viuda, fue porque en la misa, durante el último temblor, la estatuilla de san Jacinto vino a estrellarse en la cabeza de Dominguito; según frater Maurus, tío materno, monje benedictino, casto no solo de las partes pudendas sino también de los cinco sentidos, el fenómeno se debía a la ingestión de una hostia milagrosa. En fin, según Nicomedes, tío paterno, borracho contumaz, la cosa se había producido porque el muchachito tenía un ángel de la guarda pederasta... Fuese la causa que fuese, el hecho es que una mañana Dominguito se despertó llorando lágrimas de oro.

Don Luis creyó que eran purulencias pero, por su dureza y

falta de hedor, tuvo dudas. Las amontonó en una copa y las llevó a la joyería más cercana. «¡Es oro de 24 kilates, es decir puro!», le informó el joyero. «Se lo compro en tal cantidad». ¡Diablos, el montoncillo de billetes le permitiría pagar el arriendo del apartamento por lo menos durante tres meses! Regresó corriendo para interrogar a su hijo.

—Dominguito, ¿qué soñaste? ¿Tuviste una pesadilla? ¿Crees que si te duermes volverás a tenerla?

Doña Luisa, la abuela y los dos tíos (frater Maurus, enterado por teléfono del milagro, había tomado su moto y acudido de inmediato al dormitorio), amontonados detrás de don Luis, lanzaron, como él, miradas ansiosas hacia el pequeño.

—No sé... No recuerdo... No tengo sueño... Llévenme a la escuela...

—¡Muchacho desobediente! ¡Te hemos dicho que te duermas otra vez!

—Pero si ya dormí toda la noche... Me quiero levantar...

—¡Noo!

El muchacho forcejeó, mas las diez manos de la familia lo obligaron a permanecer acostado. Dominguito se puso a llorar. ¡Dos ríos de lágrimas de oro le brotaron de los ojos!

Los adultos cosecharon el precioso metal cacareando de felicidad. El niño no necesitaba dormir ni soñar; cualquiera que fuera el motivo del llanto, las gotas doradas surgían igual.

Para probarlo, una vez que hubo cesado de lamentarse, tomado su buen desayuno y preparado cuadernos y libros para ir a la escuela, Nicomedes le dio una violenta cachetada. ¡Oh maravilla, le surgieron otra vez lágrimas de oro! ¡Ñam! ¡A una cachetada por semana podrían vivir como reyes!

Fueron cuatro meses de euforia. Si el golpe en la mejilla era bien dado —calculando, eso sí, no romperle un diente—, producía media hora de intenso llanto, es decir, una fortuna... Se cambiaron a un octavo piso, trescientos metros cuadrados; renovaron, de zapatos a sombreros, el guardarropa; inauguraron un congelador lleno con cuatrocientos kilos de bistec argentino; pudieron lucir una camioneta último modelo. En cuanto a Dominguito, no se le permitieron quejas. Si bien es cierto que a veces su cara amanecía con manchas moradas, en cambio, encerrado en su cuarto, recibía juguetes a canastas llenas.

El problema se manifestó al quinto mes: el niño, acostumbrándose al castigo, no solo perdió junto con la sorpresa el miedo, sino que también se aficionó al dolor. Cuanto más recio se le propinaba el palmetazo, más grande era su sonrisa.

—¿Qué vamos a hacer ahora? —canturreó frater Maurus—. ¡El mequetrefe se hizo masoquista! ¡Miren, le pincho la tetera con esta aguja, y no reacciona! ¿No creen ustedes que sería bueno, haciéndole imitar a Nuestro Señor, tomar tres gruesos clavos, un par de maderos y crucificarlo?

—Hermano santo —respondió la madre—, para que la gallina de los huevos de oro siga poniendo, no hay que convertirla en consomé... Mejor sacrifiquemos a Pepo, su conejito de Angora.

Ante la presencia del niño, a quien ataron a una silla, con los párpados obligatoriamente abiertos a fuerza de tela adhesiva, se clavó en la pared, patiabierto, al animalillo. Por falta de lanza, la abuela le hundió en el costado un tenedor. Lo dejaron desangrarse y morir, mientras Dominguito lanzaba gritos de horror. Las lágrimas de oro le corrieron sin parar durante una semana. Para calmarlo, después que firmaron el contrato de la compra de un magnífico terreno frente al mar, le regalaron un ratón blanco... que le guillotinaron al cabo de seis meses. (El llanto les dio para construir el chalet costeño). Lo mismo sucedió con el perrito chihuahua. Sin embargo, cuando quisieron que aceptara un gato romano, lo corrió a patadas. Lo mismo hizo con la ardilla, el chimpancé y la cacatúa... Tuvieron que cambiar de técnica.

Al principio pensaron cortarle la falange de un dedo, pero como recordaron que se había hecho inmune al dolor físico, decidieron torturarlo mentalmente. Don Luis se manchó el traje y la cabeza con sangre de pollo, se acostó en medio de la calle, dejando que un montón de tripas de vaca le asomara por debajo de la camisa. El niño, a los gritos de doña Luisa «¡Atropellaron a tu padre!», salió de la casa, vio al tendido, se puso más blanco que sus calcetines y comenzó a chillar. La abuela y los tíos recogieron en un cuerno de cristal hasta la última de sus lágrimas. Entonces don Luis se levantó riendo, acompañado por el carcajeo de toda

la familia. «¡Era una broma, tontito!...». Pero Dominguito no
era tan tonto como ellos lo deseaban. La siguiente vez, cuando
frater Maurus apareció aplastado por su moto, con un cerebro de
ternera junto a su tonsura, él, riendo, se acercó al falso muerto y
lo orinó en la cara.

La familia, desesperada —los negocios, por falta de las preciosas lágrimas, se venían abajo—, perdió el control y ensayó
absurdas cosas: sorprender al niño mostrándole degeneradas
fotos pornográficas; contratar actores disfrazados de la Momia,
Drácula y otros monstruos, para que le gruñeran en la noche
empujando las ventanas; amenazar con arrojarlo, en el zoológico,
al foso de los leones; en fin, la madre, prometiendo, a causa de su
sequedad ocular, cortarse el cuello con una navaja... ¡Nada! Igual
a un cuero, el espíritu del niño se había curtido: nunca más algo
lo haría llorar.

El mundo real, tanto como el de los sueños, sucede como una
danza en la que las casualidades ocurren justo cuando deben:
corrió tanto la voz de que el niño lloraba lágrimas de oro, que
acabaron por raptarlo. La familia esperó junto al teléfono dis-
puesta a pagar el rescate que los bandidos exigieran, pero ninguna campanilla resonó durante esos largos días. Faltos de materia
prima, seguros de que nunca más volverían a ver a su productor,
planearon con inmensa pena vender los bienes tan duramente
obtenidos.

Mientras, los llamados bandidos, que eran en verdad un ho-
nesto boticario y su mujer, al ver que las aplicaciones de ácido
sulfúrico en la planta de los pies no conmovían al niño, decidieron
hacerlo llorar con la pobreza. Lo llevaron a una población misé-
rrima y lanzaron un pan dulce en medio de un grupo de haraposos
y esqueléticos muchachos. La salvaje pelea que estalló entre ellos,
cada uno tratando de apoderarse del exiguo alimento, entristeció
tanto a Dominguito que los diques del rencor se le abrieron y
comenzaron a correr sus lágrimas, pero esta vez no fueron de oro
sino de miel. Una miel más dulce que la de las mejores abejas. Los
pobrecillos, felices, le lamían las mejillas —una gota bastaba para
alimentarlos todo el día—, y él lloraba y lloraba. La dulce materia
sanó a un pobre que apenas respiraba a causa de una infección

en los pulmones; a otros les curó la sarna; un paralítico que se untó las piernas pudo andar; cesaron todas las enfermedades. Los boticarios, temiendo ser linchados, no se atrevieron a llevarse de allí al raptado. Por medio de una misiva anónima comunicaron su paradero a la familia. Los padres, la abuela y los tíos llegaron lo más rápido que pudieron, encabezando un destacamento de carabineros. Estos alejaron a bastonazos a los golosos piojentos y rescataron al precioso niño.

Sentados alrededor de la sólida mesa familiar, mientras imaginaban planes para embotellar las nuevas lágrimas y venderlas a precio sustancioso como panacea infalible, escucharon a Dominguito hablarles con voz de adulto: «¡Queridos parientes, voy a llorar por última vez: mis lágrimas les darán vida eterna!». Otra vez se puso a eyectar gotas de miel. Las ávidas lenguas de sus familiares le lamieron los párpados. Cayeron en éxtasis saboreando tanta dulzura. Poco a poco el manjar los fue paralizando hasta que, muertos, tal como el niño había prometido, entraron en la terrible vida eterna.

Epistemología

Con tristeza, el camaleón se dio cuenta de que, para conocer su verdadero color, tendría que posarse en el vacío.

Zipelbrum

A nadie le importó cuando encontraron su pieza desierta. La dueña dijo: «El de la 13 ha desaparecido». Siguieron comiendo. Un pensionista volcó el arroz sobre su armadura. Mientras limpiaba, un mozo aprovechó para comentar: «Yo sabía que el tal Octavio iba a desaparecer; por eso no me preocupaba de asearle la pieza». Siguieron comiendo.

Octavio, en la universidad, fue mal considerado por faltar a los cursos de Alquimia y Lanza; el profesorado llegó a despreciarlo y el Abad le negó el ingreso al Centro de Investigaciones

Fonéticas. No merecía ser rechazado: era un buen estudiante, aunque no de las materias que interesaban a los otros.

Había creado una teoría: «La Voz no surge de las cuerdas vocales ni del aire que las remece. Existe sin que nadie la produzca. Solo que está prisionera en los músculos de la garganta y depende de la voluntad... Quiero liberarla. Hacer que salga por cualquier parte del cuerpo: por un ojo, por una mano. Conseguido esto, independizarla de mi voluntad. Entonces sonará cuando y por donde ella quiera. Yo la oiré».

Abandonó la Ciudad Universitaria y arrendó un cuarto en una pensión. Como no se asomaba al corredor, llegaron a olvidarlo. El mozo no lo atendía. Su cama se pobló de parásitos y tuvo que acostumbrarse a las privaciones: podía permanecer semanas masticando pan duro y bebiendo agua. Ni siquiera necesitaba dormir; afiebrado, velaba trabajando según sus métodos.

Después de mucho, cuando, como las ratas a un barco derruido, los bichos iban abandonándolo por no tener qué succionar en su piel seca, encontró lo que buscaba. Al roer aquella noche el pan y herirse con la corteza, emitió una exclamación que salió por una pierna. Enloquecido de júbilo, escapó desnudo a la calle... A nadie le importó. Siguieron comiendo.

Octavio, en cueros, no podía ir lejos. Los cubos de madera del pavimento se hinchaban absorbiendo lluvia. Las llaves colgadas ante el gremio de los maestros cerrajeros sonaban removidas por el viento del mar; al mismo tiempo se balanceaban los avisos de neón de las bebidas gaseosas. Detrás de los vitrales, las hijas, junto al teléfono, tocaban el laúd y, lejos, las flores de los naranjos enanos perfumaban el aire revuelto de extramuros, mientras Octavio seguía, con los pies descalzos, caminando sin rumbo y hablando por todas las partes de su cuerpo, incluyendo a las secretas.

Pronto la baja temperatura lo volteó. Cayó ante una puerta carcomida. Lo oyó maese Brumstein.

Maese Brumstein fabricaba a mano sus botines. En seguida los vendía a plazos. Nadie le pagaba más de la mitad del precio estipulado. Cuando iba a cobrar el saldo, se negaban objetando que el calzado era de mala calidad. Si el zapatero insistía, le daban una botella de aguardiente y lo echaban a palos. El anciano regresaba a la zapatería; llorando tragaba el alcohol y, ebrio, llamaba a su dios, Zipelbrum, muñeco de madera con voz humana que un día iba a llegar para darle la felicidad.

Entonaba sus salmos cuando sintió golpear contra la puerta. «¿Quién interrumpe mi oración a esta hora? Iré a ver». Vio a Octavio tendido. Sintió estremecimientos, comezón de ojos, zumbar de oídos. Con la lengua seca dijo:

—¡Llegó Zipelbrum!...

Octavio tenía la piel tan endurecida, que fácilmente se la podía confundir con madera.

Maese Brumstein introdujo al desmayado, buscó un martillo, lo clavó en la pared, encendió tres velas delante de él y esperó.

Al despertar, Octavio creyó que soñaba. Se encontró clavado en una pieza oscura repleta de botellas vacías, trozos de cuero y hormas de yeso, con un viejo ebrio, de rodillas, que lloraba golpeándose el pecho con un zapato a medio hacer.

—¿Quién eres? —preguntó.

—¡Tiene voz humana! Habla sin mover la boca: es de madera. ¡Zipelbrum: yo sabía que alguna vez ibas a venir para traerme la felicidad!

—¿Qué felicidad esperas de mí?

—¡Que me paguen las deudas!... ¿Será eso? Si me las pagan tendré dinero. Si uno tiene dinero, es pernicioso embriagarse. Vendrá el burgomaestre y me dará un sermón, vendrá un policía y me impondrá multas; vendrán los vecinos a pedirme que entre al Club de los Maestros Abstemios; me harán la vida imposible y ya no podré beber ni cantar mis salmos... Cierto es que no hay necesidad de salmos pidiendo que vengas porque estás aquí... ¿Qué voy a cantar ahora? Esa era mi felicidad. Tú me tienes que decir cuál será la nueva.

—No sé qué pueda ser la felicidad para ti estando yo en tu pieza.

—¡O me la dices o te golpeo! —dijo maese Brumstein sacando un látigo.

—¡Créeme, no sé! —contestó Octavio asustado.

—¡Zipelbrum lo sabe todo! —gritó el viejo y comenzó a azotarlo. Vapuleaba con tanta furia que Octavio empezó a quejarse a través de todos sus poros. Estos lamentos enardecieron más al zapatero, quien, bebiendo aguardiente y dando latigazos, amenazaba continuar golpeando durante horas—. ¡Ahora ya tengo qué hacer cuando bebo: azoto a mi señor Zipelbrum!

Este nuevo canto no era místico sino sensual.

Algo pasó en Octavio. Exhausto, había dejado de gritar y, sin embargo, la voz le sonaba a través de las vísceras.

—¡Gracias, maese Brumstein! ¡La Voz se ha liberado de mi voluntad!

El zapatero estaba perplejo. Empezó a buscar. Al cabo de un tiempo se acercó al cuerpo de Octavio y apoyó una oreja. Sonrió. «¡El canto tiene que ser para mí!».

Tomó un cuchillo y, hundiéndolo en el cuerpo de su dios, lo fue abriendo. Octavio quiso pedir: «Ahora que lo he logrado, no me la quites», pero no tenía voz para decirlo. Ella vibraba libre, como un animal joven.

Abandonó el cadáver de su antiguo amo, recorrió el cuarto, para después salir por la ventana y perderse hacia lo lejos.

Maese Brumstein la oyó alejarse. Bebió un último trago, desclavó los restos, los arrastró al fondo de la casa y, trepándose por el cerco, dejó caer el cuerpo abierto en el patio de su vecino. Siete grandes perros se acercaron.

Maese Brumstein, mientras se disponía a dormir, exclamó:

—¡Ese no era Zipelbrum!

El perezoso

Año tras año el viejo monje tibetano, en su nevado retiro, hacía girar, dormitando, su molino de rezos. Impulsado por una mano fláccida, el grueso cilindro giraba y giraba enviando hacia el cielo la vibración de sus letras sagradas. Como Dios premia los esfuerzos y no la pereza, cuando llegó la hora de la muerte, ofreció el cielo al molino de rezos y sumió en el infierno al monje.

Un marido que repta

¿No profundizar lo que está sobre mí; no escrutar lo que es más fuerte que yo; no intentar conocer lo que sobrepasa mi inteligencia; estudiar lo que puedo saber y no preocuparme de cosas misteriosas?... No acepto esa idea. Quiero alzar una esquina del velo. ¡La lucidez, por favor! Sin embargo, innumerables teorías acuden a mi mente, mas nada logro aclarar. ¿Es un experimento de él? ¿Una trampa? ¿Lo hace para no aburrirse? ¿Es preciso reaccionar en otra forma? ¡Esto no tiene sentido! ¡Debe haber una explicación! Rememoraré los hechos. Posiblemente se me ha escapado un detalle que es la clave.

Recibo un mensaje de Emiltik en que me pide que vaya a verlo porque tiene datos importantes. No me preocupo; estoy habituado a las misivas que me envía para comunicarme datos importantes... Antes me precipitaba hacia su casa, perdiendo un zapato en la carrera. (Los zapatos me son devueltos en una caja negra por Manuel-manuel, empleado de Emiltik). Durante el camino me angustiaba de tener que recibir revelaciones primordiales padeciendo como padezco de una tartamudez auditiva que me hace oír y dejar de oír en forma intermitente. Llegaba a casa de Emiltik. Me recibía bostezando.

—¿Cuáles son los datos?

—¡Oh, Jonás Papiansky!, me aburría como de costumbre cuando me dije: «Somos seres incomunicados... (no oigo)... darnos cuenta solo de algo... (no oigo) ... Creyendo que esa miga es el pan entero... (no oigo) ... Tu mujer... (no oigo)... no podemos hablar, hijo mío... (no oigo)... ¡es el fin!».

Y se ponía a llorar apoyado en mi espalda. Soy débil. Influible en extremo. Yo también me ponía a llorar. Estábamos así, lagrimeando e hipando, hasta altas horas. De pronto, Emiltik se interrumpía dando un bostezo:

—Jonasito, me aburro. Debo lucubrar otra teoría...

Y depositándome un beso en la boca me expulsaba. Yo, deshecho, volvía a mi casa. Seguía llorando sin poder dormir. Costilla, mi mujer, me rogaba:

—Por favor, cesa. El catre está inundado. Nos resfriaremos...

Yo no podía parar. Amanecíamos mojados y estornudando. Además, cada vez que volvía de escuchar una nueva tesis emiltikiana, encontraba a Costilla cambiada. Si al salir la dejaba delgada, alta, ojos azules; al regresar podía verla gorda, baja, de ojos negros.

Son incontables las transformaciones de mi mujer. Felizmente el corte de su vestido permanece, aunque el color del género cambie de verde a rojo, de rojo a amarillo, de amarillo a blanco y de blanco a verde.

He aquí por qué no me preocupo al recibir el mensaje. Decido no ir. Me llama por teléfono. Escucho sin dificultad:

—¡Esta vez es urgente, jonasín! ¡Corre!

Soy débil. Influible en extremo. Salgo corriendo. Manuelmanuel se acerca trayéndome en la caja negra un zapato de niño.

—Lo perdió hace mucho, fue difícil encontrarlo, señor.

Le doy las gracias. Se marcha. La caja me incomoda. La tiro a un pozo. Llego donde Emiltik. Se me lanza al cuello. Me arrastra al salón.

—¡Qué teoría, Papiansky, escucha... (no oigo)... mágica!... (no oigo)... tres personas idénticas que no se conocen... (no oigo)... demasiadoíntimo... (nooigo)... ¡tumujer,hijomío!... (nooigo)... nuestra invariable situación...

—¡Basta, Emiltik! Te odio. Me gustaría poder asesinarte. Otra vez me has hecho venir nada más para contarme una teoría y matar tu aburrimiento. Abandono esta casa en plena desamistad. Adiós.

Decidido, abro la puerta. Emiltik me ataja. Me vuelve a llevar al salón. Se sienta. Me sienta en sus rodillas. Llora. Oigo sin dificultad.

—Jonás, tú lo has querido. Revelar el secreto. Ah, ah.

Trato de pararme porque me está mojando el cuello con sus lágrimas. Me retiene por los fondillos.

—Abrevia, Emiltik. ¿Cuál es el secreto?

—¡Costilla te engaña!

—¡No!

—¡Sí! Cada vez que vienes a verme, alguien aprovecha tu ausencia para introducirse en el lecho de tu esposa. Me lo dijo el andrógino. En este momento ya deben estar instalados en la cama matrimonial. ¡Sorpréndelos, Jonasillo!

Me expulsa a la calle. Mientras corro hacia mi hogar, bostezando me grita:

—¡Oh! ¡Piensa en mi fábula del alpinista y el conductor de helicóptero!

Soy débil. Influible en extremo. Me detengo y pienso en la fábula.

«Un alpinista demoró tres días en escalar una montaña, pero, al llegar a lo alto y ver la belleza del paisaje, consideró pagados sus esfuerzos... Un conductor de helicóptero rio:

—Me basta hacer funcionar mi máquina y en un minuto estoy arriba sin cansarme inútilmente.

Así lo hizo. Cuando estuvo al lado del alpinista, le dijo:

—¡No sé por qué encuentras hermoso este insulso paisaje!».

Me dije: «Emiltik tiene razón. Haré lo más difícil posible mi llegada a la alcoba. En vez de correr, reptaré. Arrastrándome, he de obtener el placer del castigo al precio de un enorme esfuerzo». Me tiendo y comienzo a reptar. Por reflejo, quiero ayudarme con las extremidades. Me lo impido. No es lícito. Debo solo emplear ondulamientos de la columna vertebral.

Al cabo de algunas horas, llego al jardín de mi casa. Tengo la camisa destrozada. El pasto está recién regado. Me embarro. Estornudo.

¿Qué forma tendrá en este momento Costilla? ¿De qué color será su piel?

Me tocan con un pie en la espalda. Miro hacia arriba. Es Manuel-manuel. Está empapado. El uniforme, transparente con el agua, me permite observar su remendada ropa interior.

—Su zapato, señor. Olí su pista hasta el borde del pozo y luego tuve que bucear para encontrarlo. Nos hemos... (no oigo)... pertenece al pie izquierdo.

Guiña un ojo mostrándome la caja negra. La deposita junto a mi cabeza. Se va. Empujo el calzado infantil y su urna con la frente, lo que me impide ver hacia dónde voy. Cavo y lo entierro.

Continúo reptando. Llego ante una ventana. Trepo. Penetro. Me doy cuenta de que me he equivocado de camino a causa del zapato y que he venido a parar a la pieza del andrógino.

El andrógino me ve. Con su voz de mujer y con su mitad de cuerpo femenino agitándose apasionadamente, mientras la parte masculina duerme, se abalanza sobre mí:

—¡Jonás, por fin! Te esperé años, pero sabía que ibas a venir. ¡También me amas!

Escucho sin dificultad. Trata de besarme. Escapo. La pieza es grande. Demoro, reptando, en llegar a la puerta. Voy a salir. Me toma de un pie. Apretándome contra su único seno trata de revolcarse conmigo. Observa que tengo el cuerpo embarrado.

—Pobre, qué mal te cuida Costilla. Es porque... (no oigo)... lavarte.

Va al baño por agua y jabón. Otra vez trato de alcanzar la puerta. Voy a salir. Me agarra de una pierna. Soy arrastrado al centro de la pieza. Me desviste. Comienza a enjabonarme. Me cubre la cara de espuma impidiéndome respirar. Cantando a voz en cuello, me sumerge en una toalla. Seca con tanta fuerza que me desuella. Quiero gritar y no puedo. Termina de frotarme. Me toma del cuello.

—Desde ahora, Jonás mío, juntos para siempre —escucho sin dificultad.

Se me lanza encima. Estoy perdido. ¿Qué hacer?

Una caja negra cae por la ventana. Asoma la cabeza de Manuel-manuel. ¡Ha vuelto a encontrar un zapato!

El andrógino me suelta y se dirige iracundo a preguntarle qué quiere. Desnudo, yo repto hacia la puerta. Hago un esfuerzo supremo. Salgo a tiempo para librarme de su mano, que me quiere coger de nuevo. Se le quiebra una larga uña barnizada de verde. Rápido, me alejo por un pasillo.

Con su inmenso cuerpo convulsionado por los sollozos, me grita:

—¡Has asesinado a la mujer que había en mí! ¡Seré un hombre y jamás...! (no oigo).

La parte femenina se duerme. El costado masculino cierra la puerta mirándome con indiferencia.

Llego ante la alcoba matrimonial. La puerta está abierta. Repto hacia dentro. Avanzo con cautela, llego al lecho y me introduzco. Encuentro a mi mujer acompañada por un señor barbudo que me mira sin sorpresa. No lo conozco, pero su cuerpo me es extremadamente familiar. No sé qué hacer. Costilla, en lugar de ayudarme, enflaquece. Opto por sacar mi tarjeta del velador y presentarla con la mayor dignidad posible.

El desconocido recibe mi tarjeta, la guarda debajo de la almohada y nada dice. Pasa una hora. Él persiste en su mutismo. No me atrevo a interrumpir sus pensamientos. Costilla está seca, como muerta. Pasa otra hora. Esto se torna insostenible y él no hace ademán de hablar. Dos horas más. Admiro la calma del intruso. Soy débil. Lo admiro.

El cuerpo de Costilla comienza a hincharse. Transcurre otra hora. Costilla sigue aumentando. El otro y yo tenemos que asirnos de ella para no caer. Estamos al borde.

De pronto, a medida que se desinfla, mi mujer aúlla:

—¡Uno más uno más uno es uno!

Como impulsados por los resortes del somier, el barbudo y yo saltamos para darnos puñetazos en el vientre. Nos arañamos el pecho. Nos mordemos la nariz. Nos castigamos simétricamente.

Mi mujer no cesa de aullar. Nos enervamos. Hacemos acopio de nuestras energías y, agarrándonos del cuello, comenzamos a estrangularnos. Pero ocurre algo que nos obliga a cesar: al otro se le desprende la barba y me encuentro ante Emiltik. Como si nada hubiera pasado, bostezando, me dice:

—No profundices lo que está sobre ti; no escrutes lo que es más fuerte que tú; no intentes conocer lo que sobrepasa tu inteligencia; estudia lo que puedes saber y no te preocupes de cosas misteriosas —escucho sin dificultad.

Innumerables teorías acuden a mi mente, mas nada logro aclarar. Permanecemos los tres en la cama, mudos e inmóviles. La mitad del cuerpo de Costilla se parece a mí. La otra mitad se parece a Emiltik. Entre estas dos mitades no hay ninguna diferencia.

¿Ha querido Emiltik aplicar una teoría? ¿Es un experimento? ¿Lo hace por no aburrirse? ¿Es preciso reaccionar en otra forma? Esto no tiene sentido. ¡Debe haber una explicación! Rememorar los hechos... Posiblemente se me ha escapado un detalle que es la clave...

El libro de la muerte

Le dijeron que, si iba a cierta caverna de una montaña de los Andes, encontraría a una anciana curandera que podría decirle, consultando un libro, el día exacto de su muerte.

Después de mucho cavilar, decidió ir a visitarla. La vieja extrajo una pequeña libreta del interior de un cráneo adornado con pedazos de espejo y le comunicó la fatal fecha: solo le quedaban dos años de vida.

El visitante lanzó un gemido de angustia. Luego sonrió, incrédulo.

—Viejita, ¿cómo va a ser posible que tengas anotada en esa ínfima libreta la fecha de la muerte de los millones de seres humanos que pueblan la Tierra?

—Hijo mío, en verdad aquí tengo escrito solo el nombre de los pocos que han de atreverse a venir a consultarme.

Misterios del tiempo

Cuando el viajero miró hacia atrás y vio que el camino estaba intacto, se dio cuenta de que sus huellas no lo seguían, sino que lo precedían.

La mejor bicicleta

Un joven solía salir con sus amigos a pasear por el campo en bicicleta. Amaba la tierra fragante, el verde de las praderas, el esplendente color de las flores. Un día se dijo: «¡Mejoraré mi bicicleta para poder viajar por el mundo entero!». Trabajó sin descanso agregándole ruedas poderosas, mecanismos nuevos. Aumentó su ambición: «¡Será la mejor del mundo!». Le dio grandes motores, faros de kilométricos alcances, defensas puntiagudas. Lo que había sido una simple bicicleta era ahora un vehículo más grande que una casa. El joven, envejecido por el continuo esfuerzo, comenzó a cubrir su carruaje con placas de oro. «¡Estos adornos no son útiles, pero provocarán envidia!».

Una mañana de primavera llegaron sus amigos a buscarlo.

—¡Ven a pasear por el campo! ¡Respiremos aire puro!

En la oscuridad de su taller, en medio de los gases de la gasolina, pegado al dorado monumento que había perdido la facultad de desplazarse, el anciano les respondió:

—¡No puedo ir! ¡Tengo que cuidar mi valiosa bicicleta! —Llenó la casa de trampas, alarmas, cañones. Desde una ventana enrejada observó las alegres cabriolas de los ciclistas. Exclamó con odio—: ¡Como no tienen nada, algún día van a tratar de robarme la bicicleta! ¡Será mejor que los destruya ahora mismo con mis cañones!

El vampiro subversivo

Al caer la noche, el padre y la madre abrieron la tapa del pequeño ataúd y despertaron a su hijo para contarle, una vez más, la muerte de sus abuelos: por quedarse más tiempo de lo indicado fuera del castillo, la luz del día los sorprendió, convirtiéndolos en cenizas. El muchachito, mostrando sus largos colmillos, exclamó: «¡Los vengaré! ¡Algún día apagaré el sol!». Por un agujero cavado en el muro, hizo salir una manguera con la cual lanzó un chorro de agua hacia el astro rey. A pesar de que el líquido llegaba a alturas increíbles, sus intentos fracasaron. Siguió probando. «¡Por muy lejano que parezcas, te alcanzaré!», amenazó al sol. Sus progenitores comenzaron a burlarse. «¡Estás loco, nunca podrás! Durante milenios el sol nos ha reducido a polvo, ¿quién eres tú para oponerte a una hoguera de tal magnitud?». El muchacho no les hizo caso. Fabricó un carro provisto de vidrios que no dejaban pasar la luz y llevó miles de litros de agua hasta una montaña para, desde la cima, tratar de llegar con un chorro al sol. Fracasó. Siguió tratando. En pleno día, cubierto solo por un toldo, disparó un cohete extinguidor que estalló en la estratosfera sin alcanzar su objetivo. Los padres aplaudieron: «¡Bravo, nuestro hijo fracasó! ¡Por desobediente, deberíamos correrlo del castillo! ¿Por qué no se conforma como nosotros?». Después de miles de intentos inútiles, el joven vampiro, mirando hacia el sol, que brillaba más que nunca, lloró: «¡Tienen razón: nunca podré apagarlo! ¡Ya no me importa morir!». Y abrió los brazos para dejarse calcinar sin cubrirse de los rayos. ¡Nada sucedió! En la triste oscuridad de la fortaleza, los viejos vampiros se asombraron: «¡Nuestro enemigo no lo daña! ¡Se ha tornado inmune al sol! ¡Qué envidia!».

El loco y el ermitaño

Cansado de la ciudad, el hombre tomó un cayado, una bolsa con pan y se fue a recorrer bosques, valles y montañas. Las zarzas convirtieron su traje en harapos, el sol ennegreció su rostro y las piedras devoraron la suela de sus zapatos. Él, sin preocuparse, perseguía a las mariposas queriendo revolotear como ellas. En la miseria de su aspecto, brillaba una sonrisa. Era tal la alegría de esa expresión, que los mosquitos acudían a chocar contra sus dientes, atraídos como por un foco.

Una noche, el loco pasó frente al tronco hueco en donde vivía un ermitaño. Al verlo, el anciano se inquietó: «Este hombre camina sin mirar hacia el suelo. El terreno está lleno de trampas, de arbustos espinosos, de precipicios. ¡Debo salvarlo!». Le ofreció su lámpara. El loco quiso asir la llama creyendo que era una mariposa más intensa que las otras y, al quemarse, la arrojó lejos. El anacoreta, terco como todos los sabios que siempre quieren terminar lo que comienzan, abandonó su retiro para avanzar delante del extraviado, alumbrándole el camino. Al cabo de un tiempo, miró hacia atrás y se dio cuenta, consternado, de que el loco había dejado de seguirlo. Lo encontró hundido en un pantano, menos preocupado de ahogarse que de salvar a las luciérnagas que guardaba en su puño. El viejo le tendió una rama, lo lavó, lo secó y, cuando volvió a caminar, otra vez le alumbró el paso, pero en lugar de darle la espalda, avanzó retrocediendo... Llegaron ante un precipicio. Como no tenía ojos en la nuca, el ermitaño se precipitó en el abismo. El loco, siempre sonriente, corrió hacia bosques en pos de un fuego fatuo.

Garras de ángel
(Historia pornográfica)

La ceremonia del entierro de mi padre duró interminables horas: el cadáver insistía en salirse del ataúd para ir a bailar con sus viudas. Seis guardianes vencieron su resistencia epiléptica y sellaron la tapa. Regresé sola a la ciudad.

Yo sabía que la casa de mi infancia estaba abandonada; sin embargo, tuve que dirigir mis pasos hacia ella porque me llamaba lanzando por sus ventanas abiertas un denso olor a semen.

No usaba algodones, pero la sangre menstrual, en lugar de escurrirse, se cristalizaba en mi vagina formando un diamante rojo. junto a la puerta clausurada me esperaba mi padre. Alcé mis faldas y deposité en sus manos el coágulo.

Con ansias milenarias, se elevó por el aire para mutilarse y cubrirme con una lluvia de sangre. «Garras de ángel, ahora eres invulnerable; ya puedes explorar el pasado», me dijo. La voz surgía de la herida abierta como una boca entre sus piernas.

Cuando rompí los sellos y abrí la puerta, a mis espaldas desapareció el mundo. Estaba obligada a avanzar o quedarme para siempre allí, con los talones al borde del abismo, torturada por mis propios deseos, con mi carne virgen clavada en la entrada, transformando la impotencia en goce, sin osar conocer los secretos que encerraban los infinitos cuartos de esa casa... Para siempre allí, paralizada por el miedo, una marioneta de porcelana con los hilos cortados, mi posible puta ardiendo dentro de su piel helada, diosa con los pezones sensibles solo al asalto de sus propios dedos y en el alma el deseo melancólico de hundir agujas en los testículos de un hombre.

Ese huracán que me precipita hacia el cuarto del fondo del pasillo es el aliento de mi padre. ¡Cúmplase su voluntad, así en su espíritu como en mi carne!

Al entrar en el antiguo dormitorio, desaparecí como espectadora. Fui dos mujeres, una fría y la otra ardiente, acariciándose sobre un colchón en donde zumbaba encerrado un enjambre de abejas... Me tomé en los brazos al mismo tiempo que me fui entregando... Con un cuerpo daba el placer, con el otro lo recibía... Quise recuperar del pecho de mi hija la leche que me había succionado en la infancia... Le ofrecí a mi madre mis senos y mi boca, pero ella en lugar de besarme me dio una dentellada... Luché conmigo misma para no devorarme.

La mitad de mi persona, la parte esclava, se arrodilló ofreciéndome su espalda, en la que vi tatuado su exiguo ayer. Le extraje por la nuca el centro de esa conciencia en que se acumulaban todos los límites: una llave en forma de infinito. El presente debería abrirse ahora como una indiscutible flor.

Venciendo el temor a la bestia, abrí poco a poco mi sexo. El agua lubricante tanto tiempo acumulada surgió primero como una línea cristalina para, cuando los labios se despegaron por completo, transformarse en un chorro potente. Era un océano sin límites el que se derramaba por mi vagina.

También tenía que transgredir las leyes del mundo, aceptando comer y beber mi excremento y mi orina. Sola no era capaz.

Entonces vino el hombre que conocía la elegancia de la suciedad. ¿Quién era? ¿Mi padre, mi gemelo, mi ideal, la proyección de mi propia masculinidad? Bajo la máscara que lo condenaba al silencio, no había nadie. Todo en él era exterior, tal la imagen de un dios. Al velar su persona, desaparecía el misterio y el secreto era revelado. Ni siquiera el esperma necesitaba yacer en la oscuridad: surgía de su miembro como un arco iris blanco. Mi lengua se hizo discípula de ese duro maestro.

Él me despojó del terror que desde la infancia llevaba incrustado en mi vientre: dándome de mamar su leche ácida, mi madre lanzaba, entre aullidos de furia, la palabra «¡Ladrona!»... Fui capaz de atravesar cada uno de mis pezones con dos agujas en cruz para ofrecerlos insolentes a la adoración de un beso imposible.

El maestro, con su mirada, me indicó: «Si quieres llegar a ser lo que en verdad eres, primero debes aceptar que tu carne está infectada por la imagen de aquella que te parió». Era verdad: mi madre, sin darse cuenta de que vivía esclavizada, sumisa, amputada del deseo, me legó su conducta.

El maestro me ordenó colocarme un sello en el clítoris y cuatro anillos en los fragantes labios. Cuando expulsara para siempre al fantasma, dejando mi cuerpo a la disposición de mis caprichos, justamente entonces debería retirarlos.

Yo tenía que encontrar en su vientre el sitio preciso, enterrarle el largo alfiler haciéndolo atravesar la carne, el pellejo de una víscera y más adentro, hasta rozar un centro vital, en cierta forma acariciar su muerte sin despertarla... En el momento cumbre, cuando el maestro llegara al placer sublime del dolor máximo, tendría que surgir por la pequeña boca de su pene el grito blanco y viscoso de la vida.

Mientras golpeaban contra los muros de mármol negro las agonizantes larvas de la eyaculación postrera buscando una imposible salida, una voz interior me decía: «Cuando se pierde el rostro se pierde el miedo».

Al perder la identidad, obtuve mi máscara y ese anonimato me hizo emblema de las lejanas tradiciones. Ya estaba a la altura del maestro.

Nuestras lenguas se entrelazaron como culebras ciegas y del fondo de la historia nos llegó el palpitar atronador de los millares de corazones arrancados en la cima de las pirámides y el exaltante sabor de la sangre humana. Palpé su falo con el respeto que se tiene a un arma asesina. Él me acarició con esa lanza azteca que pronto se convertiría en bisturí.

Bajo un rostro, que ya era una máscara, permanecí secreta, incrustada en la calma de mi calavera. Los laberintos digitales, como barridos por una brisa insistente, se me fueron borrando.

Porque estaba vacía; igual a una copa pulida por un enjambre de lenguas, pude recibir en la palma de mi mano el viviente cetro del poder oscuro. Su fuerza impregnó mis células y me hizo sorda a los cantos de sirena de la antigua moral.

Yo, que por haber sido víctima conocía cada grado bendito del dolor, ahora podía ser verdugo. La prueba es que acababa de cercenar, sin ayuda ajena, mis labios exteriores.

Detrás de mí, el espíritu de ese hombre que había llegado antes al placer impersonal me impulsaba a eliminar la más leve sombra de piedad que pudiera opacar el sol cruel en el que se había convertido mi alma.

En un anfiteatro colmado de discípulos, donde la medicina mostraba su rostro venenoso, el maestro me ordenó cortarle el sexo para después injertarlo como un trofeo en mi pubis.

Ahí estaba yo junto a él, blandiendo el bisturí ensangrentado. Ahora sus órganos me pertenecían. La asamblea enmascarada, pervertida por tanto conocimiento, aplaudía esperando que se cumpliera el rito final.

Con fuerza irresistible me apoyé en uno de sus hombros hasta que dobló las rodillas. Lo obligué a tocar con su frente el suelo lleno de coágulos, le bajé los pantalones, puse al descubierto sus nalgas lechosas y lo violé dando feroces caderazos contra su ano, que se abrió, como una lánguida flor de pétalos rosados, alrededor de mi dardo justiciero.

Todo estaba consumado. Supe por fin que, bajo la máscara de esa multitud de hombres, había un mismo rostro: el de mi padre... Poco a poco mi vientre fue succionando el miembro injertado, hasta que se transformó en vagina. Ya no me aterraba ser adulta. La niña que me poseía dejó de conducir mi vida. Desde entonces, fui el guía.

El látigo, la vara, los alfileres, la exclusión de sentimientos, la severidad implacable, terminaron por hacer de mi niña una mujer moderna, libre de la debilidad que aportan los recuerdos. Las imágenes del pasado no tuvieron más importancia que hojas de árbol secas... El programa de mi escuela ofrecía un tema único: aprender a vivir. Había un solo profesor: yo misma. Todos los días se estudiaba esta frase: «Hoy, la disciplina».

Creyendo celebrar los ritos inclementes de sus antepasados, ellos iban entrando en mi alfombra mágica para entregarme su voluntad; de esa sumisión dependía el único placer que les era posible obtener.

Al arrodillarse ante mí, paralizados por lazos y nudos, temblaban de miedo porque sabían que yo, en cualquier momento, cambiando las leyes del juego, decidiría devorarles el alma.

Ya podía emprender el regreso. Aunque la puerta estaba sólidamente sellada, los muros comenzaban a crujir anunciando un derrumbe que me llevaría en el río de sus escombros hacia el mundo exterior, el de los otros. Mi cuerpo transpiraba sangre... la sangre del sexo de mi padre. Mi libertad última era desprenderme de ese escudo rojo. Ahora la invulnerabilidad me la podía otorgar

Surgí a la luz como una concha de molusco parida por una virgen. Poco a poco atravesé el pueblo, aceptando generosa la glotonería de esos aldeanos que, lanzando lamentos de niño, lamían mis senos. Llegué al cementerio: sobre la tumba de mi padre un hombre joven había extendido un lecho.

«A través de innumerables muertes te he buscado», me dijo. Mientras yo lo besaba, sus cabellos se fueron transformando en plumas. Vi surgir de su cráneo un par de alas. Los árboles comenzaron a invadir las tumbas. Pronto estuvimos rodeados por una selva virgen. Millares de pájaros, en lugar de cantar, lanzaban quejidos de placer.

Mis ojos, mis oídos, mi tacto, mi olfato, mi carne, mis huesos, mi esencia, se prolongaban en mi lengua.

Recé con ella, imploré acariciando, hasta que el ángel me inundó la cara con su verbo blanco.

Comprendí que el sexo del hombre no era un arma sino un órgano de dicha. No se erguía para penetrar sino para ser absorbido.

Habiendo aprendido a ser libre ya podía aceptar.

Me convertí en un abismo voraz.

Lo cubrí, sabiendo que bajo él no solo yacía mi padre sino también, por capas sucesivas, mis abuelos y todos los otros antepasados, hasta llegar al modelo perfecto, el primer hombre nacido de la arcilla.

Aquello que mi vagina tragaba con deleite infinito, tenía raíces que se hundían a través de la carne, los gusanos, los huesos, las cenizas, en busca del aliento generador. A través de uno solo, yo era la amante de todos los hombres y por fin de Dios. Cuando el germen del Eterno penetró en cada una de mis células, fue tan grande el éxtasis que el pasado presente futuro huyó cual una perra negra, dejándome convertida en un huevo blanco con forma de mujer. Me desprendí del mundo de las apariencias.

La naturaleza, purificada, se convirtió en desierto. Pude darme cuenta de que, a pesar de haberme liberado de la memoria, estaba aún prisionera de la trampa más antigua: el peso. Ese peso que me hacía hermana de las rocas.

Borré la programación, despegué para siempre los pies del suelo.

Otras energías se apropiaron de mi ser; venían de una dimensión que hasta entonces me había sido invisible. Comencé a transformarme en aquello que siempre había sido. La cáscara blanca voló en mil fragmentos. Extendí mis fulgurantes membranas. Fui perdiendo el miserable lenguaje humano. Mi garganta... conoció... nuevos...

¡Ghan odn ar dbir vahnis dgug dgyud hgzor bzan hdren seeh ehrsta suram satah!

Prólogo final
Entrevista de Marc de Smedt a
Alejandro Jodorowsky

Marc de Smedt: ¿Por qué son tan importantes los cuentos para ti?

Alejandro Jodorowsky: En realidad, los cuentos me salvaron de morir cuando era niño. Nací en un pueblecito chileno del norte, en el desierto de Atacama, llamado Tocopilla. Tenía ciento cincuenta metros de ancho. Estaba encajado entre las áridas montañas y el océano Pacífico. No había tierra, solo piedra molida. En la plaza central había ocho árboles, nada más. De niño nunca conocí el canto de las cigarras ni el sonido del agua de una fuente. Como yo era de piel blanca, nunca tuve amigos, porque eran todos un poco oscuros, chilenos descendientes de bolivianos. Así que era un niño solitario. A los cinco años, algo estalló en mi cerebro, y de pronto aprendí a leer, perfectamente. Fue un milagro, no sé cómo ocurrió. Mi padre me llevaba a la pequeña biblioteca de los masones ingleses que trabajaban en la fábrica de electricidad. Allí empecé a leer cuentos, Grimm, Perrault, *Las mil y una noches*, los Cuentos de Calleja, y, más tarde, con seis años, Paul Féval, Alejandro Dumas, Emilio Salgari, Zane Grey, James Oliver Curwood, Julio Verne, Jack London, Robert Louis Stevenson, Edgar Allan Poe, etcétera. Y todas esas lecturas me formaron el cerebro.

Me creía un ser especial porque vivía en el mundo de los cuentos. Pero conforme avanzaba en mi «cultura» me di cuenta de que todos vivimos en el mundo de los cuentos. Claro que sí: Buda, un príncipe maravilloso encerrado en un jardín donde se le oculta la muerte; pero, de pronto, un pájaro cae a sus pies y entonces Buda ve que la muerte existe, y se escapa: eso es un cuento. En un paraíso perdido, con animales maravillosos, el primer hombre se forma a partir de arcilla, y con una de sus costillas se forma la primera mujer: eso es un cuento. Un viejo llega a la muralla china y un portero le dice: «Dame tu sabiduría», y el viejo escribe un libro maravilloso titulado *Tao Te King*: eso es un cuento. Según los chinos, la sabiduría de toda la vida se encuentra en el caparazón de una tortuga, bajo la forma de los hexagramas del *I-Ching*: eso es un cuento. Jesús tomó unos panes y unos peces, los multiplicó por miles y alimentó a una multitud, caminó por la superficie del océano, transformó el agua en vino, resucitó a un muerto: eso es un cuento. Mahoma, iluminado, atravesó mil universos y conoció toda la profundidad del mundo: eso es un cuento. Freud afirma que puede encontrar la solución a un problema de abusos y sanarlo solo hablando con la gente: eso es un cuento. El Big Bang es el cuento de los científicos. Por no hablar de la geometría de Euclides y la lógica de Aristóteles. Cuando vas a jurar algo, y pones la mano en la Biblia, pones la mano en la mayor recopilación de cuentos que hay...

Pienso que todo el mundo ha nacido de un cuento. Si le preguntas a una pareja con hijos cómo se conocieron, te contarán con los ojos brillantes su mágico encuentro. Nunca tendrían que haber estado allí donde estaban, y sin embargo ahí estaban. Se miraron y, de pronto, se hablaron... Siempre te cuenta alguien una historia que es un cuento. La más increíble que yo conozco es esta: en tiempos de Carlos Gardel había una cantante que se llamaba Libertad Lamarque. Era una celebridad en el mundo del tango. Tenía un protector que la explotaba y la maltrataba. Un día, desesperada, quiso suicidarse y se arrojó desde un cuarto piso. Cayó sobre un hombre que justo pasaba por ahí. Angustiadísima al ver que ella había resultado ilesa pero el hombre tenía varios huesos rotos, lo llevó al hospital, lo cuidó y se casaron. Era el hombre de su vida. Para él, un solitario sin esperanza, la mujer de su vida le cayó del cielo.

Conozco otra historia que ocurrió durante la guerra de secesión americana. A una enfermera de cuarenta años, virgen, con un carácter de perros, a la que no le gustan los hombres, le traen un soldado herido. De pronto llega una bala perdida, atraviesa los testículos del hombre y se acaba alojando en los ovarios de la enfermera y, como lleva consigo espermatozoides, la deja embarazada. Entonces ella, que era virgen, da a luz a un niño. Y después se casan.

M. DE S.: ¿Quieres decir que nuestras vidas son cuentos?

A. J.: Sí, nuestra personalidad es un cuento. Nos creamos un ego a través de implantes genéticos, a través de la familia, la sociedad y la cultura, pero ese ego es un cuento porque las células de nuestro cerebro, que son millones y millones, y contienen lo que llamamos el inconsciente y el supraconsciente, podrían perfectamente construirnos otro ego. Alguien me dijo una vez: «Un loco que piensa que es Napoleón es exactamente igual que tú, que piensas que eres Jodorowsky»... Cada cual se hace su propio cuento de sí mismo.

M. DE S.: Y ¿a qué nos lleva ese cuento?

A. J.: Creo que ese cuento nos lleva a vivir con felicidad, porque cuando uno empieza a envejecer y ve desaparecer a sus amigos, ve transformarse las ciudades y el cambio continuo de todas las cosas, se da cuenta, como decían los hindúes, de que todo eso es como un sueño. La vida es un cuento, un cuento divino, pero un cuento. Cuando se entra en el cuento, se derriban los muros de la racionalidad y se abren las puertas del inconsciente, y entonces se empieza a encontrar, de manera amable y simpática, lo que da la felicidad.

M. DE S.: ¿Hay cuentos de todo tipo?

A. J.: Por supuesto, siempre hay cuentos de todo tipo, como hay acciones humanas de todo tipo. Se pueden escribir cuentos infames, decadentes, y también se pueden crear historias sublimes. Hay cuentos que me han cambiado la vida. Como estos dos, por ejemplo:

Érase una vez una montaña muy alta que con su sombra cubría un pueblecito, y, por falta de sol, los niños crecían raquíticos. Un día, sale del pueblecito un viejo con una cuchara de porcelana. Los jóvenes le preguntan:
—¿Adónde vas?
—Voy a mover la montaña —les contesta el viejo.
—Y ¿cómo vas a hacerlo?
—Con esta cucharita.
—Jaja, nunca lo conseguirás.
—Sí, es verdad, nunca lo conseguiré, pero alguien tiene que empezar.

Me di cuenta de que no podía cambiar el mundo, pero sí podía empezar a cambiarlo. Que no me puedo cambiar completamente a mí mismo porque soy víctima, como he dicho, de la genética, la familia, la sociedad y la cultura, pero puedo empezar a cambiarme, a liberarme. Puedo empezar en cualquier momento, a cualquier edad, en cualquier sitio. Si no es ahora, ¿cuándo? Si no eres tú, ¿quién? Si no es aquí, ¿dónde?

M. DE S.: Y ¿el segundo cuento?

A. J.: Había una vez un hombre que era el más viejo del mundo, y un joven periodista le dijo:

—Es usted el hombre más viejo del mundo, ¿tiene alguna técnica?
—Sí, sí, la tengo.
—¿Me la puede decir?
—Sí, sí, se la puedo decir.
—Pues dígamela entonces.
—Mi técnica es que nunca le llevo la contraria a nadie.
—¿Solo eso? ¡No puede ser!
—No, no, claro que no puede ser.

He aprendido que no hay que entrar en conflicto con nadie, no hay que tratar de demostrar nada, sino dejar que la persona pase con su racionalidad y tomarla por el inconsciente, quizá tocarla, quizá mirarla con ternura.

Tenía un editor alemán que apenas hablaba porque a los cuarenta y ocho años había sufrido una embolia. Hacía diez años que apenas se movía, le costaba hablar, pero podía oírlo todo, podía darse cuenta de las cosas, lo que no podía era hablar ni escribir bien. Lo miré y le dije: «Es increíble, está usted en una cárcel, pero siento dentro su espíritu infinito. Y ¿por qué ha caído usted en esta cárcel? ¿Qué relación tuvo con su padre?». Y di en el clavo con mi pregunta, porque resultó que su padre lo había aplastado por completo y su enfermedad había empezado justo al morir este. Le dije:

—Ha sido usted un niño maltratado, así que lo voy a abrazar porque soy más viejo que usted, y le voy a enseñar cómo debe un adulto tratar a un niño.

Era más alto que yo, pero lo abracé y le acaricié la espalda con ternura, la misma ternura con la que trato yo a mis hijos. Él estaba muy conmovido porque nunca había experimentado eso. Entonces le dije:

—Diga: «Sentí una gran alegría cuando murió mi padre».

—Sen-ti una gran ale-gría cuando mu-rió mi padre.

—«¡Fue una liberación para mí!».

—Fue una li-bera-ción para mí.

—«Ese cabrón tuvo el castigo que se merecía».

—Ese ca-brón tuvo el cas-tigo que se me-recía.

—¡Grite!

—¡Eeeeehhhh!

Y, cuando hubo gritado, le pregunté:

—Pero ¿por qué lo aplastó su padre?

—Porque cuando tenía catorce años quería ser pintor, y él me lo prohibió.

—Pero ahora tiene usted que pintar.

—No puedo, porque nun-ca haré lo que po-día hacer an-tes.

Le dije:

—No intente hacer lo que podía hacer antes, haga lo que puede hacer ahora. Pinte con los medios que tiene ahora. Acéptese, no se compare con lo que fue y empiece a pintar.

Me lo agradeció mucho.

M. DE **S.:** Así pues, ¿el cuento puede de verdad sanar?

A. J.: Sí, puede sanar, porque si te das cuenta de que el otro se cuenta un cuento a sí mismo, puedes sacarle de ese cuento y meterlo en un cuento más amplio y más agradable.

M. DE **S.:** Y de ahí ese gusto por contar cuentos, en todas las tradiciones, pues a fin de cuentas cada uno, al escuchar un cuento, se crea su propio cuento con respecto a su vida.

A. J.: Así nace la cultura. Hay un poeta que sueña y luego canta su sueño. Los que lo escuchan lo memorizan, lo escriben, y se convierte en cuento: la *Epopeya* de Gilgamesh, la *Odisea*, la *Ilíada*, el Kalevala, la Biblia... Creo que el gran autor de cuentos es ese impensable al que llamamos Dios, no tengo otra palabra para llamar a lo que sostiene el universo. Una energía increíble que desea ante todo llevarnos a la unidad del amor. Los cuentos nos llevan a eso. Todo Arte sagrado es recibido, no creado racionalmente. Se nos envían los sueños que nosotros, con nuestras personalidades limitadas, deformamos.

M. DE **S.:** ¿Cuál es tu cuento tradicional preferido?

A. J.: De niño, el cuento que más me marcó fue el de un hombre que se sube a la espalda de Simbad el Marino. Ese hombre convierte a Simbad en su caballo. Tiene que obedecerle, porque no puede derribarle. En el fondo, para mí Simbad es el ser esencial que puede ayudar al ego, la personalidad adquirida, la carga. Y después la personalidad adquirida empieza a asfixiar al ser esencial, no le deja vivir.

En otro cuento hindú hay una serpiente enorme que tiene un sapo en la boca y no consigue tragárselo. Y el sapo sufre y sufre durante días, sin que la serpiente se lo trague. Alguien pasa por